KB235058

우리아이들
좀 놀게
합시다

우리아이들 좀 놀게 합시다

김경옥 지음

이담 Books

들어가며

고등학교와 중학교에서 30년을 가르쳤다. 학력고사 시절에 고등학교 3학년 담임을 하며 전기·후기로 지원하는 입시지도를 했고, 학력고사에 나올 문제를 골라주기도 했다. 수능 체제로 바뀐 뒤 입시지도를 하며 수시·정시로 학생들을 대학에 보냈다. 논술 지도를 하고 논술 주제를 예측하기도 했다.

교사 생활 중간에 3년간 휴직을 하고 네덜란드와 독일에 살게 되면서 한인 학교에 나가 재외 국민들의 아이들을 가르쳤다. 같은 기간 American International School에서 유럽 대학을 가고자 하는 한국 학생들이 IB(International Baccalaureate)를 치르기 위해 선택하게 되는 한국어(모국어)를 가르쳐 유럽 대학에 진학시키기도 했다.

이래저래 다양한 교육 경험을 갖게 되었으며 유럽 학생들이 공부하는 방법이나 그들이 진로를 결정하고 진학하는 것과 우리나라 교육의 현실을 비교할 수 있었다.

나에겐 3명의 자녀가 있다. 그런데 그 3명이 모두 다른 형태의 입시를 치르고 대학에 들어갔다. 첫째는 초등학교 시절부터 똑똑하다는 소리를 들어 과학경시대회와 학교를 대표하는 각종 대회에 나가며 선생님들의 이목을 끌었다. 하지만 수시·정시 결과 어디에도 만족하지 못하고 재수를 하게 되었다. 서울 어느 유명 학원의 종합 반에 들어가 1년간 새로 준비해 대학에 들어갔다. 둘째는 유럽에서 고등학교를 졸업하고 IB시험을 거쳐 유럽에 있는 대학에 들어가 건축을 공부하고 있다. 셋째는 독일에서 고등학교 1학년, 즉 미국제 학제로 10학년을 마치고 한국에 들어와 특례 입시(재외국민 특별 전형)를 준비하여 한국 대학에 입학했다.

나 자신이 교사로서 그리고 엄마로서 입시를 치르면서 나름대로 교육에 대해서 참 다양한 경험을 했다고 자부하고 있지만, 전 국민이 교육 전문가인 한국 사람들에게 내가 어떤 이야기를 한들 그들에게 새롭게 다가가거나, 그들의 귀를 솔깃하게 할 수 있을까. 하지만 난 지금도 매일 아이들을 만나고 그들과 부대끼고 살아가며, 어떤 날은 아이들이 세상에 둘도 없이 사랑스럽고 하늘에서 내려온 천사들인 양 느껴지다가, 어떤 날은 제발 내 눈앞에 나타나지 말았으면 하는 악마로 보이기도 한다. 이런 현실 속에서 그들과 치열하게 부대끼고 살면서 나는 한국 교육에 대해 할 말이 너무 많다.

내 생각이 다 옳고 모든 사람이 다 내 말에 고개를 끄덕여 줄 것이라 생각하지는 않는다.

하지만 한 번쯤 제대로 우리의 현실을 함께 고민해보고, 우리가 아이들을 기르면서 부모건 교사건 동네 아줌마, 아저씨이건 교육정책 입안자이건 간에 잊지 말아야 할 중요한 것이 무엇인지 함께 생각해보자는 제안을 해기 위해 글을 쓰게 되었다.

CONTENTS

CHAPTER 02

학교가 달라져야 한다

부모가 달라져야 한다

학부모가 달라져야 한다

부모는 멀리 보라 하고, 학부모는 앞만 보라 합니다.
부모는 함께 가라 하고, 학부모는 앞서 가라 합니다.
부모는 꿈을 꾸라 하고, 학부모는 꿈을 꿀 시간을 주지 않습니다.
당신은 부모입니까, 학부모입니까?
부모의 모습으로 돌아가는 길, 참된 교육의 시작입니다.

얼마 전에 라디오에서 자주 듣던 내용이다. 부모와 학부모의 차이는 무엇인가?

부모에 '학(學)'이라는 한 글자가 더 붙으면 왜 그렇게 달라지는 것일까?

사전의 정의를 보면 학부모는 '학생의 아버지나 어머니라는 뜻으로, 학생의 보호자를 이르는 말'로 되어 있다. 아버지와 어머니를 뜻하는 부모에서 자녀가 학생이 되면 학부모가 되는 것인데, 자녀가 학교에 들어가면 부모는 어떻게 달라질까?

왜 학부모가 되면 이렇게 편협해지고 이기적이 되는가? 나는 교사로 아이들을 대하다가 내 아이를 낳고 기르면서 늘 자신에게 되뇌던 것이 '객관성'을 잃지 말자는 것이었다. 교사로서 수용적이고 관대했던 잣대가 내 아이에게 와서는 언제 그랬냐는 듯 잊히곤 했다. 많은 부모들이 자신의 아이만은 다른 아이와 다르게 우수하고 완벽하게 되었으면 하는 바람을 가지고 있다. 바람을 지나 욕심을 가지고 있다. 전 국민이 교육전문가이고 우리나라처럼 교육에 예민한 나라가 또 있을까 싶다.

새 학년을 기다리며 난 늘 이렇게 기도한다.

"내가 감당할 수 있는 만큼의 아이들을 저에게 주세요."

참 이기적이고 교육자답지 못한 기도이다. 하지만 그만큼 갈수록 나에게 버거운 아이들이 양적, 질적(?)으로 많아지고 있다는 것이 현실이다.

우리 부모들은 사랑이라는 이름으로 참 많은 것을 하고 산다. 결혼을 하고 아기를 낳고 그 아이가 말을 하기 시작하고 한 발씩 걷고 무언가 행동을 하기 시작하면 모든 부모들은 일단 자신의 아이가 혹시 영재가 아닐까 하고 생각하게 된다. 우리 아이가 그려놓은 형체를 알 수 없는 그림을 보면서 구도도 잘 맞고 풍부한 상상력으로 어쩜 이렇게 표현할 수 있는지 아주 대견해한다. 그러면서 사람들에게 자랑을 한다. 하지만 대부분의 사람들은 자신들도 그 과정을 거쳐왔기에 그냥 웃음으로 긍정해준다. 굳이 일러주지 않아도 곧 알게 될 테니까. 자신의 자녀는 분명히 다른 아이들보다 똑똑해야 하고, 성공해야 하고 다른 아이와 다르게 특별한 사람으로 대접받아야 한다는 것이다. 그리고 모든 사람들이 우리 자식을 우선으로 생각하고 사랑해줘야 한다고 생각한다. 그래서 우스개 중에 엄마들이 아이가 태어나서 모유를 끊고 우유를 먹기 시작하면 제일 먼저 아인슈타인 우유를 먹인다고 한다. 자신의 아이가 천재가 되어야 하니까. 그러다가 시간이 지나 유치원에 들어가면 파스퇴르 우유를 먹인다. 그 이유는 알 것이다. 그리고 초등학교에 들어가면 조금 기대를 낮추어 서울우유를 먹이고, 중학교 1학년에 입학하면 연세우유로, 중학교 3학년쯤 되면 건국우유로 바꾸어 자신들의 기대수준을 낮춘다고 한다. 그러다가 고등학교에 들어가면 저기 지방에 있는 대학이라도 가기를 바라며 저지방 우유를 먹이다가 고등학교 3학년이 되면 그저 매일매일 건강하게 자라 달라고 매일 우유를 먹인다고 한다. 부모로서의 마음을 정말 잘 표현하고 있어 웃으면서도 무언가 씁쓸한 느낌이 드는 것은 어쩔 수가 없다.

시인 신경림의 '동해에서'라는 시에서

"세상이 어지러울수록 / 남에게는 엄격해지고 / 내게는 너그러워지나 보다 / 돌처럼 잘아지고 굳어지나 보나 / 멀리 동해바다를 내려다보며 생각한다 / 널따란 바다처럼 너그러워질 수는 없을까 / 깊고 짙푸른 바다처럼 / 감싸고 끌어안고 받아들일 수는 없을까 / 스스로는 억센 파도로 다스리면서 / 제 몸은 맵고 모진 매로 채찍질하면서"

라는 구절을 좋아한다.

우리도 우리 아이들을 좀 더 멀리 너그럽게 바라볼 수는 없을까. 한국의 교육은 정말 많은 문제를 가지고 있어 어디서부터 어떻게 고쳐야 제대로 된 교육이 될까 답답한 적이 많다. 내가 교육 현장에서 아이들과 매일 만나고 있지만 내가 손닿아 변화시킬 수 있는 아이들의 뒤에는 그보다 훨씬 더 막강한 힘을 가진 '학부모'가 버티고 아이들을 조종하고 있다. 아이들은 달라지는데 학부모는 전혀 달라지려 하지 않는다. 그래서 나는 종종 이런 생각을 한다. 모든 교육 과정에 학부모가 이수해야 할 학점을 포함시켜야 한다고. 자녀들이 학교를 다니는 기간 동안 일정 기간을 선택해서 학부모 강좌를 몇 시간(최소 60시간 정도) 이상을 수강하고 시험을 치러서 그 성적을 학생들의 성적표에 반영하고 그 과정을 이수하지 않으면 학생이 졸업하지 못하게 하는 것을 교육법으로 정하자고 주장하고 싶다. 또 결혼을 앞둔 부부는 반드시 아동발달이나 아동 심리, 유아 교육 등과 관련된 자녀 교육 프로그램을 몇 시간 이상 수강해야 결혼 승인을 해주고 자녀를 낳을 수 있게 하는 법도 제정해야 한다고 주장하고 싶다. 정말 사람들에게 엄청난 지탄을 받을 생각이지만 그만큼 부모 될 자격이 없는 사람, 아이들을 제대로 키우지 못하는 부모가 많다는 것을 교육 현장에서 절절히 체험하고 있기 때문이다.

중학교 3학년 담임을 하면서 경험한 답답함도 부모가 달라지지 않고 있음이었다. 고등학교 진학을 앞두고 아이들과 진학 상담을 하다 보면 자신들이 공부에 별로 흥미도 없고 중학교에서의 성적도 중간 정도밖에 되지 않으니 장래성이 있어 보이는 특성화 고등학교에 진학해서 전문적인 기술을 익히고 일찍 취업해서 돈을 벌어 자립해서 살고 싶다는 야무진 생각을 가지고 있는 아이들이 제법 있다. 그런데 그 아이들의 부모님들은 하나같이 인문계 고등학교로 진학해야 한다고 우긴다. 지금은 우리 아이가 공부를 좀 잘하지 못하지만 고등학교에 들어가면 열심히 해서 꼭 대학에 진학할 것이라고 한다. 지금까지 열심히 하지 않았고, 공부에 흥미가 없다고 하는 아이가 고등학교에 진학하면 한순간에 달라지고 뚝딱 공부를 잘하는 아이가 될 거라 믿는 것인가.

그 이면에는 우리 사회가 가지고 있는 화이트칼라에 대한 동경과 주변 사람들의 눈치 보기가 있다. 과거에 집안이 어려운 아이들이 실업계(지금의 특성화고) 고등학교에 진학해야 했던 그 시절을 생각하고 내 아이가 특성화고에 진학하면 주위사람들이 나를 못난 부모라고 보지 않을까 하는 염려 때문인 것이다. 거기다가 어떻게 하든 대학을 나와야 한다는 생각도 한몫을 하고 있다. 고졸과 대졸의 임금 격차와 대우를 생각해서이기도 하다. 요즘은 대학을 나와서도 취업을 못 하고 나이가 들도록 구직 전선을 전전하고 있는 젊은이들이 많은 때에 자신의 처지를 정확하게 파악하고 일찍이 취업이 잘 되는 특성화고로 진학하겠다는 아이들이 부모들보다 훨씬 열린 사고를 하고 있다고 보인다. 내가 담임을 했던 어떤 야무진 아이는 결국 부모를 설득해서 자신이 원하는 특성화고에 진학했고, 아주 자신감 있고 당당하게 미래를 설계하고 준비하고 있는 모습을 보였다.

학부모이거나 부모이거나 세상 변화에 눈뜨고 자녀들에 대해 객관적으로 이해하고 판단하도록 달라질 필요가 있다.

<알아봅시다>

공감

공감은 타인의 감정과 심리상태, 경험을 마치 나의 것처럼 경험해 보는 공감적 정서(empathic emotions)이며, 상대방의 정서적 상태나 관점을 정확하게 이해하고 받아들이는 지적인 과정이다.

공감이란 화자와 청자가 더불어 느끼는 것이며 가능한 한 청자가 화자의 눈을 통해 바깥 세계를 보는 것이며 대화 참여자 간의 관계 상황에서 일어나며, 바로 그 관계 속에서 화자와 하나가 되는 체험이 있어야 한다.

로저스(1975)가 말한 공감은 한 사람이 다른 사람의 개인적인 지각세계 안에 들어가 그 속에서 철저하게 익숙하게 되는 것이다.

그것은 민감해지는 것, 순간순간 다른 사람 내부에 흐르는 의미를 변화 있게 느끼는 것이다. 그 사람이 경험하는 것이 공포, 분노, 부드러움, 혼란 무엇이든지 공감은 그의 삶 속에서 일시적으로 사는 것으로, 판단함이 없이 미묘하게 그 속에서 움직이며, 그 사람이 깨닫지 못하는 의미까지도 감지하는 것이다.

신뢰관계를 형성하고 상대방을 바람직한 방향으로 변화시키기 위해서는 반드시 상대방의 내적 준거체제를 가지고 그 사람의 생각과 감정을 이해하면서 소통을 해야 하는데 이를 공감적 소통(Empathetic Communication)이라고 한다.

공감적 의사소통은 일체의 판단을 유보하고 상대방의 생각과 감정을 깊이 있게 이해하려고 노력하며 상대방의 입장에서 화자의 말에 잘 공감해주고 격려를 하며 적절하게 반응하는 적극적 의사소통의 한 유형이다.

공감적 의사소통은 자신의 생각과 느낌을 잘 전달하는 것만이 아니라 상대방의 생각을 깊이 이해하고 인간관계 증진을 도모하는 매우 복잡한 특성을 가지고 있다.

◆ **공감적 이해의 5수준**

① 수준1: 상대방의 언어 및 행동 표현의 내용으로부터 벗어나거나 내용에 주의를 기울이지 않기 때문에 감정 및 의사소통에 있어서 상대방이 표현한 것보다는 훨씬 못 미치게 소통하는 수준

② 수준2: 상대방이 표현한 감정에 반응은 하지만 상대방이 표현한 것 중에서 주목할 만한 감정을 제외시키고 의사소통하는 수준

③ 수준3: 상대방이 표현한 것과 본질적으로 같은 정서와 의미를 표현하여 상호 교류적인 의사소통을 하는 수준. 대인관계 기능을 촉진할 수 있는 기초 수준

④ 수준4: 상대방이 스스로 표현할 수 있었던 것보다 더 내면적인 감정을 표현하면서 의사소통하는 수준. 수준4부터는 의사소통이 촉진

⑤ 수준5: 상대방이 표현할 수 있었던 감정의 내면적 의미들을
정확하게 표현하거나 상대방의 내면적 자기탐색과 완전히 같
은 몰입 수준에서 상대방이 표현한 감정과 의미에 첨가하여
의사소통하는 수준

[연습]

"우리 집은 왜 그리도 시끄러운지 모르겠어요. 집에선 영 공부할
마음이 없어요."

수준1) 뭐가 시끄럽다고 그러냐? 공부하기 싫으니까 핑계도 많구나.
수준2) 시끄러워도 좀 참고 하면 되잖니.
수준3) 그래, 우리 집이 시끄러우니까 공부하기가 힘들지.
수준4) 네가 공부할 때는 식구들이 좀 조용히 해주었으면 좋겠단
　　　　말이지?
수준5) 식구들이 좀 더 조용히 해주면 공부를 더 잘할 수 있을 것
　　　　같다는 말이지?

이유 없는 행동은 없다

　요즘 모 방송에서 했던 이철환의 강연 동영상이 SNS를 통해 사람들에게 퍼져 다니고 있다. 눈만 내리면 나무 위에 올라가는 판다의 이야기이다. 토끼와 나비의 대화에서 '판다를 도무지 이해할 수 없어'라고 말하자 그 이유를 설명해준다. 눈이 몹시 내렸던 날 새끼들의 먹이를 구하기 위해 어쩔 수 없이 발자국을 남기며 새끼 곁을 떠났다가 새끼를 잃었던 판다는 그 뒤 눈만 내리면 나무 위에 올라가 내려오지 못하게 된 것이다. '너를 도무지 이해할 수 없어'라고 말하기 전에 본질을 바라보는 힘이 필요하다고 연사는 말한다. 본질은 마음으로만 바라볼 때 보인다고 했다. 마음으로 보기 위해서는 나의 기준을 버리고, 상대방과 입장을 바꿔보고, 그럴 수도 있지라고 생각해보라고 권한다. 판다의 이야기는 우리 모두의 소통을 위해 아주 감동적인 일화라고 생각한다. 모든 행동에는 다 이유가 있다.

　아이들이 어떤 모습을 보이면 부모나 교사는 모두 눈에 보이는 그 현상의 좋고 나쁨에 혹은 옳고 그름에 매여 판단하고 아이를 야단치거나 훈계하거나 마음을 돌리기 위해 여러 가지 조언을 늘어놓는다. 하지만 그 행동이나 표현은 그 밑에 숱한 것들을 숨기고 있다. 아이가 자살하려고 손목을 긋겠다며 여러 번 카카오톡에 올리는 일이 있었다. 그 아이는 가정 형편도 답답하고 자신의 모든 처지가 다 절망적이고 즐거울 일이 별로 없다는 것이다. 하지만 그 아이가 죽겠다고 친구들과 주위 사람들에게 소리치는 것은 자신을 좀 봐 달라는 그래서 나도 사랑과 관심을 받고 싶다는 간절한 외침일 것이다. 나를 이해해주지 않는 부모님, 나의 능력을 인정해주지 않는 사회, 날 사랑해주지 않는 주변의 사람들에 대한 불만족을 여러 가지 형태로 표현하고 있다. 우리는 우리 아이들의 그 밑 마음을 읽어주어야 한다.

아이들의 문제는 하루 이틀에 만들어지는 것은 아니다. 혼자 오랫동안 차곡차곡 쌓아온 것들이 어느 일순간 봇물 터지듯이 불거져 나오게 되는 것이다. 아이에게 이런 많은 것들이 쌓이는 동안 부모는 왜 모르고 있었을까. 부모는 아이들이 어느 날 갑자기 변했다고 한다. 학교에서 문제를 일으켜 학교에 나온 부모님들의 많은 수가 초등학교 때까지는 공부도 잘하고 정말 착한 아이였다고 한다. 말도 잘 듣고 명랑하고 가족들에게 말도 잘하던 아이가 갑자기 자기 방에 혼자 틀어박혀 게임만 하고 가족에게 짜증 내고 엄마에게 소리를 지르기도 한다. 그러다가 결국 친구들과 집을 나가 며칠씩 놀다가 잡혀서 들어오기도 한다. 그동안 자신에게 일어나는 문제들을 혼자 감당하기 어려워 누구에게 도움을 청하기도 했지만 알아주지 않았고, 자신의 그 혼란스러움을 자신이 뭐라고 표현하기도 어렵고 그렇게 하나둘씩 가슴에 내려 쌓인 것들이 한계를 넘으면서 자신이 감당할 수 없게 되어 그 어떤 행동으로 표출되는 것이다. 이렇게 거칠게 표현되고 나면 그때서야 부모들은 우리 애가 왜 이렇게 되었는지 발을 동동 구르고 안타까워하며 해결하려고 한다. 하지만 문제가 아주 깊어지고 심각해서 어디서부터 풀어야 할지 몰라 치료도 어려워진다.

감정에 굳은살이 켜켜이 쌓여 자신이 슬픈지 아픈지를 모른 채 그냥 반항으로 자신을 보호하려고 한다. 가출을 한 뒤 부모에서 붙잡혀 돌아온 아이들을 상담실에서 만나면 우선 그 아이의 힘들었을 마음을 읽어주려고 노력한다. 가출이라는 그 자체, 남자 아이들과 어울려 며칠 동안 돌아다닌 그 일은 학생지도부에서 충분히 추궁(?)하였을 테니, 나는 그저 무엇이 그 아이들을 집에 있을 수 없게 하는지, 그들의 마음을 듣고 위로를 먼저 해준다. 그런 뒤에 오래 굳어져 버린 나쁜 생활 습관을 고치는 일을 해야 한다. 가출한 아이들을 만나보면 대부분의 가정이 정말 답답하다. 폭력적인 아버지, 알코올 중독의 아버지, 폭언을 일삼는 할머니, 서로 무관심하고 누가 무엇을 하고 사는지도 모르고 사는 가족들, 그 속에서 아이들은 숨죽여 지내거나 맞고 지내다가 그 상처가 곪아 터진 것이다.

예전에 어떤 한 아이가 피해망상의 증세를 보여서, 담임선생님이 상담실로 데리고 왔다. 담임선생님의 말씀으로 그 아이는 가정 형편도 좋고 부모도 모두 고학력에 누구나 다 아는 그런 좋은 직장에 다니는 사회적으로 훌륭한 사람인데 이상하다고 했다. 그 아이와 상담한 결과 중학교 3학년 때 아버지가 어머니를 때리는 장면을 아이가 직접 목격했고 그 사실을 혼자 가슴에 품고 살다가 고등학교에 입학한 뒤 정신적 질환으로 증상을 드러내게 된 것이다. 남들은 모두 아이가 이상하다고만 했지, 그렇게 숨겨진 아픔이 있다는 것을 알아주려고 하지 않았던 것이다.

아이들에게 행복에 관한 설문을 한 적이 있다.

그중 어떤 아이가 집에 있을 때만 빼고 행복하다고 적어 가슴이 철렁 내려앉아 그 아이를 상담실로 불러 상담을 했다. 엄마 아빠는 자신이 태어나자마자 이혼을 해서 엄마의 얼굴도 모르고 아빠는 몇 달에 한 번씩 집에 들르고 할머니, 할아버지와 함께 사는데 두 분은 손녀를 위한다고 그러시겠지만, 윽박지르고 끝없는 통제로 아이가 숨을 쉴 수가 없다고 한다. 그래서 집에 있는 시간이 지옥 같다고 했다.

아이들은 어른의 상처라고 생각한다. 우리 몸에 바이러스가 침입

했을 때 그것을 퇴치하기 위해 종기를 드러내는 것처럼 아이들은 가정의 종기이다. 그 종기만 해결하려고 해서는 안 된다. 그 종기 아래에 있는 근본 원인인 가족의 역동을 변화시킬 때 그 종기는 차츰 낫게 될 것이다. 어떤 증상을 보이면 그 이면에 어떤 문제를 가지고 있을까 곰곰이 생각해볼 필요가 있다. 물론 아이의 말에 과장이 있을 수 있고, 부모를 오해하는 부분도 있겠지만, 중요한 것은 그 아이가 그런 자신의 처지를 못 견뎌하고 어떤 행복감이나 미래에 대한 희망을 품을 수 없다는 것이다.

그 아이들의 진짜 마음을 읽어주고 그들의 아픔을 그 수준에서 이해해주고 보듬어주는 것이 어른들이 해야 할 일이다.

아니마(anima)와 아니무스(animus)

심리학에 아니마(anima)와 아니무스(animus)라는 개념이 있다. 아니마는 남성의 마음속에 있는 영원한 여성상이라고 하고, 아니무스는 여성의 마음속에 숨어 있는 남성상이라 할 수 있다. 우리가 첫눈에 반한다든지, 콩깍지가 씌워 남들이 납득할 수 없는 연애를 하는 것은 이것으로 해석해볼 수 있다. 우리 인간의 마음속에는 남성성과 여성성이 모두 들어 있지만, 태어날 때 육체적으로 한 가지의 성별만 가지고 태어난다. 성장하면서 사회의 관습에 의해 반대편 성은 억압되지만 그 반대편 성이 사라지는 것은 아니다. 우리의 깊은 내면인 무의식 속에 저장되어 있다가 어느 순간 고개를 내밀기도 한다. 이 아니마와 아니무스에 가장 큰 영향을 끼치는 것이 서로 반대쪽 성을 지닌 부모이다. 아버지는 딸의 아니무스에 어머니는 아들의 아니마에 강한 영향을 주어 자신의 잠재적인 가능성과 결합하여 하나의 상을 만들어 낸다. 이것이 바로 사람을 마음속에 자리잡게 되는 자신의 '여성상', '남성상'이 되는 것이다. 그래서 예부터 어른들이 딸은 아버지 같은 남자를 찾게 되고, 아들은 자신의 어머니와 같은 모습의 여자를 사랑하게 된다고 했다. 마음속에 억압된 반대쪽 성의 특질들은 중년기에 접어들면 서서히 드러나기 시작한다. 중년이 지나면 남성들은 여성적이 되고, 여성들은 남성적인 기질을 드러낸다. 생물학적으로 남자들은 남성 호르몬이 감소되면서 상대적으로 여성성이 드러나고 여자의 경우도 여성 호르몬의 감소로 남성적인 기질을 드러낸다고 하지만 그와 동시에 자신의 무의식 깊숙이 자리하고 있던 아니마와 아니무스가 자연스레 발현되는 것으로 봐야 할 것이다.

또 한 측면으로 자녀에게 미치는 어머니, 아버지의 영향으로는 동일성의 원리로 설명할 수 있다. 프로이트의 이론에 의하면 아이가 태어나서 4~5세가 되면 남근기에 접어들게 된다. 이때 남자아이들은 어머니를 사랑하게 되고 자신의 어머니에게 사랑받기 위해 최고의 적수가 아버지라는 것을 알고 아버지에게 무한의 질투를 느낀다. 이것을 오이디푸스 콤플렉스라고 한다. 자신의 아버지인 줄 모르고 아버지를 죽이고 그 당시의 관례대로 전 왕의 부인(자신의 생모)과 결혼을 하여 두 딸까지 낳게 된다는 오이디푸스 왕의 슬픈 이야기에서 따온 이름이다. 하지만 아버지의 존재는 자신이 어떻게 할 수 없을 만큼 막강한 힘을 가지고 있기 때문에 대적이 불가능하다는 것을 깨닫고는 아버지를 닮아가는 방법을 선택하여 어머니의 사랑을 노리게 되는데 이것을 동일시라고 부른다. 딸의 경우는 자신이 아버지를 사랑하고 아버지의 사랑을 받고 싶지만 아버지가 가장 사랑하는 여자는 어머니이기에 딸은 역시 어머니를 닮고 싶어 하고 어머니 흉내를 내려고 한다. 어린 시절 어머니 옷을 꺼내 입고 화장대 앞에서 어머니 화장품을 온 얼굴에 발랐던 일들이 한 번쯤씩은 다 있다는 것을 보아도 짐작할 수 있다. 그래서 어린 시절 자녀를 양육할 때 어머니와 아버지의 모습은 곧 자녀의 거울이 되고 자녀들은 그 모습에서 자신의 정체성을 찾고 자신의 완성된 인간의 모습을 설계한다고 할 수 있다.

맹모의 교육열

교육에 있어서 가장 훌륭한 어머니로 맹자의 어머니에 대해 이야기한다. 아들을 잘 교육시키기 위해 이사를 세 번씩이나 하면서 좋은 환경을 만들어 주고자 했다고 한다. 한국의 엄마들은 모두가 이 맹자 어머니의 후손들이다. 어디서나 자식의 교육을 최우선으로 생각하고 모든 것을 희생하여서라도 자녀의 교육에 최선을 다한다.

심지어 외국에서도 한국 사람들이 많이 모여 살게 되면 학원이 생긴다. 교민이 몇 안 되는 나라를 제외하고는 온갖 종류의 학원이 생겨난다. 학원에서 영어, 수학, 국어를 가르친다. 그 내용도 다양해서 한국에 돌아와서 수능을 치를 학생을 위한 것, 특례 입학을 치를 학생을 위한 것, 현지에서 대학을 가고자 하는 학생을 위한 것 등이 있다. 또 한국 학생들은 영어권이 아닌 나라에서 공부하는 경우에 많은 학생들이 비싼 학비(연간 3,000~3,500만 원 정도)를 내고 미국 국제학교(American international school)에 다닌다. 그런데도 영어 공부를 위해 여름방학에 한국에 있는 SAT 학원에 보내거나 영국에 있는 3~4주짜리 영어 과정에 보낸다. 영어로 수업을 듣고 영어로 에세이를 써서 과제를 제출하는 아이들이 한국 학원에 와서 무슨 공부를 하는 걸까? 여름방학 한 달 동안 한국에 나와서 학원에 다니기 위해, 그동안 묵을 방을 얻고 학원비 내느라고 엄청난 비용이 드는데도 많은 한국 학생들이 여름방학에 한국으로 몰려온다. 그래서 대치동 학원가에는 여름방학 동안 원룸이나 투룸의 값이 마구 올라간다. 집값 이야기를 하니 생각나는 것이 독일에서 미국 국제학교 근처의 집값을 올리는 것은 한국 사람들이라고 한다. 한국 엄마들은 학교에서 3km 이내에 살려고 학교 근처에 집을 얻는다. 그래서 한국 사람들이 모여 사는 곳은 대부분 미국계 국제학교 근처이다. 자녀를 잠시도 가만히 두면 엄마들은 불안한 모양이다. 자녀들이 놀고 있는 것을 지켜보는 것이 엄마들에게 가장 큰 고통인 모양이다. 어머니들에게는 자녀들이 학교에서 오래 머물러 있고 집에 늦게 들어오면 공부를 열심히 하고 왔을 것이라고 믿는 모양이다. 그래서 한번은 아이들이 어버이날이라고 집에 일찍 보내줘야 한다고 툴툴거리기에 "얘들아, 어버이날에는 너희들이 학교에서 열심히 공부하는 척하며 부모님 눈앞에 얼씬거리지 않는 것이 효도야"라고 말했더니 아이들도 손뼉을 치며 동조하여 한껏 웃었던 기억이 있다. 물론 농담이었지만 우리들이 공감했다는 것은 참 아이러니한 현실이다.

부모는 늘 자녀들을 사랑한다. 자녀의 미래를 걱정하고 사랑한다는 이유로 많은 것을 강요한다. 미래의 행복을 위해 지금의 행복은 잠시 유보해도 된다고 말한다. 자녀가 잘되기를 원하고 그러기 위해 늘 무언가 가르치고 조언을 해주어야 한다고 생각한다. 하지만 세상은 급격하게 달라지고 있다. 부모로서 내가 가진 지식이 과연 아이들에게 쓸모 있는 지식인지도 다시 한번 생각해보아야 한다. 옛날에 부모로부터 전수되어 문화를 이어가던 시절에 우리는 앞 세대로부터 여러 가지 경험을 배우고 그것에 바탕을 두고 새로운 것을 만들기도 했다. 하지만 이젠 앞 세대의 경험 중에서 우리 아이들에게 전해줄 것이 얼마나 될까. 물론 나이가 들면 점차 지혜가 깊어지고 지식으로 해결할 수 없는 것을 해결하는 능력이 생겨나기도 한다. 하지만 지혜가 아닌 그저 지식만을 전달하고자 하는 것은 이미 시대착

오적인 생각이다.

아이를 낳으면 대개 시어머니나 친정어머니가 산후 수발을 들어주면서 육아에 대해서도 이것저것 가르치게 된다. 하지만 요즘 젊은 엄마들은 책과 인터넷들을 통해 아이는 어떻게 키워야 하고 몇 개월 된 아기들은 어떤 상태에 있으니 이때 부모는 무엇을 어떻게 해주어야 할지에 대해 공부를 많이 한다. 그런데 어머니들의 경우는 자신이 아이를 서너 명씩 낳아서 기르고 육아에 대해서는 전문가라는 자부심이 있을 수 있지만, 그것은 이미 20여 년이 훌쩍 넘은 아주 오래전의 일이라 기억이 가물가물하고 기억하는 것이 잘못된 기억일 수도 있다. 그런 부모의 오래전 경험으로 젊은 세대의 엄마들에게 이래라저래라 하면 둘 사이에 마찰이 일기 마련이다. 그래서 시어머니가 오히려 며느리 시집을 산다는 말이 나오게 되는지도 모른다. 이젠 앞선 세대들이 다음 세대에게 가르쳐야 할 지식은 그다지 중요한 것이 아니게 되었다. 그보다는 지켜보아 주고 격려해주고 참아주는 어른으로서의 성숙된 삶의 모습을 보여주는 것이 더 필요하다. 우리는 자녀들에게 부모들이 살아가는 모습을 보여줌으로써 그들이 그 삶을 보면서 취사선택을 하고 부모를 통해 세상을 바르게 살아가는 태도를 익히게 해야 한다. 부모가 상식에 벗어나지 않게 성실하고 착하게 살면 자녀들은 그 부모의 한계를 벗어나지 않는다. 부모는 온갖 나쁜 짓을 서슴지 않으면서 자녀들만 착하고 올바르게 살기를 바라는 것은 이기심이고 아주 잘못된 가치가 될 것이다. 자신들은 책 한 권 읽지 않고 거실에서 TV를 보면서 아이들에게는 들어가서 공부해라, 책 좀 읽어라, 이렇게 강요할 수는 없는 것이다.

가정은 인간이 태어나서 접하게 되는 첫 번째 사회이며 가장 작고 기초적인 사회라고 할 수 있다. 그러므로 가족을 통해 우리가 가지고 있는 여러 가지 자원을 개발하고 키우며 세상살이에 필요한 지식과 기술, 가치관 등을 전수받는다. 또한 가족은 서로 음식을 나누고, 형제자매들과 놀이를 통해 육체적, 사회적 기초를 닦게 된다. 부모와 밀접한 정서적, 신체적, 사회적 상호작용을 함으로써 성장과 발달을 이어 나간다. 그러므로 부모와 자녀의 관계는 모든 인간관계의 출발점이며 기초가 되어 이후 그들이 겪는 모든 인간관계의 원형이 된다. 한 가족이 유능한 사회집단으로 살아가기 위해서는 가족 구성원들이 서로에게 긍정적인 영향을 주고받으며 사회생활에 필요한 상호관계 기술이나 다양한 문제해결력 등의 사회적 기술을 발달시켜야 한다. 가족의 주요 기능을 잘 수행하는 가족을 건강한 가족이라고 하며 그 주축에는 부모가 있다. 가족 구성원 간에 자율과 존경이 균형을 이루는 가족이 건강한 가족이다. 가족치료학자인 보웬(Bowen)은 자아분화 수준을 높이어 구성원 간에 감정적으로 얽매이지 않고 이성적으로 서로를 존중하고 성장시키는 가족이 건강한 가족이라고 하였다.

자녀는 부모의 앞모습이 아닌 뒷모습을 보고 자란다고 한다. 바람직한 부모는 부모 자신이 스스로 모범을 보임으로써 자녀에게 가장 바람직한 모델을 제시하는 부모이다. 자녀는 자연스럽게 부모의 행동을 모방하거나 따르게 되며 모범적인 행동을 보이는 부모에 대해서는 존경심을 갖게 된다. 또 다른 하나는 부모가 자녀를 양육할 때 상황과 장소 그리고 시간과 상관없이 자녀교육의 원칙을 세운대로 지켜 나가는 일관성을 유지하는 것이다. 아이가 말을 잘 듣지 않는다면 부모의 언행불일치를 많이 봐 와서 설득력이 없어졌기 때문일

수도 있다. 말을 잘하지 않으면 말을 잘하라고 야단치고, 그래서 자
신의 생각을 또박또박 말하면 말대꾸하고 대든다고 나무란다. 당장
나가라고 소리치고는 나가는 아이를 보고는 나가란다고 나가냐고
또 야단친다. 아이들은 어쩌라는 말인지. 어느 쪽으로도 행동할 수
없게 쪼임을 당하게 되면 정신분열증을 일으키기도 한다.

양육 기술의 문제가 아니다. 부모가 가진 가치관이 문제이다. 사
회의 전반적인 가치관이 혼란스러운 현실에서 우리 자녀에게 전해
지는 가치관은 알게 모르게 그들 속에 깊이 뿌리내리게 되어 다음
세대의 가치관을 형성하게 될 것이다.

부모들이 무심코 하는 대화나 자녀에게 건네는 말들이 모두 자녀
들의 마음에 새겨져 하나의 내적 신념으로 자리 잡게 된다. 내적 신
념이란 내부에서 말하는 자신의 목소리라고도 할 수 있다. 어떤 일
을 하거나, 어떤 상황이 되었을 때 자신의 내부에서 들리는 또 다른
목소리에 의해 자신의 태도가 결정된다. 그 내면의 목소리를 형성하
는 대부분이 부모의 가치관이라고 할 수 있다. 그러므로 이젠 좋은
부모가 되기 위해 꾸준히 공부하고 자신을 성찰하고 대화법이나 청
소년의 특성에 대해 공부를 해야 한다. 인간관계는 유리그릇과 같은
것이다. 한번 조금의 금이라도 가기 시작하면 그 전의 온전할 때보
다 조금씩 더 위험해지고 더 조심스럽게 다루어야 하며 원래 온전한
곳으로 돌아가기가 참 어렵다. 부모와 자식의 관계도 한두 번 어긋
나기 시작하면 점차 그 골이 깊어지고 그 골을 풀기 위해서는 더 많
은 노력이 들기 때문이다. 부모와 자식이라고 아무렇게나 대하고 아
무 말이나 해도 된다고 생각하지 않는다.

18세기 루소(Jean Jacques Rousseau)는 에밀에서 어린이는 '축소된

성인'이 아니라 '독립된 인격체'라고 주장하였다. 자녀는 부모의 소유물이 아니다. 많은 부모의 의식 속에는 '자식은 자신에게 소속되어 있는 자신들의 분신이자 내 소유이다'라는 사고가 들어 있는 듯하다. 우리가 자녀를 하나의 독립된 인격체로 대우하고 그들에게 책임을 지워줄 때 그들도 거기에 알맞은 행동을 하게 되리라 믿는다.

애착

애착(attachment)은 인간의 생애에서 가장 최초에 나타나는 발달 문제로서 유아와 가장 가까운 양육자 사이에서 느끼는 강한 감정적, 정서적 유대관계를 의미한다.

아동이 건강한 성인으로 성장하는 데 우선으로 이루어야 할 것은 부모와의 안정적인 애착관계이다. 애착관계가 어떻게 형성되었느냐에 따라 생존과 성숙에 크게 영향을 미치게 된다. 일단 부모와의 애착관계가 안정적으로 이루어지고 나면 아이는 탐험심과 모험심을 가지고 주변의 환경에 대처하게 된다. 이러한 과정을 거쳐 긍정적이고 효율적인 자아개념의 확립이 가능하게 되는 것이다.

부모 애착과 또래 애착은 모두 의미 있는 타인과의 정서적 교류를 통해 만들어지는 심리적 요인이라 볼 수 있다. 학령기에 접어든 아동은 또래 친구들과 집단을 형성하고 많은 시간을 함께 보내게 됨으로써 부모가 일방적인 권위를 가지는 애착관계에서 벗어나게 된다. 또래는 부모만큼 권위적이거나 비판적이지 않아 심리적인 편안함을 주고 원하는 것을 기꺼이 해 주기도 하면서 부모-자녀관계보다 훨씬 평등한 관계를 맺게 된다. 부모 양육 태도가 애정적일수록 안정된 또래 애착을 형성하고 적대적, 거부적인 분위기에서 자란 자녀들은 자신과 타인에 대해 부정적 시각과 불안한 관계 속에서 또래 관계 형성에 역기능을 가질 가능성이 높다.

유아가 부당한 양육태도로 일관하는 어머니로부터 안정적인 애착관계를 형성하지 못하더라도 다른 가족 구성원들이 유아에게 안정적인 애착환경을 만들어 줄 경우 안정적인 애착을 형성하기도 한다. 즉, 아동은 또래나 의미 있는 타인을 통해 새로운 애착관계를 형성해 나갈 수 있다는 것이다.

사회적으로 고립된 상태에서 정서적으로 어떠한 행동을 보이는가에 대한 실험 연구가 레서스원숭이를 통하여 이루어졌다. 태어난 지 15일이 경과된 원숭이를 어미로부터 분리시켜 실험실에서 완전히 다른 원숭이들과 격리된 상태에서 혼자 키웠다. 이 연구 결과 고립되어 자란 원숭이는 상당히 불안해하였고 이상행동을 하였다. 완전하게 격리되어 6개월에서 12개월 동안 키워진 원숭이는 대부분의 시간을 구석에서 웅크린 채로 손뼉을 치거나 흔들거리는 행동을 하며 혼자서 지내고 다른 부류와는 전혀 어울리려 하지 않았다. 때때로 격리된 원숭이는 자신이나 다른 동물들에게 폭력적인 성향을 나타내었고 사춘기가 되었을 때에 적절하게 성적인 행동을 표현하지 못했다. 인공수정을 통해 출산을 시켰으나 자신의 새끼에게 아주 냉담한 반응을 보이는 것으로 나타났다.

애착관계 행동은 자동 온도조절 장치와 같은 것이다. 유아는 불안할 때 밀착된 행동을 원하고 불안이 감소되었을 때에는 신체적인 접촉을 원하지 않는다.
부모와 유아의 애착관계는 유아에게 필요한 생존의 조건이다.
유아가 안정감을 느끼게 하려면 기본적으로 어머니가 유아의 주변에 존재하며 웃어 준다든지 말을 걸어 준다든지 하면서 유아를 평안하게 있도록 해주면 된다. 유아들은 계속해서 어머니와의 관계를 점검하며 자신이 필요로 할 때에 어머니가 주변에서 자신을 돌봐줄 수 있는지에 대한 능력을 판단한다는 것이다. 아기가 따뜻하고 친근하고 지속적으로 돌봄을 받고 있다고 느끼며 만족을 경험할 때 애착이 형성된다. 애착이 안정되게 형성된 아기는 '나는 보살핌을 받을 만한 사람이구나. 내가 필요할 때 언제든지 엄마가 나에게 올 것이야. 그러니 세상을 살 만한 곳이구나'라고 느끼면서 이 지구별에 정착을 하게 된다. 어린 시절에 받은 보살핌으로 자신은 소중한 사람이라는 의식이 내면에 자리 잡게 되고 이것은 평생 동안 삶의 곳곳에서 영향을 미치게 된다.
부모의 이혼으로 인한 분리, 양육자가 자살한다고 위협하거나, 집을 싸서 어디로 떠나 버린다는 말을 하거나, 아이를 다른 곳으로 보내 버린다는 말 등을 쉽게 하는 부모 밑에서 자신을 돌보는 사람의 능력을 믿지 못하게 된다. 또한 아이를 돌보는 사람들이 주의집중을 하지 않거나 책임감이 부족할 경우에도 아이들은 자신을 돌보는 사람들의 능력을 믿지 못한다. 우울증이 있거나 불안증이 있거나 이기적인 사람들은 자신의 문제에 너무나 집착한 나머지 아이들의 필요를 충족시켜 주지 못한다.

안정적인 애착이 형성된 아기는 처음에 엄마가 보이는 곳까지 혼자 걸어갔다가 돌아오기도 하고, 그 시간과 거리가 점차 멀어지면서 중간에 엄마를 찾지 않고 자신만의 세계에 머물다가 돌아오기도 한다. 처음에는 1시간, 그러다가 3~4시간씩 떨어져 지내기도 하고, 유치원이나 학교에서 엄마 없이 잘 지내고 돌아온다. 수련회에 가느라 3일씩 집을 떠나기도 하고 배낭여행, 어학연수, 군 입대 등 점차 그 기간을 늘려가며 자신만의 세계 속으로 당당하게 걸어 들어가게 된다.
부모와 안정된 애착을 지닌 청소년은 부모로부터의 심리적 독립과 함께 새로운 환경에 잘 적응해 나갈 수 있다고 하였다.

청소년기의 우울

2013년 9월 25일 통계청이 발표한 '2012년 사망원인 통계' 자료에 의하면 지난해 자살한 사망자 수는 총 1만 416명으로 전년 대비 11.0%가 줄고 자살률(인구 10만 명당 자살자 수)은 28.1명으로 전년 대비 11.8% 감소했다. 그러나 우리나라 자살률은 여전히 경제협력개발기구(OECD) 중 가장 높아 '자살 공화국'이라는 불명예를 벗지 못하고 있다(동아일보 2013.9.26.).

전체 자살률 문제도 심각하지만 청소년 자살의 문제는 더욱 심각하다.

적성과 능력에 맞지 않게 학원으로 또는 과외로 내몰리는 아이들 중 많은 수가 우울증에 걸려 있다고 한다. 우울증은 '현실적인 자기'와 '이상적인 자기' 간의 불일치가 심할수록 발생하기 쉽다. 자살하는 사람 중에는 자신이 정해놓은 기대치가 너무 높아 그것에 부응하지 못하여 불안감과 자책감에 사로잡혀 자살을 선택하는 경우도 있다. 연예인들이 악플에 시달리다 자살하기도 하지만, 자신이 톱스타가 되어야 하고 인기를 누려야 하는데 그렇지 못할 경우 자살을 선택하기도 한다. 또한 실수를 저질렀을 때 그 실수를 적절히 인정하고 자신을 수용하지 못하고 깊은 자책감에 빠져 잘못된 선택을 하기도 한다.

자신의 실수를 그 일에 국한시키지 않고 자신의 근원인 인간적인 부분까지 확대해서 자신을 무가치한 사람이라고 여기게 되기 때문이다.

정상적이라고 생각하는 어른들도 무언가 일이 많이 뒤틀어지고,

업무가 과중되고 사람들과의 관계가 삐걱거리게 되면 슬럼프에 빠지게 된다. 마음속에 있는 여러 가지 부정적인 생각들이 자신을 지배하고, 앞이 꽉 막힌 골목 끝에 서 있는 듯 답답하다. 그래도 건강한 어른들은 자신이 어떻게 할 수 있는 장치를 조금씩은 가지고 있다. 친구들을 만나 음식을 나누며 웃고 떠든다든지, 경제적 여유에 힘입어 여행을 한다든지, 아님 여성의 경우 쇼핑을 한다든지.

하지만 청소년들은 이런 벽에 부딪혔을 때 스스로 헤쳐 나가기가 쉽지 않다. 어린 시절 학대를 받았거나 부모의 이혼, 부모의 자녀에 대한 낮은 수용 등이 이 아이들을 더 극단으로 몰아가게 된다. 가족의 지지가 부족한 경우에는 더더욱 그럴 수밖에 없다. 자신의 힘으로 아무것도 어떻게 할 수 없을 때 청소년들은 심한 우울에 빠지고 지혜롭지 못한 선택을 하게 되기도 하는 것이다.

2011년 우울증으로 병원에서 치료를 받은 10대 청소년 수가 2만 3,806명으로 2006년(2만 633명)보다 15.3% 증가했다. 이 중 심한 우울증이 의심돼 병원 치료를 권장받은 학생 수는 4.6%에 이르렀다. 요즘 학교에서는 정서우울행동 검사를 실시하여 우울 지수가 높게 나온 학생들을 집중 지도하고 1차, 2차에 걸쳐 상담을 하며 지속적으로 관리한다. 일선 교사들과 상담교사들은 이 일로 업무량이 증가하였지만, 그런 것을 통해 우울에서 자살로 이르는 한 아이라도 구할 수 있다면 그것을 보람으로 삼아야 할 것이다. 그래서 우울에 빠진 청소년들이 친구들과 비행에 빠지거나, 게임 중독에 빠지는 것은 자살을 선택하는 아이들보다 낫다고 봐야 하지 않겠는가. 구체적인 목표가 없거나 의욕이 없거나 부모나 친구들과 갈등이 심해지면 우울에 빠진다. 어떤 이유든 우울에 빠진다는 것은 내 삶에 무언가 문제가 있음을 이야기한다. 과도한 업무로 인해 심신이 지쳐 있을 때에 슬럼프가 온다. 그것은 좀 쉬어달라는 신호이다. 몸이 힘들면 감기와 같은 병에 걸리듯이 마음에 과부하가 걸리면 어느 날 모든 것이 다 귀찮아지고 내려놓고 싶어질 때가 있다. 우리 청소년들에게 이런 현상이 일어날 때 부모들이나 선생님들이 이런 아이들을 보살펴서 잠시나마 정신적 휴식을 취하여 심리적 영양을 섭취하게 해주어야 한다. 사랑받고 있음을 느끼는 것 이상의 정신적 자양분은 없을 것이다. 실수한 자신을 건강하게 받아들일 수 있는 내면의 힘, 그리고 부모나 주변 사람들로부터 수용받고 있다는 느낌 등이 이 아이들이 어려움을 극복해 나갈 수 있는 힘이 될 것이다. 어른들의 잘못된 생각, 양육기의 잘못된 양육방식, 아이들에게 과도하게 짐 지워진 많은 것들이 병약하게 키워진 아이들을 견디지 못하게 하는 것이다.

계란을 한 바구니에 담지 말라고 하는 자산 투자의 원칙처럼 심리적으로도 분산투자를 해야 한다. 우리가 자산관리를 할 때 위험 부담을 줄이기 위해 다양한 형태로 분산투자를 하듯이 아이들의 목표나 마음을 한곳에 집중시키지 말아야 한다는 뜻이다. 공부가 내 인생의 전부이고 좋은 대학에 가서 성공하는 것이 나의 유일한 목표라고 인지되고 나면 자신이 원하는 대학에 입학하지 못하게 되거나, 자신이 최고라고 생각했는데 자신보다 더 잘난 다른 아이들로부터 열등감을 느끼게 될 때 자신이 아무것도 아니라는 생각을 하게 된다. 만약 세상에 자신이 사랑하는 유일한 남자가 자신을 떠나고 자신에게는 그 사랑이 삶의 전부였다고 생각한다면 그 역시 살아갈 이유가 없어지게 되는 마음과 같은 것이다.

인간은 기계가 아니기에 24시간 365일 쉬지 않고 일하거나 공부할 수는 없다. 주말이 있고, 휴가철이 있는 이유도 인간은 며칠 일하고 조금은 쉬어야 한다는 오래된 인간의 유산인 것이다. 하느님도 세상을 창조하신 뒤 쉬셨다고 하지 않았는가.

어떤 실수를 하고 잘못을 저질렀더라도 나를 있는 그대로 받아들여 주고 사랑해줄 것이라는 타인에 대한 믿음과 그것을 통해 자신을 이해하고 사랑하는 법을 알게 될 때 우울증이 줄어들고 자살률도 줄어들 것이라 생각한다. 우울증이나 자살이 유행처럼 번지는 시절에 남 탓, 내 탓을 하기 전에 나 자신을 사랑하고 타인을 이해하고 배려하는 마음을 서로 나누어야 할 것이다.

'가면우울증(masked depression)'

세상을 살면서 자신의 감정대로 자유롭게 전부 발산하며 생활하는 경우는 없을 것이다.
주변의 환경이 내가 살아가는 근본이 되기에 기쁘거나 슬픈 일, 화가 나는 일에 대한 나의 감정이 주변이 나를 평가하는 기준이 되기도 하니 때론, 속으로 삼키고 겉으로는 웃어야 하는 일도 비일비재하다.

자신에게 우울한 일이 있을 경우 그 우울한 감정을 자각하고, 그 감정을 표현하는 대신 몸이 아프다거나 평소와 다른 행동을 보이는 경우가 있는데, 이처럼 자신이 우울한지를 자각하지 못하고 다른 형태로 표현되는 상태를 '가면우울증'이라 한다.
가면우울증이란 우울 증세를 겪고 있을 때 이것이 우울증으로 나타나는 것이 아니라 식욕부진이나 가슴 두근거림, 피로감 등으로 나타나는 것을 말한다. 이런 경우 우울증을 겪고 있다는 것을 주변사람들이 전혀 모를 수 있고, 심지어 자신조차도 모르는 경우가 많다. 그래서 우울증보다는 다른 병이 있는 것은 아닌지 의심하는 경우도 있다. 하지만 병원에 가보면 신경성 때문이라는 진단이 대부분이고 확실한 원인이 없는 통증, 또는 심장이 뛰는 등의 증상은 가면우울증일 가능성이 높고, 청소년기의 가면우울증은 일탈행위로 나타나기도 한다.
청소년기에 나타나는 우울은 성인의 우울증과는 증세에서 차이를 보인다. 우울하다고 느끼기보다는 산만함과 난폭함, 짜증, 반항 등 행동의 변화로 나타나는 경우가 많다.
부모와 대화가 없어지고, 성적이 떨어지거나 친구들에게 폭력을 휘두르는 등의 증세를 보인다. 심한 경우에는 술과 담배에 손을 대거나 게임중독, 거식증과 폭식증으로 연결되기도 한다. 특별한 이유를 찾을 수 없고 아이의 행동이 비행인지 우울증 증세인지 구별하지 못하는 경우가 대부분이다.

우울증에 대한 추정 방식은 어린 아동의 경우 신체증상이나 행동의 변화를 보고 우울증 여부를 추정하는데 두통, 복통, 구토, 틱증상, 오줌을 못 가리거나, 체중감소, 식욕부진, 수면감소 등의 신체증상이나 비뚤어지는 성격, 반항, 비행, 배회, 짜증 등의 문제행동이나 학교에 대한 공포, 등교거부, 꾀부리는 등의 사회행동으로 나타나는 경우가 있다. 내용적으로는 가족력을 가지는 병이라고 하고, 가족력이 없더라도 환경의 영향으로 비관적 생각을 하는 사람에 특히 이런 위험성이 더 크다고 한다.

◆ 우울증을 이기는 여덟 가지 방법

① 부정적인 생각에 지배당해서는 안 된다. 이것은 우울증의 증상이므로 치료하면 달라진다.

② 혼자 있기보다 다른 사람들과 같이 있도록 한다.

③ 기분전환이 될 만한 일을 한다. 놀이, 운동, 음악, 종교, 문화활동, 사회활동 등 무엇이든지 좋다. 즉시 효과가 나타나지 않는다고 실망할 필요도 없다. 틀림없이 도움이 될 것이다. 다만 무리해서는 안 된다.

④ 어떤 일이건 지나치게 기대하지 않는다. 기대가 크면 그만큼 실망도 크다.

⑤ 너무 어려운 목표를 세우지 말고 지나친 책임감도 가지지 않도록 한다.

⑥ 할 일을 다 할 수 없는 경우 할 일을 작게 나누어 우선순위를 정한 다음 급한 일이나 중요한 일부터 한다.

⑦ 이혼이나 사직 같은 정말 중요한 결정이라면 우울증이 있는 동안에는 내리지 않는 것이 바람직하다. 우울증이 좋아지고 나면 후회하게 될 가능성이 높다. 부득이한 경우에는 나를 잘 알고

내가 신뢰할 수 있는 사람들과 충분히 의논한 다음에 결정한다.
⑧ 단숨에 병이 다 낫기를 기대하지 않는다. 우울증은 긴 병이다.
단숨에 나을 가능성은 거의 없다. 오래 걸려도 꾸준히 치료가
필요하고 다 나았다고 생각해도 의사와 상의하지 않고 치료를
끝내서는 안 된다.

의사소통

의사소통에서 가장 중요한 두 가지는 경청과 공감이다.

남녀는 다른 별에서 왔다고 한다. 남자들은 문제를 해결하기 위해 대화를 하고 여자들은 공감을 얻기 위해 대화를 한다. 여자들이 속 상해하면 남자들은 자신이 문제를 해결해 주어야 한다고 생각한다. 청소년과 어른도 마찬가지이다. 청소년들과 어른들은 서로 다른 세계에 살고 있다. 부모와 아이들은 적어도 20년 이상 세월의 격차가 있다, 그들이 같은 것을 경험하더라도 다르게 받아들이는 것은 당연하다. 하지만 부모는 자신들의 생각은 옳지만, 자녀들의 생각은 늘 미성숙하고 잘못될 소지가 많은 것이라고 단정 짓는다. 어른이 되면 자신들이 어렸을 때 어떠했던가를 말끔히 잊어버리고 지금 자신이 가지고 있는 여러 가지가 처음부터 그러했다고 생각한다.

조선시대의 문헌에도 보면 요즘 아이들이 문제라고 운운하는 글이 있다. 그 글을 쓰신 분이 요즘 사람들을 보면 어떤 말을 할지 그 충격은 상상할 수 없을 것이다.

부모가 되면 자식이 최고가 되기를 바라고, 한동안은 자신의 아이가 영재가 아닌가 생각하기도 한다. 하지만 시간이 흐르면서 점차 자신의 기대를 접어야 하고 평범하지만 그래도 잘난 자식이기를 기대한다. 그래서 칭찬보다는 부족한 부분에 집중하여 그 모자란 것을 북돋워 줘야 한다고 생각한다. 성적표를 받아오면 잘한 과목은 그냥 넘어가고 상대적으로 낮은 성적을 지적하면서 그것에 대해 훈계를 하거나 조언을 해서 부족한 것이 향상되고 개선되기를 기대한다. 하지만 그렇게 되면 벌써 자녀들은 부모에게 기대했던 칭찬 대신 부족한 것에 대한 질책이 들어오게 되어 기분이 싹 나빠지면서 더 이상 부모의 말에 귀를 기울이려고 하지 않는다. 그 이후는 모든 것이 다 '잔소리'가 되는 것이다. 일단 잘한 것에 대해 칭찬을 충분히 해주면 아이 스스로 자기가 부족한 부분에 대해 이야기하면서 그것에 대해 어떻게 하겠다는 결심과 계획도 이야기하게 된다. 그럴 때 자연스럽게 그럼 엄마가 어떻게 도와줄까라고 한 마디 던져주면 아이는 기분이 좋아서 무언가 더 잘해보려고 노력하게 될 것이다.

다른 집 아이들은 잘한 것만 보이고, 우리 집 아이는 못하는 것만 눈에 보이는 것은 부모로서 아이를 잘 길러야겠다는 책임감이기도 하고 욕심이기도 하다. 나 역시 교사로서 학교에서 숱한 아이들을 보았기에 어느 정도 마음의 여유는 있다. 하지만 그래도 내 아이에 대해 차고 오르는 욕심을 억제하는 일은 쉽지 않았다. 그래서 교사로서 아이들에게 객관적일 수 있는 것처럼 엄마로서 우리 아이를 볼 때 가능한 교사로서 가졌던 그 객관적인 시각을 유지하려고 늘 나 자신을 돌아보고 반성하곤 했다. 어른으로서 부모로서 해야 할 일은 자녀에 대한 지나친 관심과 간섭이 아니라 자녀들에 대한 진정한 이해를 바탕으로 그들이 스스로 선택하고 자신의 삶을 설계할 수 있는 길을 열어 주고 믿고 기다려 주는 것이다.

매슬로(Maslow, 1908~1970)의 욕구단계설에 의하면 인간은 누구나 칭찬에 대한 욕구가 상위의 욕구로 자리 잡고 있다. 칭찬을 많이 받으면 아이들이 자신을 자꾸 드러내려고 하고, 또 칭찬받기 위해 무언가 자신이 가진 것을 활용하여 칭찬받을 일을 하려고 한다. 반면에 비난받고 부정적인 피드백을 많이 받으면 자꾸 움츠러들고 자신감이 떨어지면서 자신을 드러내는 것에 주저하게 된다. 그리고 마음이 비뚤어져 반항하게 되고 부모의 말은 처음부터 아예 잔소리로 치부하고 듣지 않게 되는 것이다. 칭찬을 듬뿍해서 마음이 야들야들 해졌을 때 슬쩍 부모의 기대감을 아이에게 드러내고 유도해보면 그 효과를 쉽게 비교할 수 있을 것이다.

무슨 말을 해도 어떤 행동을 해도 부모로부터 비난만이 돌아올 것 이라고 믿게 되면 점점 부모와 대화를 꺼리게 되고 자기 혼자 방에 틀어박혀 게임을 하거나 친구들과의 채팅에 몰두하게 될 것이다. 아 이들은 태어나면서부터 부모로부터 칭찬받고 싶어 하고 인정받고 싶어 하도록 되어 있다. 그래서 자라면서 무수히 부모에게 손을 내 밀고 자신의 이야기를 들어 달라, 나를 알아달라고 신호를 보낸다. 하지만 부모는 그 숱한 메시지를 지나쳐 버리고 아이들이 지쳐서 마 음의 문을 닫고 난 뒤에서야 왜 우리 아이들은 나랑 대화를 하려고 하지 않는지 모르겠다고 불만을 토로한다.

아이들은 논리정연하지도 않을 뿐 아니라, 생각이 정리되지 않고 두서가 없기에 부모에게 말을 거는 방식도 세련되지 못하다. 상담실 에 놀러 오는 많은 아이들은 뜬금없는 말들로 처음 인사를 시작한 다. 그래도 기다려주고 편안한 마음으로 지긋이 바라보고 있으면 한 두 개씩 자신들의 생각이나 문제들을 툭툭 던지며 대화를 시작한다. 그래서 상담실에 오는 아이들은 모두가 수다쟁이고 시끌벅적하기만 하다. 그런 아이들이 왜 부모님 앞에서는 꿀 먹은 벙어리가 되는가. 아이들이 어설프게 대화를 시도하더라도 성급하게 가로채거나 가르 치려고 하지 말고 들어주고 기다려보자. 그러면 더 많은 이야기들이 쏟아져 나올 것이다.

부모들은 아이들이 어떤 엉뚱한 말을 한 마디만 해도 그것이 아이들의 결정된 확고한 생각인 양 화들짝 놀라서 그것을 수정해주려고 성급하게 구는 경향이 있다. 예를 들어 지나가는 말로 그저 아무 생각 없이 "난 요즘 우리 반 친구들이 너무 좋아. 난 남자애들보다는 여자애들이 더 좋아"라고 하는 말을 들으면 당장 '혹시 우리 애가 동성애에 빠졌나. 안 되지 지금 빨리 성역할의 대해 가르쳐서 그런 쪽으로 가지 않도록 미연에 예방해야겠다'라고 생각하고 나름 알고 있는 많은 것들을 아이에게 쏟아 낸다. 하지만 아이들은 그런 대화 속에서 부모의 고정관념이나 고리타분한 구세대의 사고에 대해 싫증을 느끼게 되고 우리 엄마는 구식이라는 생각을 굳히게 된다. 그저 툭 던져본 것, 아무 생각 없이 어디서 들은 것을 말할 때 너무 과민 반응하지 말아야 한다. 시간은 충분히 있다고 생각하고 천천히 우리 자녀들의 말을 끝까지 듣고 그들이 말하고 싶어 하는 것을 알아내도록 그 밑 마음에 집중하며 들어주자.

사회적 능력으로 공감은 무척 중요하다. 청소년들이 관계 맺기에 어려움을 겪고 있는 경우들을 살펴보면 공감 능력이 부족함을 알 수 있다. 타인의 경험과 감정을 공유하지 못하기 때문에 친구들과 무엇을 함께 이야기하고 공유해야 하는지 모르는 경우가 많다. 그래서 관계 형성을 위한 프로그램에서 제일 먼저 하는 것이 자존감 향상이고 그다음이 대인관계 기술을 가르치는 것이다. 대인관계 기술에는 제일 중요하게 차지하는 것이 공감력 훈련이다(본인의 논문, 외톨이 여중생의 학교생활 탐색에서). 일상생활 속에서 작은 일들을 대상으로 그들의 내면 정서에 들어가 보게 하고 공감하는 연습을 한다면 훨씬 더 풍부한 인간관계를 형성하게 될 것이다. 예를 들어 아이와 함께 지하철을 타고 가다가 장애의 몸으로 구걸하고 있는 사람을 보았을 때 일단 그들의 지금 마음을 생각해보게 하고, 그들에게서 어떤 감정이 느껴지는지 자신이 그들의 처지라면 어떨지에 대해 물어보고 함께 이야기를 나누면 좋을 것이다. 사회적인 문제나 그들의 게으름 혹은 무능력 등에 대한 비판은 나중에 가르쳐도 충분할 것이다.

아이들마다 성격 유형이 다르기 때문에 그런 사람을 보고 반응하는 것도 다 다르다. 감성적인 아이들은 먼저 불쌍하다는 연민의 정서가 먼저일 테지만, 사고형인 아이들은 비판하거나 비난하는 방향으로 자신의 생각을 이끌 것이다.

경청 역시 모든 인간관계에서 갖추어야 할 기본적인 소양이다. 아이들이 위로받고 싶어 말을 꺼냈는데 부모는 자신이 객관적인 부모가 되어야 한다고 생각해 아이의 잘잘못을 지적해주고 그것을 고쳐야 좋은 사람이 될 수 있다고 훈계하고 가르치려고 한다. 아이가 말하는 중간에 아이의 말을 자르고 들어가서 얼른 고쳐 주고 바른 곳으로 안내하고 싶어 한다. 자녀들은 부모에게서 무조건적인 지지를 원한다. 세상 모든 사람이 자신을 힘들게 하고 자신을 욕하더라도 부모만은 자신을 믿어주고 자신이 잘못한 것이 아니라 무슨 이유가 있을 것이라고 그 이유를 물어 주기를 원한다. 하지만 대부분의 부모는 성급하다. 판단하고 가르치려고 한다. 가르치기 전에 먼저 아이를 위로하고 다독인 뒤에 충분히 마음이 안정 되면 그 때 아이 스스로가 자신을 객관적으로 바라보게 하여 자신의 잘잘못을 판단하게 하면 어떨까. 상담실에서 아이들이 선생님의 말을 잘 듣는 이유는 그들의 허전한 마음과 위로받고 싶은 마음을 충분히 공감해주고 위로해주기 때문이다. 인간은 자신이 안정되고 나면 스스로 이성적인 판단을 하게 되어 있다. 아이들이 가진 감정을 있는 그대로 인정해주자. 그것이 모든 사람이 겪는 일이니 너도 당연한 것이고 별로 대단한 것이 아니라고 덮으려고 하지 말자. 어른이 보기에는 별것이 아니고 사소한 것일지라도 그 감정에 빠져 있는 청소년들은 무척 심각하고 답답할 것이다. 바람직한 부모는 자녀를 이해하고 수용한다. 부모들이 자녀를 이해하고 수용하려고 노력하게 되면 자녀들은 독립심을 기르고 스스로 자신을 통제하는 것을 개발하고 습득하게 될 것이다.

타인의 창을 통해 바라보라, 상대방이 보는 세상을 볼 수 있도록 노력하라.

의사소통의 두 가지 기본원칙

의사소통이란 둘 또는 그 이상의 사람이 서로가 가진 정보, 지식, 경험, 사상, 신념, 감정, 욕구 등을 나누고 공유하는 것을 말한다.

1) **순서 바꾸기**(turn-taking)

내가 이야기하면 상대편에게 순서를 넘겨줘야 한다. 유머가 중요한 것도 반응할 순서, 즉 웃을 순서를 주기 때문이다 정서적 상호작용이 서로 순서를 바꿔가며 일어나야 한다.

순서 바꾸기가 망가지는 가장 큰 이유는 불안이다. 자신의 이야기가 상대방의 마음을 움직일 수 없다는 불안 때문에 계속 반복해서 자기 이야기만 하는 것이다 사람의 마음을 움직이는 힘은 나 자신에 대한 확신에서 나온다. 내가 하는 이야기에 나 스스로가 먼저 설득당해야 한다. 스스로도 설득당하지 않는 이야기에 상대방이 설득될 리 만무하다.

또한 삶의 여유와 즐거움이 있는 사람은 자신의 순서에 자연스럽게 반응한다. 말하는 이의 비언어적 질문에 아주 자연스럽게 반응하는 것이다.

2) **관점 바꾸기**(perspective-taking)

상대방의 관점에서 세상을 보는 능력이다. 타인의 관점에서 세상을 보는 능력은 네 살이면 가능하다고 한다. 그런데 이 능력은 사회적 지위가 높아지면 높아질수록 하는 일이 성공적이면 성공적일수록 사라진다. 과도한 자기 확신으로 인해 타인의 관점이 존재한다는 사실조차 인정하지 않게 되는 것이다. 이런 문제는 주로 자수성가한 사람들에게서 나타난다.

영화를 보는 것이 재미있는 이유는 영화 속 주인공의 관점을 빌

려오기 때문이다. 주인공의 관점을 통해 세상을 볼 때, 우리는 현재의 내 지루한 삶과 관계없는 전혀 다른 세계를 경험할 수 있다. 여행을 가는 것도 그 나라의 문화에 숨겨져 있는 또 다른 관점을 찾아내는 것이 즐겁기 때문이다. 삶이 재미없다는 것은 관점 바꾸기가 원활하게 돌아가지 않는다는 뜻이다. 그래서 사는 게 재미없는 사람에겐 반드시 의사소통의 문제가 있을 수 있다. 타인의 관점에서 세상을 바라보지 못하기 때문이다.

남을 이해하는 능력은 남의 정서를 흉내 내는 것에서 시작된다. 남의 정서를 흉내 내면서 우리에게는 '이심전심'의 능력이 생긴다. 서로의 정서를 흉내 내는 것으로부터 타인의 감정을 이해하고, 추론할 수 있게 되는 것이다

※ 감정정체(요하임 마츠)

감정이 자연스럽게 표현되고 물처럼 순환되어야 하는데 러시아워의 꽉 막힌 도로처럼 감정이 표현되지 못하고 정체되어 있는 현상이다. 타인의 요구에만 적응하는 사회화 과정은 여타의 심리적 기본 욕구들이 억압되는 결과를 낳는다. 이를 '결핍 증후군'이라 한다. 어릴 때 사랑을 받지 못하고 자란 사람은 이 부족한 부분을 다른 방식으로 채우려고 한다. 다양한 형태의 중독 현상, 일중독, 성공중독, 쇼핑중독, 권력욕, 자기과시욕, 알코올, 마약 등의 중독이 속한다.

억압된 삶의 경험은 감정 정체라는 결정적인 정서 장애로 이어진다. 인간은 기본적으로 감정 표현을 통해 남과 의사소통할 뿐만 아니라 자신의 기본적인 욕구를 해소하기도 한다. 자연스러운 정서표현은 인간의 기본적인 욕구인 동시에 인간을 인간답게 만들어 주는 기제이기도 하다.

감정정체를 해결할 수 있는 바람직한 방식은 '내적 민주화'이다. 내적 민주화란 자신의 정서적 장애와 결핍 증후군을 인식하고 남

에게 피해를 주지 않는 방식으로 해결하는 것을 의미한다. 이를 위해 많이 슬퍼하고 타인에 의해 진심으로 수용되고 인정받을 인내의 시간과 공간이 필요하다. 내적 민주화는 '치료적 문화'를 통해 가능하다. 치료적 문화란 함께 정서를 공유할 수 있는 문화를 뜻한다.

엄마와 자녀의 심리적 분리

엄마와 자녀는 처음에 탯줄로 연결된 한 몸이었다. 엄마와 같은 음식을 먹고 엄마와 같은 소리를 듣고 엄마의 감정을 함께 느꼈다. 세상에 나와 첫울음을 터트린 후에 육체적으로 첫 분리가 시작된다. 하지만 한동안 엄마의 젖을 먹으며 역시 엄마와 영양을 나누며 한 몸처럼 지낸다. 젖먹이 엄마가 생후 3개월이 채 되기 전에 먹는 음식은 장이 제대로 완성되지 않은 아기에게 큰 영향을 끼친다. 어느 신생아의 엄마가 출산 후 한 달 내내 싱겁고 무른 음식들만 먹다가 너무 질려서 고추장을 살짝 넣은 비빔밥을 먹었는데 그 젖을 먹은 아기가 밤새 설사를 했다고 한다. 해외 뉴스에서 수유 모가 맥주를 마시고 수유를 해서 신생아가 죽었다는 기사를 본 적이 있다. 어른에게 한 컵 정도의 맥주는 아무런 티도 나지 않을 수 있지만, 아기에게는 치사량이 될 수도 있다는 것이다. 이렇게 분리되지 못한 채 엄마에게 의지해서 생을 시작한 우리의 자녀는 조금씩 엄마로부터 벗어나는 연습을 한다. 걸음마를 시작하면 엄마 손을 놓고 몇 발자국 걸어갔다가 휙 돌아 다시 엄마의 품으로 돌아와 엄마가 자신의 영역 안에 안전하게 있음을 확인한다. 이렇게 점차 거리를 늘려 가면서 육체적·심리적으로 분리를 하게 된다.

어머니와 유아는 매우 강한 결속을 지니고 있고, 이 관계는 어린 아이가 세상과 상호작용하는 대부분의 관계를 포함하기 때문에 어머니와 유아의 관계는 이후에 발생하는 모든 관계의 원형이 된다. 아기들은 성장하면서 어머니로부터 점차 독립하고 관계를 줄여 나가지만, 어머니와의 관계 경험은 이후 대인관계에 영향을 미치게 된다.

청소년은 부모와 중요한 타인으로부터 행동적, 인지적, 정서적으로 분리-개별화(seperation-individuation)를 이룸으로써 중요한 발달 과업인 자아정체감을 형성하고 성인으로 나아가게 된다. 어머니의 몸에서 나와 탯줄을 끊어 내는 것을 생물학적인 탄생으로 본다면, 분리-개별화의 단계는 심리적 탄생으로 볼 수 있다. 즉 아기들은 어머니와의 공생적 관계에서 분리되어 내적인 심리 구조를 형성하고 자신을 독립된 개체로 자각하고 자율적으로 행동하면서 점차 어머니에게 정서적으로 덜 의존하게 되고 하나의 독립된 인간으로서의 자율성을 획득해 나간다.

자녀들이 개별성을 가지고 독립적 위치에 설 수 있도록 부모로부터 건강한 심리적 독립에 해당하는 분리-개별화를 이루는 것이 매우 중요한 과제이다. 이는 부모로부터 자아를 분리시키고 자신에 대한 정체성을 찾는 것이다. 이 분리 과정에서 느끼는 불안, 죄책감, 혹은 거절에 대한 두려움과 같은 부정적인 감정들이 없는 상태가 건강한 분리-개별화라고 할 수 있다. 건강한 분리-개별화는 부모와의 애정적 관계에서 가능하다. 분리-개별화가 잘 이루어진 아동일수록 성취동기가 높고 자기 효능감이 높으며 긍정적인 자아상을 갖는다.

어린 시절 충분히 사랑받고 잘 양육된 자녀는 가족을 떠나 자신의 가정을 꾸미는 것이 상대적으로 쉬운 반면, 어린 시절 무시당하고 학대당한 자녀의 경우 자신을 무시한 그 집을 떠나 독립하는 것을 훨씬 더 어려워한다. 부모가 자녀의 독립에 대해 인정 지지하는 태도를 지닐수록 자녀는 건강하게 독립할 수 있다.

건강한 분리가 이루어지면 부모와 자식은 적절한 거리를 유지하게 된다. 너무 가까워 서로의 존재가 누구인지 엄마가 아이인지, 아이의 마음이 엄마의 마음인지 구분이 안 되거나, 너무 멀어져 아예 심리적 공동 구역이 존재하지 않는 경우가 있다.

내 기억에 어린 시절 아들과 함께 옷을 사러 나가서 이것저것 옷을 입혀 본 뒤 "넌 어떤 것이 좋아?"라고 물어보면 아들은 늘 "엄마 맘"이라고 대답하고 씩 웃곤 했다. 초등학교를 졸업하고 중학교 2학년 때까지만 해도 아침마다 큰 소리로 "엄마, 오늘 뭐 입어요?"라고 물어보면, 아침마다 아들의 코디 노릇을 해줘야 했다. 그러던 것이 어느 날부터인가 아마 중학교 3학년쯤 된 때부터 스스로 옷장을 열고 자신의 취향에 맞춰 그날그날 옷을 선택해서 입게 되어 아침 시간에 날 귀찮게 하지 않았다. 그러더니 좀 더 지난 뒤에는 친구들과 옷 사러 간다고 돈만 달라고 하기도 했다. 물론 대학생이 된 지금도 함께 가서 옷을 고르기도 하지만 이젠 더 이상 "엄마 맘"이란 표현을 하지 않고 자신의 취향을 은근 드러내며 옷을 고른다. 이렇게 분리-개별화는 성장과 함께 자연스럽게 진행된다.

애정적인 양육태도를 가진 부모에게서 자란 자녀는 자신과 타인에 대해 긍정적인 시각을 가지고 생활을 자주적으로 운영할 능력을 갖추어 부모로부터 심리적 독립이 이루어지는 분리-개별화를 활발하게 진행하지만, 거부적이고 과보호적인 양육태도를 가진 부모 밑에서 자란 자녀는 의욕이 상실되어 생활을 자주적으로 운영할 능력이 없으므로 분리-개별화가 활발하게 진행되지 못하고 부모에게 의존한다.

늦도록 결혼하지 못해 힘들어하는 남성을 상담한 일이 있었다. 상담을 이어가면서 발견한 것은 엄마와 심리적으로 너무 밀착되어 있고 엄마에게 아들은 아직도 초등학생 정도로 인지되어 모든 것을 다 챙기고 돌봐야 하는 존재로 취급하고 있다는 것이다. 마흔이 된 아들의 옷을 엄마 혼자 사와서 무작정 입으라고 한다든지, 무엇을 하든 다 엄마가 챙기고 참견하고 또 그렇게 하는 것이 당연하다고 아들도 믿고 있었다. 엄마의 소개로 여자와 선을 보고 와서도 모든 것을 시시콜콜히 엄마에게 보고한다고 했다. 그들의 대화는 여느 집 딸과 엄마의 대화보다 더 살갑고 다정했다. 다정하고 사이가 좋은 것이 무엇이 문제냐고 할 것이다. 하지만 모든 것을 엄마의 마음에 따라 움직여야 하는 아들이 어떻게 성공적인 연애를 하고 결혼에 골인할 수 있겠는가. 상담의 첫 번째 과제는 이 모자를 건강하게 분리시키는 것이었다.

요즘 소위 마마보이, 마마걸이라는 말이 있다. 어려서부터 모든 것을 엄마가 계획하고 결정하고 선택하여 주고 자녀는 그저 그 계획대로 움직이고 따르며 살아왔다. 고학력시대, 저 출산과 취업난이 겹치면서 몸은 어른이지만 정신적 수준은 아직 미성년 상태인 불완전한 성인들을 만들어 내고 있다. 무책임한 태도와 의존적인 생각으로 영원히 어린이로 남고 싶어 하는 '피터팬 증후군', 부모 품에서 부모의 양육에 끝가지 기대고 싶어 하는 '캥거루 족', 혹은 고립된 채 사회와 관계를 맺지 못하는 '은둔형 외톨이' 등이 생겨난 것이다.

모든 동물 중에서 인간이 가장 오랜 시간 부모로부터 보살핌을 받아야 하는 개체이다. 오늘날은 과거보다 청소년의 이행기가 길어져 청소년기가 더 연장되고 있다. 가정환경과 식생활개선, 자극적인 사회 환경으로 어린아이들은 조숙하게 청소년기에 진입하게 되지만, 학교교육의 연장, 사회의 전문화, 가치관의 변화 등으로 청소년기의 마무리는 늦어지게 되었다. 이런 현상으로 청소년들은 생애 전체에서 이행시기, 즉 불안정과 혼동을 경험하는 과도기가 길어진다는 것이다. 청소년의 심리적 불안과 혼동은 사회적 적응에 더 많은 시간과 노력을 요구한다.

자녀들이 커가고 나이가 들면 부모가 다시 자녀에게 의지하게 된다. 딸들이 커서 함께 쇼핑을 다니다 보면 어느새 자신도 모르게 딸의 선택에 의존하고 눈치를 보고 의견을 묻게 된다. 그러다 자녀들이 다 어디론가 자신의 삶을 찾아 떠나고 나면 혼자 쇼핑을 하다 문득 '선택이 어렵다'고 느끼면서 그 사이 내가 의존하고 있었다는 것을 깨닫게 된다.

아무리 서로 사이가 좋고 가까워도 다른 인격체임을 인식하고 인정해야 한다. 서로의 의견을 존중하고 따르더라도 자신의 생각과 선택을 우선해야 한다. 엄마들은 자신의 개인적 삶을 위해 취미활동이나 자신만의 삶을 만들 필요가 있다. 그래야 자녀에게 올인되는 심리적 과잉을 막을 수 있다. 아이에게 올인해 버린 뒤 그 자식들에게 버려지거나 자식들이 독립해서 떠나게 되면 그 사실을 받아들이지 못하고 그래서 불행이 시작되는 것이다.

사춘기 시절에 하는 반항은 엄마와의 거리 갖기, 젖떼기로 이런 과정을 통해 독립되고 건강한 인격체로 성장하기 위한 몸부림이고 고통인지도 모른다.

독립된 인격체로 활동하고 선택할 수 있는 기회를 주어야 하는데 우리 부모들이 그 끈을 놓지 못하고 있다. 언제까지 자신의 손목과 자녀의 손목을 연결하는 미아방지용 줄을 매달고 살 것인가.

우리는 자녀와 적절하게 분리해서 자녀들을 독립시켜야 한다. 내가 움켜쥐고 있다고 내가 모든 것을 언제까지 책임지고 해줄 수 있는 것도 아니다. 부모가 죽고 나면 그 아이들은 어떻게 살아가게 될까. 노후를 편안하게 지내기 위한 노후 대책으로 거액의 연금 저축을 들어두거나, 재산을 많이 쌓아서 준비하는 것만이 다는 아니다. 아이들을 잘 길러 그들이 스스로의 길을 찾아 독립적으로 행복하고 의미 있게 삶을 영위하고 있어 부모의 간섭이나 도움이 절실하지 않게 되면 그게 부모로서 편하고 안정된 노후를 즐길 수 있는 것이 아니겠는가.

자신의 행복한 노후 설계를 위해서라도 자녀를 육체적·심리적으로 건강하게 길러야 한다. 건강하게 독립을 시키고 나면 부모로서의 역할을 끝내고 편안한 노후를 즐길 수 있지 않겠는가.

자아분화

자아분화란 어린이가 어머니와의 융합에서 서서히 벗어나 자기 자신의 정서적 자주성을 향해 나아가는 장기적 과정을 기술해 주는 용어이다. 즉 미분화된 자기 자신의 정체성을 확립해 나아가는 과정으로서 자신의 충동적 사고와 행동에서 벗어나 주관성과 객관적 사고를 통해 독립성을 획득해가는 과정인 것이다. 또한 분화란 개인이 사고와 감정을 분리시킬 수 있는 능력이다. 지적 체계와 정서적 체계의 기능이 분리되어야만 감정과 사고 기능의 분리가 가능하며 객관적이고 현실적인 사고와 판단이 가능하다. 또한 자아분화는 불안과 긴장에 대한 기본 개념을 근거하여 감정적 체계로부터 지적 체계를 분리시키고 더 나아가 감정적 체계로부터 느낌의 체계를 분리시킴으로써 개인이 자신의 불안을 왜곡하지 않고 합리적인 존재로서 비합리적인 감정체계를 효과적으로 통제하는 것으로 보았다.

자아분화가 개인에게 미치는 영향을 보면 분화가 높을수록 결혼만족도가 높으며 가족의 생활의 질을 상승시켜 준다. 건강한 가족을 형성하기 위해서 구성원의 자아분화를 향상시키는 것이 중요하다.

대인 관계적 측면에서 분화를 보면, 자아분화가 잘 이루어지지 못한 사람은 확고한 자아를 발달시키지 못하고 거짓자아가 발달하게 되므로 자신의 일관된 신념을 가지고 자주적이고 독립적인 행동을 하지 못한다고 본다. 하지만 분화가 잘 이루어진 사람은 사고와 감정이 균형을 이루어 강한 정서와 자발성을 가지고 있으며 정서적 충동에 저항할 수 있는 자제력과 객관성을 가지고 있다고 본다.

분화되지 못한 사람은 자기감정에서 사고를 분리시킬 수 없어 지성에 감정이 넘쳐들어 객관적인 사고를 거의 하지 못한다. 그리고 주위 사람들의 감정에 지배를 받아 맹목적으로 추종하거나 아니면 분노를 느끼며 배척한다. 사고와 감정 사이의 분화가 결여되면 자신과 타인 사이에서도 분화가 결여되기 쉽다. 분화가 이루어지지 못한 사람은 분명하게 사고할 수 없기 때문에 가족이나 권위적인 인물들의 지시에 대해 긍정적이든 부정적이든 감정적으로 반응한다. 이러한 사람은 자주적인 정체감이 없기 때문에 타인들과 쉽게 융합을 이루며 그래서 자신과 타인을 분리시키기 어렵다. 이와 대조적으로 분화를 이룬 사람은 충분히 사고할 수 있기 때문에 분명한 입장을 취하고 믿고 있는 바에 따라 결정하고, 자신의 신념에 따라 행동할 줄 안다. 그리고 상대방의 영향에 좌우되지 않으면서 친밀한 접촉을 할 수 있다. 분화의 차이는 부모가 자신의 원가족으로부터 정서적 분리를 성취하는 정도와 또한 부모, 형제, 그리고 중요한 친척들과의 관계적 특성에 따라 달라진다. 동일한 부모의 아이들이라고 모두 똑같은 정서적 분리를 하는 것은 아닌데 이는 부모와 각 아이들 간에 상호작용하는 특성이 서로 다르기 때문이다.

집중과 몰입

요즘 아이들은 대체로 산만하다. 중학교 수업 시간인 45분을 견디기 힘들어한다. 너무 정신없이 떠들어 모두들 눈을 감게 하고 명상 훈련을 시도하기도 한다. 어떤 아이는 눈을 감는 것 자체를 못하는 경우도 있다. 눈을 감게 되면 주위의 영향을 차단할 수 있고 잠깐이지만 자신의 내면으로 눈을 향할 수 있기에 정서적으로도 좋은 효과가 있고 수업 전에 아이들의 집중력을 향상시키기에 좋은 것이어서 자주 시도한다. 어떤 해에는 종례 때마다 담임은 전달 사항을 전하는 대신 2분 동안 꼼짝하지 않고 눈을 감고 있으면 집에 가는 걸로 정한 적이 있다. 하지만 2분을 견디는 것이 정말 힘들어 보였고, 그런 것 하지 말자고 자주 보채기도 했다. 눈을 감고 두 손을 조용히 모으고 마음을 한곳에 집중하게 하지만 이것을 무척 힘들어한다. 옆 친구와 잡담을 시작하면 무엇이 어찌 되는지, 누가 자신들을 주목하고 있는지도 모르고 떠든다. 교사가 야단을 쳐도 계속 딴소리를 하거나 피식피식 웃거나 몸을 움직이며 그 순간을 견디지 못한다. 갈등의 순간을 몹시 불편해하고 어떻게든 그것을 아무것도 아닌 것으로 인식하려고 한다.

마시멜로 이야기로 알려진 미국 스탠퍼드대학교의 심리학자 월터 미셸의 실험이 있다.

4세의 어린이 600명을 대상으로 마시멜로를 1개씩 나누어주면서 당장 먹지 않고 15분을 참으면 1개를 더 주겠다고 한 후 아이들의 행동을 관찰했다. 당연히 참아내는 아이와 참지 못한 아이로 나뉘었다. 미셸은 10년 후 이 아이들이 어떻게 생활하는지 알아보았다. 600

명 중 200명의 자료만 얻을 수 있었지만 10년 전에 즉각적인 욕구를 참은 아이들이 그렇지 않은 아이들에 비해 더 집중력 있고 논리적이고 계획적이며 성적과 대인 관계, 스트레스 관리에서 뛰어난 능력을 발휘했다. 이를 근거로 더 큰 만족과 보상을 위해 욕구 지연을 할 수 있는 능력이 성공의 지표가 된다고 주장했다. 성공한 아이들은 내적 진술(나는 마시멜로를 먹지 않기로 했다)을 포함해 여러 가지 사고 전략이 발달되었다는 사실을 알아냈다. 하나는 '관심분산'(마시멜로 생각을 하지 않으려고 노래를 불렀다), 또 하나는 '상상력 동원'(나중에 2개를 먹는 상상을 했다)이었다. 다시 말해 욕구를 지연시키는 것은 사고의 힘이었다. 관심 분산은 주의 산만과 다르다. 관심분산은 기민한 사고 전환이고 주의 산만은 비효율적 사고 일탈이다. 또 상상을 했다는 것은 대상의 구체적 특성(맛있는 냄새, 보드라운 촉감)을 추상적 특성(나중에 먹는 모습을 상상함)으로 바꾸었다는 것으로 매우 높은 수준의 사고기능을 해냈다는 의미이다.

또 다른 연구에서 뉴질랜드 태생의 어린이 1,000명을 3세 때 행동을 관찰하고 30년 후의 건강상태, 경제력, 범죄기록 등의 자료를 비교했다. 그 결과 3세 때 자기 통제력 점수가 낮은 아이일수록 성인이 되어 고혈압, 비만, 성병에 걸릴 위험이 높았고 담배, 술, 약에 의존하는 비율도 높았다. 또 경제적으로 풍요롭지 못하고 심지어 범죄율도 높았다.

영국에서 한 다른 연구에서는 쌍둥이 500쌍을 대상으로 했는데, 쌍둥이 중 5세 무렵에 자기 통제력 점수가 더 낮았던 아이들은 나중에 담배 피우는 시기가 더 빨랐고, 중학생이 될 무렵 반사회적 행동을 보이는 비율도 더 높았다.

욕구 지연을 할 수 있으면 성인이 되어 스트레스 상황에서 충동적으로 행동하지 않고 인내하며 합리적으로 대처할 수 있는 사고력을 갖게 된다.

요즘 산만한 아이들의 시작은 부모에서 찾아본다. 부모가 아이의 눈을 오랫동안 맞춰주지 않기 때문에 시선이 분산되고, 시선이 분산되니 주의도 분산된다. 아이들이 좋아한다고 TV를 틀어 만화영화를 보여주거나, 울고 보챌 때마다 스마트 기기를 쥐어 주는 부모가 많다.

자극이 너무 많으면 집중하기 어렵다. 무엇을 하든 아이가 몰입하면 그것이 곧 공부이고, 그 시간 동안 뇌는 폭발적으로 발달한다. 물론 컴퓨터 게임에 몰입하는 것은 예외이다.

부모가 어린 시절부터 아이들의 올바른 성격형성을 위해 노력해야 한다.

창조는 집중에서 시작된다.

내외통제성

자신의 행동 뒤에 오는 보상이 자신의 노력에 의한 것이 아니라 행운이나 기회 또는 운명 때문이라고 인식하게 되는 것은 외적 통제성이 높은 사람이다. 그러나 어떤 사건이 자신의 행동에 의해서 일어난다고 생각하거나 자신의 내적 요인에 의해서 일어났다고 생각하는 사람은 내적 통제성이 높은 사람으로 본다. 내적 통제성이 높은 사람은 외적 통제성이 높은 사람보다 건설적인 방향으로 반응하며 어려운 문제를 해결하려는 성향이 강하다. 내적 통제자의 사고유형은 첫째, 조직에서의 승진이 열심히 또는 성실하게 일함으로써 이루어진다고 생각한다. 둘째, 경험에 따라 공부한 정도와 성적은 직접적인 상관이 있다고 생각한다. 셋째, 자신이 옳으며 타인을 충분히 이해시킬 수 있다고 생각한다.

외적 통제자는 첫째, 돈을 많이 벌거나 성공을 하는 데 있어서 행운이나 우연성이 중요하다고 생각한다. 둘째, 학교에서 좋은 성적을 얻는다는 것은 열심히 공부하는 것과는 별로 관계가 없다고 생각한다. 셋째, 타인의 기본적인 태도를 변화시킬 수 있다는 생각은 어리석은 짓이라고 생각한다. 그러므로 내적 통제자는 개인에게 있어서 어떤 사건의 결과가 자신의 행동에 따른 결과라고 지각하게 되며, 자신의 통제 하에 있다고 지각하는 성격유형이다. 반면에 외적 통제자는 어떤 사건의 결과를 자신의 행동과는 무관한 것으로 지각하는 성격 유형이다.

자기 스스로 상황을 통제할 수 없을 때는 스트레스가 가중되고, 자기 스스로 통제할 수 있을 때는 스트레스가 감소되는 현상을 심리학에서는 '통제감의 효과(Controllability Effect)'라 한다. 통제감에 대한 신념 여부가 스트레스 정도를 좌우하기 때문이다.

부모의 양육 방식

급변하는 현대 사회 속에서 부모들은 자녀 양육에 대해 보다 더 높은 관심과 열의를 보이고 있지만 올바른 부모의 역할은 무엇이고 어떻게 하는 것이 좋은 부모가 되어 자녀가 미래에 행복하게 이 세상을 살아갈 수 있도록 도와줄 수 있을지에 대한 답을 얻기는 쉽지 않다. 자녀 교육에 대한 관심과 자녀에 대한 사랑이 곧 좋은 양육이라고 단순하게 말할 수는 없다. 오히려 자녀에 대한 과보호와 지나친 간섭이 자녀의 성격과 정서 발달 등에 역기능으로 작용할 수도 있다.

대상관계 이론을 정립한 위니컷은 훌륭한 어머니와 그렇지 않은 어머니와의 차이는 실수를 범하는 데 있는 것이 아니라, 그 실수를 어떻게 처리하는가에 있다는 예리한 발견을 했다.

부모와의 관계, 특히 부모의 양육태도는 자녀에게 가장 큰 영향을 미치며, 또한 자녀의 사회화 과정에 영향을 주는 다양한 환경들 중에 가장 중추적인 역할을 하는 것으로 알려져 왔다. 양육태도라는 것은 부모가 자녀를 대할 때 가지는 내재적 태도와 외현적인 행동양식을 말한다.

비평 속에서 성장한 아이는 비난을 하는 아이로 성장하고, 적대감 속에서 성장한 아이는 공격적인 아이로, 조종받고 자란 아이는 자신을 부끄러워하는 아이로, 수치를 받고 자란 아이는 죄책감을 느끼는 아이로, 아량 속에서 자란 아이는 인내하는 아이로, 격려와 칭찬 및 인정을 받고 자란 아이는 자신감이 있는 아이로, 애정을 받고 자란 아이는 사랑이 많은 아이로 성장한다고 한다. 청소년기 자녀에게는 부모와의 연결적인 분위기 속에서 분리를 촉진시킬 수 있는 양육태도가 중요하다는 연구 결과와 함께, 어린 아동의 경우는 철저한 감독자로서의 부모 역할이 필요하지만 청소년기가 되면 보살핌과 연결된 가족 관계 속에서 자녀의 독립성과 자율성을 길러주는 것이 긍정적이라고 하였다.

우리 사회는 자녀가 공부를 잘하고 좋은 대학에 들어가면 성공적인 부모라고 생각한다. 일반적으로 부모의 학벌이 높고 지능이 높으면 자녀들도 공부를 잘할 것이라 믿는다. 하지만 부모의 학벌이나 지능과 관계없이 공부를 잘하고 좋은 대학에 들어가는 아이들이 있다. 우리가 가진 일반적인 기준으로 볼 때 어떤 요인이 아이들을 잘 자라게 해주는 것일까를 따져 보고 싶어진다. 물론 공부를 잘하는 것만이 모든 가치의 기준이 되는 것도 아니고, 공부를 잘하게 되는 요인은 무수히 많아서 많은 연구자들이 다양한 요인과 변수를 적용해서 연구를 거듭하고 있다. 하지만 학교에서 아이들을 보아 온 경험으로 나름대로 그 이유를 생각해 보았다. 부모의 학벌이 좋고 그 부모가 학창시절에 공부깨나 하고 똑똑하다는 소리를 들으면서 자랐다고 하자. 그래서 좋은 가정 형편을 만들어 주고 아이들의 뒷바라지를 성심성의껏 하는 부모인데 아이들의 공부가 그다지 신통치 않은 집이 있는가 하면, 부모들이 학력도 그다지 높지 않고 학창 시절에 공부를 잘하는 편에 속하지도 않았는데 그 자녀들이 월등히 공부를 잘하는 집도 있다. 이건 어디까지나 가정이지만 부모들이 잘나고 똑똑한 경우 자칫 자녀들에게 너무 높은 가치 기준을 적용할 위험이 있다는 것이다. 자신의 아이가 항상 최고여야 하고 남들보다 뛰어나기를 바라는 마음은 모두 부모의 공통된 마음이다. 하지만 자녀가 시험 성적을 받아 왔을 때 완벽하지 못한 것에 더 초점을 두고 앞으로 더 잘하게 되기를 바라며 채찍을 아끼지 않을 가능성이 있다는 것이다. 그럴 경우 자녀들은 칭찬과 인정에 목말라하고 자칫 자존감이 낮아지고 좌절감을 느끼게 되기도 할 것이다. 하지만 반대로 학창시절에 그다지 공부를 잘해보지 못했던 부모의 경우, 자신의 자녀가 100점을 받아 왔을 때 정말 놀랍고 대견하고 신기해서 마구 칭찬을 해주고 그런 자녀를 자랑스럽게 여길 것이다. 그런 마음이 은연중에 자녀들에게 전달되어 자녀들은 자존감이 높아지고 신명 나게 공부를 하게 되지 않을까? 부모의 성취동기를 따라가지 못해 좌절하는 아이들을 종종 보아 왔다. 말 잘 듣는 초등학교 시절까지는 부모가 앞에서 이끌어 주는 대로 고분고분 따르지만 중학생 이후가 되면서 서서히 지치고 자신보다 늘 앞서 가는 부모의 기대에 미치지 못해 죄책감과 절망감을 느끼다가 포기하는 경우도 있었다. 반대로 학력이 낮아서 사회로부터 차별을 받은 경험이 있는 부모가 아이들의 성공에 자신들의 삶을 걸고 올인하는 경우도 있다.

가정 내의 교육적 기능이 매우 약화되었으며 가치 문화전달자로서의 부모의 가치체계도 혼란을 겪고 있다. 부모의 역할이나 양육태도는 근본적으로 부모의 성장과정, 성격뿐만 아니라 여러 가지 환경적 요소들에 의해 복합적으로 구성된다. 즉 부모의 양육태도는 가정의 사회 계층적 지위 또는 사회 경제적 지위, 부모의 연령 및 교육수준, 그리고 자녀의 성별 및 연령 등에 따라 영향을 받을 수 있다.

어느 부모든 자식이 다른 사람보다 더 훌륭하고 행복하게 살기를 바란다. 하지만 현대 사회 속의 생활이 풍요로워지고 편리해질수록 인간적인 것보다는 물질적인 것을, 생명가치보다는 경제가치를, 보

존보다는 개발을, 공생보다는 경쟁을 우선시하는 모습을 보이고 있
다. 많은 교육자들이 말하는 자녀 양육 방식은 자녀들이 스스로 자
신의 삶을 살아갈 수 있는 힘을 주는 것이라고 하며 목표를 정해주
는 것이 아니라, 자녀 스스로 목표를 정하고 찾아갈 수 있는 과정을
잘 이겨낼 수 있도록 도와주는 것이다. 자신의 삶을 살 수 있도록 힘
을 키워줘야 한다는 것이다.

나는 어떤 유형의 부모인가?

◆ 부모양육태도검사지

아래의 문항을 읽고 자신에 해당된다고 생각되는 난에 ○표 하시오

1. 전혀 그렇지 않다. 2. 비교적 그렇지 않다. 3. 간혹 그렇다. 4. 자주 그렇다. 5. 거의 자주 그렇다.	1	2	3	4	5
1 자녀가 마음대로 친구를 사귀지 못하게 간섭한다. 그리고 집 밖에 나가 놀지 못하게 한다.					
2 자녀가 시간을 계획하여 잘 사용하는지 살피고 감독한다.					
3 공부시간, TV시청시간 등을 잘 사용하는지 살피고 감독한다.					
4 자녀가 용돈을 어떻게 쓰는지 알려 하지 않는다. 일정한 양의 용돈을 주지 않고 자녀가 모자란다고 할 때마다 더 준다.					
5 자녀에게 '하라'는 말보다 '하지 말라'는 지시를 더 많이 한다.					
6 시간을 내어 자녀들과 놀아 주고 장난도 친다.					
7 자녀가 어떤 친구와 어디서 노는지 알려 하지 않으며, 잘 모르고 있다.					
8 자녀가 부모의 말을 듣지 않을 때는 크게 꾸중하거나 한 대 쥐어박는대(또는 처벌한다).					
9 부부싸움 등으로 화가 날 때는 자녀에게 화풀이를 한다.					
10 자녀가 요구하는 것을 거절할 때는 그 이유를 설명한다.					
11 자녀가 칭얼대고 떼를 쓰면 요구대로 들어준다.					
12 자녀와의 약속을 곧잘 잊어버리고 들어주지 않는다.					
13 자녀에게 엄격하고 완고하게 대한다.					
14 자녀를 훌륭한 사람으로 만들기 위해서 부모는 어떠한 희생도 마다하지 않고 감수한다.					
15 자녀가 어려운 일을 해내면 칭찬해 준다.					
1＋5＋8＋9＋13＝( ) / 2＋3＋6＋10＋15＝( ) / 4＋7＋11＋12＋14＝( )					
해석	1, 5, 8, 9, 13은 군주형 / 2, 3, 6, 10, 15는 민주형 / 4, 7, 11, 12, 14는 방임형 위 이 세 영역의 합산점수를 비교하면 자신의 지도유형을 발견할 수 있을 것이다. 부모의 자녀지도 유형 중에서 바람직한 유형은 민주형이다. 당신의 지도유형은 어떤 것인가? ( )				

◆ 부모양육태도 세 가지 유형의 특징

1) 군주형(Autocratic): 독재형(Dictator)

군주적인 부모는 독재자처럼 전제적으로 움직이려고 한다. 이러한 부모는 자녀들이 무엇을 해야 할지, 어떻게 해야 할지, 언제 해야 할지를 항상 명령한다. 자녀들은 의문을 제기하거나 도전하거나 의견에 반대할 여지가 없다. 일을 잘하면 부모에게서 보상을 받고 일을 못하면 처벌을 받을 따름이다. 군주적인 가족 내에서 자란 아이들은 진취적이지 못한 경향이 많다. 그들은 기가 죽어 있거나 스스로 포기하거나 부모의 말에 자주 반항한다. 이러한 반항은 보통 10대에 일어난다. 10대가 되면 부모와 맞서 싸울 만한 충분한 힘이 키워졌기 때문이다.

→ 자유는 주어지지 않고 제약만 주는 지도법

2) 방임형(Permissive style): 심부름꾼(The doormat)

방임형 부모는 자녀들이 지나치게 많은 시간 동안 하고 싶은 일을 하도록 허용한다. 그러한 가정에서는 질서와 규율이 없다. 그리고 무제한의 자유가 허용된다. 방임적인 부모들은 자녀의 심부름꾼처럼 행동하면서 자녀들이 부모를 유린하도록 방임한다. 이러한 방임적인 지도하에서 자란 아이들은 일정한 원칙이나 안정감을 느끼지 못하는 것이 큰 결점으로 나타나고 있다.

→ 제약은 주지 않고 자유만 준 지도법

3) 민주형(Democratic style): 적극적인 부모(The active parent)

어떤 점에서 민주형은 군주형과 방임형의 중간쯤 되는 형이라고 말할 수 있으나 그 이상의 의미를 함축하고 있다. 적극적인 부모의 가정에서는 '자유'가 이상적으로 추구되며 타인의 권리와 개개인의 책임도 똑같이 추구해야 할 이상으로써 부모는 협동심을 길러주고 학습을 자극하는 지도자이다. 민주적 가정에서는 질서가 있고 세심한 관심도 있다. 개개인이 다 중요한 구성원으로서 인정을 받는다.

→ 일정한 한계 안에서 자유를 주는 지도법. 적당한 크기의 울타리를 두고 그 안에서 자유롭게 활동하며 상상하며 자신의 창의력을 마음껏 발산할 수 있는 자녀로 양육하는 것

◆ 부모의 네 가지 양육방식(존 가트맨 박사 분류)

존 가트맨 박사는 아이의 부정적인 감정에 대한 부모의 대응방식을 축소전환형, 억압형, 방임형, 감정코치형 이렇게 네 가지로 나누었다. 모든 부모들은 이 네 가지 양육태도를 모두 갖고 있지만 네 가지 중 어떤 방식을 주로 사용하느냐에 따라 아이의 성장결과는 달라진다고 볼 수 있다[존 가트맨 박사의 부모양육태도 4가지(키 러닝스쿨)].

4가지 부모양육 방식

1) **축소전환형**

① 아이의 감정을 중요하지 않거나 대수롭지 않게 취급한다.
② 아이의 감정에 무관심하거나 무시한다.
③ 아이의 부정적 감정이 빨리 사라지기를 바란다.

④ 아이의 감정을 무마하려고 전형적으로 기분전환할 거리를 제
공한다.
⑤ 아이의 감정을 비웃거나 경시할 수 있다.
⑥ 아이의 감정은 비합리적이기 때문에 그다지 중요하지 않다고
생각한다.
⑦ 아이가 부모와 의사소통하려고 노력하는 내용에 별 관심을 보
이지 않는다.
⑧ 자기 자신과 다른 사람의 감정을 인식하는 능력이 부족할 수
있다.
⑨ 아이의 감정에 불편해하거나, 두려워하거나, 걱정하거나 짜증을
내거나, 상처를 입거나 또는 어쩔 줄 몰라 매우 당황한다.
⑩ 감정적인 통제가 불가능한 것을 두려워한다.
⑪ 감정의 의미 자체보다는 어떻게 하면 그 감정을 잊어버릴까에
초점을 맞춘다.
⑫ 부정적 감정은 해로워서 독이 된다고 믿는다.
⑬ 부정적 감정에 초점을 맞추는 것은 문제를 더 악화시킬 뿐이
라고 생각한다.
⑭ 아이의 감정에 대응하여 어떻게 해야 할지 불확실하다.
⑮ 아이의 감정을 문제 해결의 요구로 본다.
⑯ 부정적 감정을 보이는 것은 아이가 정서적으로 안정되지 못해
서라고 믿는다.
⑰ 아이의 부정적 감정은 부모의 체면을 심하게 깎는다고 생각하
기에 자제시키려고 애쓴다.
⑱ 아이의 감정을 최소화시키고, 그런 감정을 불러일으킨 사건을
축소시킨다.
⑲ 아이와 함께 문제를 해결하지 않고 그저 시간이 가면 대부분
의 문제가 해결된다고 믿는다.
아이에게 미치는 영향력: 아이는 자신의 감정이 옳지 않고 부
적절하며, 타당하지 않다고 느끼게 된다.

자기가 상황을 느끼는 방식 때문에 자신이 본질적으로 옳지 않다고 생각할지 모른다.
이런 아이는 감정을 조절하는 것을 어려워한다.

2) **억압형**

① 많은 행동이 축소전환형 부모의 행동과 같다. 차이점이라면 좀 더 부정적이라는 점이다.
② 아이의 감정 표현이 옳고 그른지 판단하고 비판한다.
③ 아이에게 한계를 정할 필요성을 지나치게 의식한다.
④ 바른 기준이나 행동이 옳든 그렇지 않든 상관없이 감정을 표현하는 것을 꾸짖거나 매로 다스리거나 벌을 준다.
⑤ 부정적 감정의 표현은 제약을 받아야 한다고 믿는다.
⑥ 부정적 감정은 성격이 나쁘다는 것을 반영한다고 믿는다.
⑦ 아이가 부모를 조종하기 위해 부정적 감정을 사용한다고 믿는다. 이러한 믿음은 부모 자식간의 기(氣) 싸움으로 이어진다.
⑧ 감정은 사람을 약하게 만들기 때문에 아이는 정서적으로 강인해야 한다고 믿는다.
⑨ 부정적 감정은 비생산적이고 시간 낭비라고 믿는다.
⑩ 부정적 감정(특히 슬픔)은 마구 휘두르면 안 되는 것으로 본다.
⑪ 권위에 대한 아이의 복종에 관심을 갖는다.
　　아이에게 미치는 영향: 축소전환형 양육 방식과 같은 결과를 가져온다.

3) **방임형**

① 아이의 모든 감정표현을 거리낌 없이 받아준다.
② 부정적 감정을 경험하는 아이를 위로한다.
③ 행동에 대한 지침을 제공하지 않는다.
④ 감정에 대해 아이를 가르치지 않는다.

⑤ 지나치게 관대하며 한계를 정해주지 않는다.

⑥ 아이가 문제를 해결하도록 돕지 않는다.

⑦ 문제 해결 방법을 아이에게 가르치지 않는다.

⑧ 부정적 감정에 있어서 감정을 이겨내는 것 외에 할 수 있는 일은 없다고 믿는다.

⑨ 감정은 분출하면 모든 것이 해결된다고 믿는다.

아이에게 미치는 영향: 감정을 조절하는 법을 터득하지 못한다. 집중력이 부족하고, 친구를 사귀고 다른 사람들과 사이좋게 지내는 것을 어려워한다.

4) **감정코치형**

① 아이의 부정적 감정은 부모자식 간의 친밀도를 높일 기회를 제공한다고 생각한다.

　㉠ 아이의 말에 귀를 기울일 기회

　㉡ 위로의 말과 애정으로 공감대를 형성할 기회

　㉢ 아이가 자신이 느끼는 감정에 이름을 붙이도록 도울 기회

　㉣ 감정 조절에 대한 지침을 제공할 기회

　㉤ 한계를 정하고, 수용 가능한 감정 표현이 무엇인지 가르칠 기회

　㉥ 문제 해결 기법을 가르칠 기회

② 슬퍼하거나 화를 내거나 두려워하는 아이와 시간을 보내는 것을 참을 수 있다.

③ 아이의 감정에 인내심을 보인다.

④ 아이의 감정을 파악하고 그것에 초점을 맞춰 대응하는 일이 의미 있다고 생각한다.

⑤ 아이의 부정적 감정의 세계가 양육 방식의 중요한 영역이라고 생각한다.

⑥ 아이의 감정 상태를 알기 힘들 때도 예민하게 감정을 포착한다.

⑦ 아이의 감정 표현에 당황하거나 걱정하지 않는다. 어떤 행동을 취해야 하는지 잘 알기 때문이다.

⑧ 아이의 감정을 존중한다.

⑨ 아이의 부정적 감정을 놀리거나 무시하지 않는다.

⑩ 아이가 어떻게 느껴야 하는지 지시하지 않는다.

⑪ 아이를 위해 자신이 모든 문제를 해결해야 한다고 느끼지 않는다.

아이에게 미치는 영향: 아이는 자신의 감정을 신뢰하게 된다. 또한 감정을 조절하고 문제를 해결하는 방법을 터득한다. 자긍심이 높고 학습 능력이 뛰어나며, 다른 사람과의 관계도 원만하다.

자아존중감과 사회성

친구관계에 어려움을 느끼는 아이들을 가만히 들여다보면 자존감의 문제와 연결된다. 자신이 하는 모든 행동에 자신감이 없고 자기가 이런 말을 하거나 이런 행동을 하면 친구가 어떻게 생각할지 두렵고, 그래서 망설이며 혼자 고민하다가 결국 말하거나 행동할 시점을 놓치게 되고 친구들과의 소통이 원활하게 이루어지지 않아 혼자 지내게 된다. 그러면 더욱 사회적 기술이 떨어지고 점점 친구에게 다가가는 것에 자신이 없어지게 된다.

사람들은 대체로 인간관계에 대한 두려움을 가지고 있다. 나의 행동이 자칫 남에게 오해를 사지 않을까, 내 행동이 남에게 피해를 끼치거나 다른 사람의 마음을 상하게 하지 않았을까 염려하게 된다. 이런 세심함은 지나치지 않으면 남에 대한 배려와 친구에 대해 민감한 감성을 지녀서 친구의 마음을 잘 알아주는 좋은 친구가 될 수 있는 자질이라고 할 수 있다. 하지만 자존감이 낮은 사람의 경우 이것이 극단적으로 자신 내면으로 향하게 되어 친구들이 모여서 수군거리기만 해도 자신에 대해 안 좋은 말을 하고 있지나 않은가 해서 겁먹고, 눈치를 보기까지 한다.

숱한 열등감을 극복하고 대중의 사랑을 받는 사람이 된 오프라 윈프리는 자서전에서 "두려움을 가지고 있지 않은 사람은 없습니다. 하지만 진짜 두려움은 우리가 그 두려움에 너무 큰 비중을 두었을 때 생겨납니다. 우리가 두려움을 의식하지 않는다면 그 두려움은 유령처럼 사라질 것입니다. 분명한 것은 두려움이 우리의 삶을 지배하도록 허락해서는 안 된다는 것입니다. 두려움을 치료해줄 수 있는 유일한 것이 있다면 그것은 자신에 대한 신뢰와 용기입니다"라고 말했다.

친구들이 모여 수군거릴 때 그 내용이 자신에 대한 것일 확률은 아주 적다. 설혹 그것이 자신에 대한 뒤 담화를 하는 것일지라도 자존감이 높은 아이들은 대수롭지 않게 여기거나 그 내용이 잘못되었으니 나만 그렇지 않으면 된다고 스스로에게 격려하고 용기를 주기도 한다. 하지만 아직 정체성이 확립되지 않고 자신의 정체성을 친구들 속에서 확인하는 청소년들은 친구들의 뒤 담화가 아주 커다란 상처가 되고 두려움으로 다가온다.

어느 정도 내적인 자아가 건강하게 잘 성장하고 나면 그런 두려움과 맞설 수 있는 용기도 있고, 그런 실체가 뚜렷하지 않은 두려움에 대해 객관적인 자리에서 바라볼 수 있게 될 것이다.

자존감이 형성되는 것은 아주 어린 아이 때부터이다.

발달 심리학에 의하면 아주 어려서부터 스스로 자신이 이 세상에 존재하는 것의 정당한 이유를 가지기 시작하면서부터이다. 엄마가 원하지 않는 임신을 했거나, 잘못된 관계로부터 이루어진 임신이기에 엄마가 불안해하고 자신의 임신에 대해 부정적으로 반응하고 그 아이를 낙태하겠다는 마음을 먹으면 그것을 태아는 자신에 대한 거부로 받아들여 자신이 이 세상에 존재할 이유와 가치가 없음을 무의식 속에 저장하게 된다. 이런 아이는 나중에 다른 사람들보다 죽음에 대한 공포를 더 강하게 느끼며 살게 된다. 성장하면서 발달 과정상 하나씩 과업을 달성할 때마다 자존감이 형성된다. 기어만 다니던 아기가 물건을 잡고 일어섰을 때 어린 아기의 입장에서는 세상이 달라 보인다. 기면서 바라보던 세상과 직립하여 바라본 세상은 너무도 다르고 그것이 아기에게는 엄청난 경이로움으로 다가온다. 그런 일

을 하고 있는 자신이 너무 대견스럽고 자랑스러운데 이때 어른들이
나 주위 가족이 그것을 인정하고 칭찬해주고 함께 기뻐해준다면 자
신이 정말 대단한 일을 했음을 스스로 확인하고 자신은 그처럼 대단
한 일을 할 수 있는 훌륭한 사람임을 마음에 새기게 된다. 하지만 가
족 누구로부터도 지지받지 못하고 외면당하게 되면 자신이 하는 일
이 그저 그렇고 대단할 것도 없는 일이라고 스스로 낮추어 생각하고
작아지게 된다. 그런 일이 거듭되면서 자아는 위축되고 자신의 존재
는 별 중요하지도 않고 그다지 쓸모 있는 사람이 아니라는 확신을
키워가게 되면서 열등감이 증폭된다. 더 나아가 자신은 쓸모없고 부
모에게 나쁜 일을 초래하게 된 재수 없는 인간이라는 생각으로까지
발전하게 된다. 모든 것이 내 탓이고 나 때문에 누군가가 불행해졌
다고 스스로를 자책하기도 한다. 사람은 부정적인 생각을 하면 할수
록 더욱더 부정적인 성격으로 흘러가고 다른 모든 부정적인 것을 자
신에게 적용시키게 되어 점점 존재가 작아지고 의기소침해질 것이다.
  자존감이 낮으면 다른 사람으로부터의 인정에 무척 민감하게 된다.
그래서 모든 사람에게 좋은 사람으로 보여야 하고, 완벽하게 무엇이
든지 잘해야 그나마 나의 존재가 인정받을 것이라 생각하고 실수를
해서 비난을 들으면 그 비난이 두렵고 무섭게 느껴진다. 함께 일을 하
다가 일이 잘못되었다고 상사가 지적이라도 하면 그것은 곧 자신의
존재에 대한 비난이라고 여겨 마음에 크게 받아들이고 아파하게 된다.
  친구 관계 맺기의 어려움, 낮은 성적, 비행, 우울 등 많은 것들이
그 이면에 숨겨진 낮은 자아존중감의 지배를 받고 있으니, 자신이
어찌할 수 없었던 어린 시절로부터 온 깊은 영향력을 어찌하면 좋은
것인가.

자아존중감

자아존중감은 자신을 어떻게 인식하고 지각하느냐를 결정지으며 자신이 행하는 행동의 준거로서의 역할을 한다. 자신을 긍정적으로 보거나 혹은 부정적으로 생각하는 것은 자신의 실제 삶에 중요한 영향을 미치게 된다. 자아존중감은 청소년들이 자아인지의 여러 하위 영역에서 자신의 역할을 얼마나 성공적으로 수행하는가에 대한 자기 평가 결과에 의해 형성된다.

매슬로(Maslow)는 자아 존중감을 내적 자아존중감과 외적 자아존중감으로 나누었다. 외적 자아존중감은 다른 사람이 자신을 소중하게 대해주기 때문에 생기는 것으로 명성, 존경, 지위, 평판, 위신 그리고 사회적인 성공 등에 기초를 두며 중요성을 부여하는 타인이 나를 어떻게 생각하며 나에게 어떻게 반응하는가에 관련된다. 내적 자아존중감은 스스로가 자기를 긍정적으로 생각하는 것, 즉 자신은 가치 있는 존재이며 어떠한 상황에서도 적절한 존재라고 생각하는 것이다.

미드(Mead)가 말한 반영된 자아(reflected self)는 타인이 자신에 대해 갖는 태도에 영향을 받으며 시간이 경과함에 따라 타인이 보는 대로 자신을 보게 된다는 것을 의미한다. 그러므로 지속적인 상호작용을 맺고 있는 다른 사람이 가치 있게 평가해준다면 그 스스로도 자신을 가치 있게 볼 것이라는 것이다. 청소년기 자아존중감에 가장 크게 영향을 미치는 타인은 일반적으로 또래집단이나 급우들이다.

청소년기의 자아존중감이 여러 하위영역에서의 자기 평가를 통합한 것이기는 하지만 그중에 외모나 신체적 매력이 가장 중요한 하위영역이다. 또래집단의 수용 여부나 인기 또한 자아존중감에 강력한 영향을 미친다.

자아존중감은 청소년기의 적응에 직접적인 영향을 미친다. 청소년기의 낮은 자아존중감이 우울증으로 발전될 우려가 있으며 그 과정에서 부모의 기대와 또래의 요구가 크게 작용한다. 자아존중감이 낮은 청소년에 대한 부모의 기대가 계속적으로 높을 경우에 무력감이 커지게 되며, 이러한 무력감은 우울증으로 발전하게 된다. 반대로 부모와 또래집단의 따뜻한 지지나 격려가 있을 때 낮은 자아존중감으로부터 회복될 수 있다.

또 다른 것으로 사회적 비교(Social comparison)가 있는데 이것은 다른 집단 혹은 다른 사회적 범주에 속해 있는 사람과 자신을 비교함으로써 자신을 평가하고 판단하는 것을 의미한다.

자기애가 심하게 결핍되어 있음이 눈에 띄는 사람은 자신감이 없이 주눅 들어 있다. 스스로를 못났다고 생각하며 남이 자신을 어떻게 생각하는지 예민하게 신경 쓰고 사소한 말에도 쉽게 상처를 받는다. 남에게 인정받고 싶은 마음은 매우 강하지만 자신이 없어 소극적이고 회피적인 대인 관계를 보이며 소심하고 유약해 보인다. 남들을 좀 답답하게는 하겠지만 크게 반감을 살 성격은 아니다.

반면에 겉보기에 늘 자신감에 차 있는 사람은 스스로의 능력에 대한 자부심도 강해 보인다. 적극적으로 성공을 추구하고 지는 것을 매우 싫어하며 늘 최고를 지향하고 엄격하게 자기 관리를 한다. 이들은 자신을 너무 사랑하는 것처럼 보이지만 이들의 마음속에 있는 것은 건강한 자기애가 아니다. 이들의 병적인 자기애에 딱 맞는 단어는 자격지심이다. 항상 뭔가를 과시하려 하고 거만하게 행동하기 때문에 사람들이 싫어한다. 자기애적 사람이다. 그러므로 모든 것을 남의 시선에 비추어 결정하고 남이 어떻게 생각할지가 모든 행동과 결정의 기준이 된다. 사랑 때문이다. 그들은 자신을 사랑하지 못하기 때문에, 바꾸어 말하면 자신에게 사랑받지 못하기 때문에 남에게서라도 그 사랑을 받아야 한다. 부족한 만큼 채워야 한다. 자기애적 사람이 원하는 건 부러움이다. 그들은 남들이 자신을 부러워하기를 원한다. 심지어는 질투하기를 원한다. 그들이 되고 싶은 건 남들의 부러움, 질투와 시기를 한 몸에 받을 만큼 잘난 사람이다.

자기애적인 사람들은 스스로 건방지다는 것을 알고 있다. 사람들이 거기에 반감을 가질 거라는 것도 안다. 그런데도 그들이 겸손해지지 않는 데는 이유가 있다. 자기애적인 사람들도 편집적인 사람들만큼이나 적의 공격을 두려워한다. 세상은 적으로 가득하고, 약점을 보이는 순간 적이 나를 공격해 올 거라는 두려움에 떤다. 기회가 있으면 선제공격을 해야 한다고 생각한다. 이 모든 것이 편집적인 사람들과 같다. 자기애적인 사람들이 두려워하는 공격은 모욕이다. 남들이 나를 무능력하다고 비웃는 것, 한심하다고 손가락질하는 것, 내 약점을 잡아 조롱하는 것, 그것이 그들이 세상에서 제일 무서워하는 것이다. 자기애적인 사람들은 세속적인 가치를 중요하게 생각한다. 어떤 분야의 소위 일인자가 되는 것에 대해 갈등하지 않는다. 중요한 것은 오직 최고가 되는 것, 그들이 가장 사랑하는 단어는 국제, 세계적인, 저명한, 국내 최초의, 국내 유일의 그런 것들이다. 그들이 가장 사랑하는 액세서리는 감투와 완장이다. 사람들의 인정을 받는 것이 이들의 궁극적 목적이고, 인정을 받지 못하는 한 그 어떤 것도 이들에게는 무가치할 뿐이라는 뜻이다. 남들도 다 그렇다고 믿는 이들의 신념이 있다. 세속적인 가치를 부정하거나 그런 것을 추구하는 데 갈등을 느끼는 사람들을 위선자로 여긴다. 속으로 그렇게 하고 싶으면서 인격자인 척하느라 또는 능력이 없어서 못 하는 거라고 생각한다(최병건, 당신의 마음에 속고 있다).

패러다임의 변화

우리나라는 오랜 유교의 전통으로 인해 형성된 많은 가치관이 아주 깊숙이 뿌리내리고 있다. 문벌을 선호하던 시절의 유산으로 몸을 움직여야 하는 직업보다는 하얀 와이셔츠를 입고 사무실에 앉아서 종이와 펜을 가지고 일을 하는 사람들을 더 높이 평가한다. 그래서 중학교를 졸업하면 공부를 잘하건 못하건, 자신이 공부에 취미가 있건 없건 인문계 고등학교로 진학하고 대학을 가야 한다고 생각한다. 우리 교육의 진짜 문제는 교육을 잘 받으면, 즉 인문계 고등학교 나오고 대학을 졸업하면 성공하고 출세한다고 믿고 있다는 점이다. 그래서 모두가 교육에 온 힘을 쏟는다. 개인과 사회 모두가 교육이 인생의 성공과 실패를 좌우한다고 굳게 믿고 있다. 교육에서 가장 존경받는 맹자의 어머니를 뜻하는 맹모는 현대에 와서는 맹렬 어머니의 맹모로 바뀐다. 강남열풍, 사교육 광풍, 조기 유학 열풍을 주도하는 것이 모두 맹모들이다.

요즘 오전 시간에 학교 근처의 카페에는 삼삼오오 모여서 브런치를 즐기는 30~40대의 여성들을 볼 수 있다. 이들의 대다수는 아침에 자녀를 등교시키고 잠시 모여 서로 정보를 주고받으며 교육의 문제를 토론하고 있는 사람들이다. 그들이 가지고 있는 정보들은 모두 아이들을 어떻게 하면 최고로 키울 것인가, 어떻게 하면 질 좋은 사교육의 현장에 내 아이도 참여시킬까에 대한 고민을 해결하기 위한 것들이다. 그래서 그들은 일하는 엄마를 싫어하고 자기 그룹에 넣어주려고 하지 않는다. 자신들은 발로 뛰며 수집한 정보를 그냥 날로 얻어가려는 사람이 일하는 엄마라고 생각하는 것이다.

교육이 달라지려면 사회의 패러다임도 변해야 한다. 사회적 인식이 달라지고 직업별 격차나 임금체계가 사라져야 할 것이다.

내가 잠시 살았던 유럽은 대학 진학률이 15% 정도밖에 되지 않는다. 중학교 시절부터 자신이 공부를 계속할 것인지, 기술을 익혀 직업을 찾을지에 대해 방향을 정하고 학교를 결정한다. 그래서 자신이 선택한 업종에서 유능한 기술자가 되기 위해 일찍부터 준비한다.

그뿐 아니라 그들이 사회에 진출했을 때에도 여러 장치를 통해 임금 격차를 줄여 준다. 예를 들어 정원 나무를 손질하고 관리하는 정원사의 임금이 시간당 25유로(38,000원 정도)이다. 그에 비해 악기 레슨을 받거나 선생님께 개인 과외 수업을 받는 것도 시간당 25유로를 낸다. 그 두 직업군이 직업에 나아가기 위해 준비하는 내용과 기간을 단순히 비교해 보면 같은 수준의 급여는 이해가 안 가기도 한다. 그래서 더더욱 그들은 자신이 정말 좋아하는 일을 선택하고 그 일을 하며 사는 것에 만족하고 행복감도 더 크리라 생각한다. 정원사 역시 대부분의 집에서 일 년에 두세 차례 불러서 정원 관리를 해야 하므로 보통 한 달 정도씩 예약이 밀려 있으니 수입에 대한 걱정도 없을 것이다. 내가 본 정원사들은 나무와 흙을 만지는 일이어서 옷차림이 깔끔하고 세련되지는 않았지만 그들의 모습에서 여유와 행복을 찾아볼 수 있었다. 정원사들은 하루에 5~6시간만 일하고 그 뒤 오후에는 자신의 시간을 보내는 듯했다. 또한 세금에 있어서 고소득자들은 최고 52%의 세금을 내야 하고 소득이 낮을수록 세금이 적어져서 30%까지 내려간다. 그렇게 생각해보면 공부에 취미가 없는 아이들이 공연히 머리 아프게 공부를 하느라 스트레스를 받지도 않으면서 자신이 좋아하는 일을 하고 여유롭게 살며 일정 수준의 수

입이 보장되는 쪽을 선택하게 되는 것이다.

'직업에는 귀천이 있다'라는 뿌리 깊은 의식은 대학 졸업장에 대한 무조건적 집착으로 이어진다. 지금 40~50대 부모 중에 자신이 고등학교만 졸업한 경우 대학에 대한 열망은 자식에게 투사된다. 자신이 고졸이라서 받은 차별, 불이익 이런 것에 가슴 아팠던 기억이 자식에게는 절대로 자신이 받았던 경험을 되풀이하게 하지 않겠다는 다짐으로 이어진다. 우리나라에 현존하는 직업을 대상으로 그 임금체계를 보면 굳이 전문적 통계나 자료를 보지 않더라도 그 엄청난 격차를 알 수 있다. 시급 4,860원의 학생 아르바이트에서부터 한 시간 강의로 몇 십만 원, 백만 원 이상을 받거나 연봉 몇 십억에 이르기까지 천차만별이다.

부의 대물림과 사회적 재생산은 이렇게 또 자식에게 이어진다. 한 달에 백만 원의 월급으로 자녀교육을 시켜야 하는 가정에서는 또다시 자신의 처지와 크게 다르지 않은 자녀 세대를 길러낼 것이다. 학력 편중을 없애고 사교육을 줄이겠다는 취지의 '입학사정관 제도'도 부모의 뒷받침 없이 아이들 스스로 무언가를 찾아서 활동하기는 어려운 일이다. 그래서 학교가 해야 할 일은 점점 더 많아지고 범위도 넓어지고 있다.

유럽 사회에서 보여주는 '직업에 귀천이 없다'는 의식을 가져야 우리 아이들이 행복할 수 있다. 조선시대의 양반사회에서 이어져 온 문벌 사회의 연장이기에 직업에 대한 의식이 쉽게 바뀌지는 않을 것이다. 하지만 우리 사회가 달라져야 한다. 사회의 패러다임도 달라지고, 임금체계도 달라져야 할 것이다.

학교가 달라져야 한다

우리는 아이들에게 무엇을 먼저 가르쳐야 할까?

세상은 하루가 다르게 변화하고 있다.

그중에 청소년들은 더 빠르게 변화하고 있다. 우리가 기존에 알고 있던 청소년의 발달 단계로 청소년을 이해하기에는 한계가 있다. 인터넷으로 온갖 정보를 접하게 되는 청소년들은 학교가 가장 재미없는 곳이고 그냥 할 수 없이 거쳐 가야 하는 과정쯤으로 생각한다. 아니면 친구들이 모여 있는 곳이기에 친구들을 만나기 위해 학교에 가는 경우도 있을 것이다.

과거에 우리에게 학교는 모든 것에 우선하는 가치였다. 아파서 죽을 지경이라도 학교에 결석하면 안 되기에 아픈 몸을 이끌고 학교에 갔다. 그래서 개근상이 아주 중요하고, 개근상을 받은 학생이 칭찬받았다. 하지만 요즘 아이들에게 개근은 그다지 중요하지도 않으며 학교에 나가는 것은 빠질 이유가 없어서 빠지지 못하는 듯하다. 부모들 중에는 학교 수업을 그다지 중요하게 여기지 않는 듯한 사람들도 있다. 아프다는 이유로 집안에 무슨 일이 있다는 이유로, 혹은 가족들이 함께 여행을 간다는 이유로 학교 일정과는 무관하게 학교를 빠진다. 그러기에 학교를 그만두는 것도 이전처럼 그렇게 심각하게 생각하지 않는다. 전에는 학교를 그만두는 것을 인생의 낙오자라도 되는 것처럼 여기고, 집안에 학교를 그만둔 아이가 있으면 쉬쉬하고 드러내려고 하지 않았다. 하지만 요즘에는 여러 가지 이유로 학교를 그만두는 아이들이 늘고 있다. 학교의 교과과정이 자신과 맞지 않아 자신이 원하는 방식으로 공부하고 싶어서 그만두는 경우도 있다. 그 외에도 학교에 적응하지 못하거나 비행으로 인해 학교를 그만두어도 이전만큼 심각하게 생각하지 않는다. 학교를 그만둔 학생들은 학교 밖의 공간에서 새로운 문화의 주체자로서 자기 정체성을 '청소년'으로 바꾸기도 하는데, 학교는 여전히 기존의 문화적 유산을 전달하고 계승하는 데만 열중하고 있다. 우리나라에는 청소년은 없고 학생만 있다는 말이 있을 정도로 모든 청소년들은 학교에 다니고 있다. 학벌을 중요시하는 우리나라의 경우 학교에 적응하지 못하고 학업을 중단하는 아이들은 그만큼 많은 어려움을 겪게 된다.

요즘 평생교육이 중요하게 대두되고 있다. 평생교육의 관점에서 본다면 사회 전체가 학교가 될 것이고 우리가 아는 좁은 개념의 학교 테두리에서 벗어나 학교를 벗어난 청소년도 넓은 사회 학교에서 이들을 보듬고 가르치고 성장시켜야 할 것이다.

학교를 떠난 청소년들은 학교를 포기한 것이지 그들의 삶을 포기한 것은 아니다. 청소년들이 필요로 하는 것이 무엇인지에 대해 먼저 생각해줄 수 있는 큰마음이 필요하다.

고등학교에서 20년 넘게 근무하다가 3년간 휴직을 한 뒤 중학교로 복직하였다. 처음에 중학교는 수업에 대한 부담도 적고 수업 시간도 짧고 당장 눈앞에 있는 대입에 대한 스트레스도 없고, 방과 후 수업이니, 방학 보충수업이니 하는 것들로부터 자유로울 것이고 그래서 좀 편할 것이라 생각했다. 하지만 실상은 그렇지 않았다. 물론 전교생이 의무로 참여하던 자율학습이 없으니 내가 원하기만 하면 정시에 퇴근하여 나만의 오후 시간을 보낼 수 있었다. 하지만 아이들을 보면서 내가 겪어야 했던 갈등들은 입시지도에서

겪었던 것과는 성질이 좀 다르지만 결코 가벼운 것들이 아니었다. 지식 이외에 학생들에게 가르쳐야 할 것들이 너무 많았다. 아이들은 우리가 상식이라고 말할 수 있는 도덕적 가치관이나 윤리의식, 질서의식 등에 대해 뚜렷한 생각을 가지고 있지 않은 채 매스컴이나 부모들이 쉽게 내뱉는 말들에 의해 이리저리 흔들리고 있었다. 예를 들어 수업 시간에 쪽지 시험을 봤다. 이것은 수행 평가에 반영되기 때문에 공정하게 치러야 하는 것이다. 다른 사람의 답을 보지 말자고 하고 채점도 공정하게 하자고 했지만, 언제 어떻게 고쳤는지 답을 쓸 때와 채점 결과가 전혀 다르게 나오는 경우도 있다. 그렇지만 정확한 증거가 없는 한 대뜸 "너 커닝했지"라고 말해서 아이에게 혹시나 상처를 주게 될까 봐 교사 혼자 속앓이를 한다. 두 눈을 부릅뜨고 살피다가 드디어 커닝하는 녀석이나 자신의 답을 쓱 고쳐서 맞게 채점하는 현장을 잡았다. 그런데 그 녀석은 잘못했다는 표정이 아니라, 당당하게 "안 보면 되잖아요" 혹은 "왜 저만 그래요, 저기 ○○도 보는데" 이런 반응을 즉각 드러낸다. 잘못한 것에 대한 죄책감 대신에 나만 재수 없이 걸렸으니 '짜증난다'라는 생각인 것이다. 그러면 교사는 남의 지식을 훔치는 것도 절도 행위이고 남의 물건이나 돈을 훔치는 것 이상으로 심각한 것이라고 하면서 아주 진지하게 원론적인 가르침을 주려고 한다. 또한 평가라는 것은 결과보다는 그 과정을 보고자 하는 것이라고 아무리 침 튀기며 말을 해도 그들의 가슴까지 이르지는 못하는 듯하다. 방송에서 우스개로 "나만 아니면 돼"라는 말을 공공연하게 하고, 그것이 청소년들의 의식에 급속하게 침투하여 뿌리를 내리고 하나의 가치관처럼 못 박혔다. 어른들은 그것이 농담이고 개그인줄 알고

"나만 아니면 돼"라는 것이 풍자라고 생각하지만 기본적인 가치관의 바탕이 없는 청소년들은 그것이 다들 그렇게 생각하는 보편적인 사고라고 믿게 되는 것이다. 이렇게 청소년들은 제대로 윤리의식이나 도덕적 가치가 형성되기도 전에 경쟁부터 배우게 된다. 아이는 사회에 만연되어 있는 "나만 아니면 돼, 남들이 다 하는 것을 나만 못 하는 것은 바보야"와 같은 사고에 젖어 있다. 이것은 부모가 집에서 아이들이 있는 것을 의식하지 않은 채 주고 받고 툭툭 던지는 말들이 뇌리에 쌓여 내적 신념으로 자리 잡은 결과라 생각된다. 아이들에게 잘못된 생각이라고 하나하나 가르치다 보면 정말 침이 마르고 목이 쉴 지경이 된다. 그런 아이들에게 학력 향상을 시키라고 교육청에서 매일 다그친다. 학년 초에 수준 진단 고사를 보고 학년 말에 성취도 평가를 봐서 아이들의 성적이 얼마나 향상되었는지 그 결과를 보고하라고 하고 학교별로 비교한다. 그 성과를 가지고 교사에게 성과급을 지급한다고 독려(?)한다. 성과급은 교사들에게 용기를 북돋우는 것이 아니라, 스스로 열등감을 느끼게 하는 제도이다. 그래서 학교에서는 국어, 영어, 수학, 과학, 사회 과목을 중심으로 방과 후 보충 수업 계획을 짜고, 각 과별로 학력 향상 방안을 내놓으라고 쪼인다. 기본적인 가치관이 정립되지 않아 내가 왜 공부해야 하는지도 모르는 아이들, 가정에서 기본적인 생존과 안전의 욕구가 채워지지 않은 아이들에게 공부를 하라고 내모는 것은 머리만 크고 팔다리, 가슴은 없는 기형아를 양산하는 결과가 된다고 생각한다.

콜버그의 도덕성 발달 이론

하인즈(Heinz)라는 사람은, 특수한 종류의 암을 앓아 거의 죽어가는 자기 아내를 살리기 위해 약을 사러 갔다. 그 부인의 병을 치료하는 데는 오직 한 가지 약밖에 없는 것으로 알려져 있었다. 이 약은 같은 마을에 사는 어느 약사가 최근에 발명한 라디움 종류의 약이었다. 그 약의 원가는 200달러 정도인데 2,000달러를 요구했다. 남편인 하인즈는 돈을 구하기 위해 아는 사람들을 모두 찾아다녔으나 그 약값의 절반밖에 안 되는 1,000달러밖에 마련하지 못했다. 할 수 없이 하인즈는 그 약사에게 가서 자기 부인이 죽어가고 있다고 설명하고 그 약을 1,000달러를 받고 싸게 팔거나, 아니면 외상으로라도 자기에게 팔아주면 다음에 그 돈을 갚겠다고 간청했다. 그러나 그 약사는 "안 됩니다. 그 약은 내가 발명한 약인데, 나는 그 약으로 돈을 벌어야 합니다"라고 대답했다. 절망에 빠진 하인즈는 결국 약방을 부수고 들어가서 자기 부인을 위하여 그 약을 훔쳐내었다.

콜버그가 도덕성 발달을 알아보기 위해 고안한 '하인즈 딜레마'라는 유명한 이야기다. 그는 위와 같은 이야기를 들려준 다음, 다음과 같은 질문을 하였다.

· 남편은 약을 훔쳤기 때문에 벌을 받아야만 하는가?
· 약제사는 그렇게 터무니없이 비싼 약값을 요구할 권리를 가지고 있는가?
· 약제사가 부인을 죽인 것이나 다름없다고 비난하는 것은 정당한가?
· 만약 정당하다면 그리고 부인이 중요한 인물이었다면, 약제사를 더 심하게 처벌해야 할까?

이런 질문을 한 다음 그 반응을 분석한 결과, 연령에 따라 도덕기준이 다르다는 사실을 발견하고 이러한 도덕성 발달을 3수준 6단계로 제시하였다.

1) 제1수준: 전 인습적 도덕기

1, 2단계가 속하는 이 시기는 진정한 의미의 도덕성이 없다는 것이 특징이다. 따라서 단지 처벌과 복종에 의해 결정되며, 그 후 쾌락에 의해 결정된다.

· 1단계(복종과 처벌지향)

3~7세에서 나타나는 이 단계는 벌과 순종을 향하여 있다. 따라서 하인즈가 약을 훔치는 것은 벌을 받게 되기 때문에 잘못이라고 판단한다. 예를 들어, 이 나이 또래 아이들에게 잘못한 친구를 고자질할 것인가 말 것인가 하는 질문을 한다면, "나는 말할 거야! 그렇지 않으면 혼날 테니까"라고 대답할 것이다.

· 2단계(상대적 쾌락주의)

8~11세의 어린이에게 나타나는 이 단계는 자신의 욕구충족이 도덕 판단의 기준이 된다. 따라서 약을 훔쳐서라도 하인즈는 자기 아내의 생명을 구해야 한다고 판단하는 시기이다.

2) 제2수준: 인습적 도덕기

전통적인 법과 질서에 동조하는 도덕성이 발달하며, 자신이 속한 집단의 기대나 기준에 맞추어 행동하는 것을 이상으로 여기며 사회질서에 동조하고자 하고 힘 있는 사람과의 동일시를 하려 한다.

· 3단계(착한 아이 지향)

12~17세의 청소년에게 나타나는 이 시기는 상호 인격적 일치가 나타난다. 따라서 하인즈가 약을 훔치는 것은 약사의 권리를 침해

하여 남에게 해를 끼치기 때문에 옳지 못하다고 판단한다. 이 시기
는 다른 사람의 관점과 의도를 이해할 수 있고 고려할 수 있다. 따라
서 항상 정의는 승리한다는 정의감에 사로잡히는 시기이기도 하다.

・4단계(사회질서와 권위 지향)
18~25세의 시기에 해당되는 단계로 법은 어떤 경우에도 지켜
져야 한다는 생각을 갖고 있다. 따라서 하인즈의 행동은 정당
하지 못하다고 판단하는 시기이다. 이 시기에는 법과 질서가
도덕기준을 판단하는 가장 큰 무기이다. 따라서 잘잘못을 가릴
때는 항상 법을 어겼는가 아닌가를 우선시한다. 그러나 아직
소수의 권리에 대한 예리한 감각은 없다.

3) 제3수준: 후인습적 도덕기
5, 6단계가 속하는 제3수준은 자신의 가치관과 도덕적 원리원
칙이 자신이 속한 집단과 별개임을 깨닫게 되면서 개인의 양
심에 근거하여 행위를 하게 된다.

・5단계(민주적 법률)
25세 이상의 시기에 나타나는 단계로서 하인즈가 약국 문을 부
수고 들어간 것은 잘못이나 인명을 구하기 위한 일이므로 용서
해야 한다고 판단하는 시기이다. 이 시기의 사람들은 인간으로
서 기본 권리를 중시하므로 소수까지 포함된 모든 개인의 권리
가 인정되는 것이 옳다고 판단한다.

・6단계(보편적 원리)
제6단계는 극히 소수만이 도달할 수 있는 단계이기 때문에 일
반적인 나이를 들 수가 없다. 이 시기는 법이나 관습 이전에 인
간 생명이 관여된 문제로서 생명의 가치는 무엇보다도 우선되
어야 한다고 생각한다. 따라서 보편적 도덕원리를 지향하고 스
스로 선택한 도덕 원리나 양심의 결단에 따른다.

· 7단계: 우주적 영생을 지향하는 단계

콜버그는 말년에 7단계를 추가한다. 그것은 도덕 문제는 도덕
이나 삶 자체가 문제가 아니라 우주적 질서와의 통합이라고 보
는 단계이다. 예수, 간디, 마틴 루터 킹, 공자, 소크라테스, 칸
트, 테레사 등의 위대한 도덕가나 종교지도자, 철인들의 목표가
곧 우주적인 원리이다. 우주적인 원리가 속하는 것은 '내가 대
접을 받고자 하는 대로 남을 대접하라'는 황금률과 같은 곳에서
드러난다. 생명의 신성함, 최대다수를 위한 최선의 원리, 인간
성장을 조성하는 원리 등이 우주적인 원리에 속한다.

학교는 어떻게 달라져야 할까?

학교가 달라져야 한다. 이것은 달라지는 청소년의 눈높이와 그들의 요구를 고려하여 학교 교육과정을 짜야 한다는 것이다. 발달 과정상 자아 정체감의 형성기에 있는 청소년들은 학교 내에서 발달적 욕구가 충족되지 못하고 자신이 어떤 존재인지에 대해 혼란과 좌절을 경험하게 되고 취미나 특기 활동이 제한되어 자기 탐색의 기회가 부족하다. 학업 성적만으로 이루어지는 일괄적인 평가는 우리 아이들에게 자신에 대한 부정적 개념만을 쌓게 되고 그 결과 그들은 학교나 부모로부터 멀어지고 싶어 하는 것이다. 물론 피 교육자는 교육의 내용을 결정지을 수 없고, 교육자가 필요하다고 여기는 것을 수용하여야 한다고 규정되어 있다. 하지만, 피교육자가 필요성이나 흥미를 전혀 느끼지 않는 교육적 내용은 더 이상 생명력을 지닐 수 없을 것이다. 교육적인 내용과 교육의 목표를 고려하되 학생들의 욕구와 동기를 고려할 필요가 있다는 것이다.

학교가 달라지지 않으면 학생들은 점차 학교를 더 많이 떠날 것이고 학교 교육과 구조적 기능적 갈등을 초래할 수밖에 없을 것이다. 전통적으로 학교는 문제 학생이나 가르치기 힘든 학생을 학교 밖으로 밀어내는 경향이 있다. 청소년과 같은 젊은 세대는 기성세대의 가치기준에서 인정받고 싶은 마음과 이를 거부하고자 하는 이중의 욕구를 가지고 있다. 이런 시점에서 우리 모두는 교육적 패러다임의 새로운 구성을 생각해보아야 할 것이다.

포브스는 "북유럽 국가들의 높은 행복도는 인간의 기본적 욕구를 충족시키는 경제 수준과 빈부 격차의 부작용을 상쇄해주는 안정적 복지 체계가 결합한 결과"라고 전했다. 핀란드와 덴마크의 경우, 공교육에 대한 신뢰는 특히 절대적이었다. 덴마크인 중엔 72.5%가, 핀란드인은 90.3%가 '공교육을 신뢰한다'고 답했다. 공교육을 신뢰한다는 한국인의 비율은 41.6%. 베트남을 제외하곤 가장 낮았다(한국인이여 행복하라, 2011년 1월 21일, 조선일보, 행복에도 국적이 있다 중에서).

학원교육의 경우 개별화 수업과 학습 동기 유발, 학생 관리 등을 비교적 교과서대로 실시하고 있으며, 컴퓨터를 비롯한 다양한 교수 매체를 활용하여 교육 공학을 실천하고 있다.

하지만 공교육에서는 불합리한 교육정책과 대규모 학생 집단, 적은 교사 수, 빈약한 교수매체, 미흡한 교실환경 등이 상황을 어렵게 만들고 있다. 그렇다면 사교육과는 다른 차별화가 있어야 공교육이 살아남을 수 있을 것이다. 단순한 지식의 전달이나 상급학교에 진학할 수 있는 지식적 요건을 갖추는 일 등에 모든 에너지를 쏟지 말고 교육 본연의 일로 돌아가야 할 것이다. 진리는 단순한 것에 있고, 본질은 처음 시작의 모습에 담겨져 있다. 지금껏 교육의 이름으로 행한 것 중에서 놓치고 있는 중요한 그 무엇을 찾아야 한다.

요즘 학교에서는 과거에 비해 다양한 프로그램을 만들고 학생들이 참여할 수 있는 기회를 많이 주고 있다. 일 년에 한 번 혹은 학기별로 한 번씩 치러지는 체육대회를 보면 평상시 수업시간에 졸거나 무덤덤한 얼굴로 앉아 있던 아이가 아주 활발하게 운동장을 뛰어다니고 늘 기운 없어 보이던 아이가 달리기에 아주 탁월한 실력을 보여 반 친구들의 환호를 받기도 한다. 그 아이들은 체육대회를 통해 자신이 가진 능력을 마음껏 뽐내고 평상시에는 있는지 없는지도 모를 정도로 존재를 드러내지 못하던 아이들이 친구들의 주목을 받고 학급에 기여하였다는 자부심을 느끼게 된다. 일 년에 한 번 정도 있는 학교 축제 때를 보자. 평소에 결석도 가끔 하고 친구들하고 어울려 놀기에만 정신을 쏟던 녀석들이 아주 멋지게 무대 위에서 자신의 끼를 발휘하고 친구들의 인기를 한 몸에 받기도 한다. 그 아이들은 10월 말에 있을 축제를 준비하기 위해 여름방학 내내 땀을 뻘뻘 흘리며 친구들을 모아 연습을 한다. 그들의 눈빛은 교실 수업 시간 중에는 한 번도 본 적이 없는 눈빛이었다. 하지만 학교에서는 학생들의 수업 결손, 혹은 곧 있을 학력 평가 등을 이유로 또는 아이들이 학교에서 늦게까지 남아서 연습하느라 학원에 빠지는 것 때문에 걸려오는 학부모님들의 항의 전화 등을 예로 들면서 체육대회, 합창대회, 축제 등의 행사를 줄이자고 자꾸 말한다. 학교 평가는 그런 축제로 매겨지는 것이 아니라 학력 평가 결과의 점수로 학교 등급이 매겨지기 때문이리라. 아이들 중에는 공부를 잘하고 그것으로 선생님들께 인정받는 아이도 있지만, 운동이나 춤, 노래 등으로 자신을 표현하고 친구들에게 인정받고 힘을 얻는 아이들도 많다. 공교육에서는 그들까지 다 함께 갈 수 있는 방안을 모색해야 하지 않겠는가.

학업 성적에 의한 일괄적인 평가로 오히려 부정적 자아 개념만을 경험하게 된다면 그 환경을 떠나고 싶어 하고 학교가 재미없고 비슷한 친구들과 어울려 노는 것이 더 즐거워질 것이다. 이들이 학교를 떠나는 것은 부적응 행동이라고 보기보다는 적극적인 자기 보호적 행동이라고 볼 수 있다. 청소년들에게 학교 안에서 긍정적이고 통합된 자기 개념을 확립할 수 있는 기회를 마련해 주어야 한다.

결손가정이나 맞벌이 부부가 많아져서 가정교육이 약해지고 학교나 학원에 모든 자녀교육의 책임을 미루고 있는 형편이지만, 학교에서도 학력 위주의 교육으로 인성교육이 뒤로 밀려날 수밖에 없는 실정이다. 물질주의와 개인주의가 팽배하고, 경쟁이 치열하여 남을 배려할 여지가 없는 사회는 청소년들에게 바람직한 삶의 방향을 제시하지 못하고 있다.

교육 현장에도 유행이 있다. 교육정책 입안자가 바뀔 때마다 정책이 바뀐다. 열린 교육을 하더니 요즘은 진로가 미래라고 외치며 아이들에게 꿈과 끼를 강요하고 있다. 교실에만 앉아 있는데 언제 어디서 자신들의 꿈을 찾을 수 있겠는가. 공부 하나로 모든 것이 용서되던 그런 시절에서 이젠 창의성을 발휘해야 한다고 아이들을 괴롭히고 있으니 언제나 아이들은 숨가쁘게 현실에서 요구하는 것에 맞추어 살아야 한다.

학교 교육에서는 우리 아이들에게 사회적·정서적·신체적 성장 발달에 필요한 다양한 체험의 기회와 자신이 가진 것들을 시험해볼 수 있는 기회를 제공하여야 할 것이다.

<알아봅시다>

청소년기의 자아 정체성

자아 정체감은 자신이 속한 집단에 대하여 가지는 귀속감 내지는 일체감을 의미한다. 자아 정체감을 가진다는 것은 타인과는 구분되는 개체성을 가지고 있다는 의미이다. 다시 말하면, 한 개인이 다른 사람과 일관되게 공유하는 동질성을 가지고 있으며, 그와 동시에 자신의 내적·외적 연속성에 일치가 된다는 자신감을 가지고 있음을 뜻한다.

결국 자아 정체감이란 '나는 누구이며, 이 세상에서 무엇을 할 수 있는가?'라는 자기 탐색적 물음에 대한 대답으로, 남이 뭐라고 하든지 자기 눈으로 자신을 일관되게 보는 특성이다. 자신의 능력·위치·역할 등에 대한 지각과 정의를 포함한 종합적인 자기상이라고 할 수 있으며, 다른 사람과 구별되어 자신만이 가지고 있는 성격이나 특성을 바탕으로 자신에 대한 개별성·총체성·계속성을 의미한다고 볼 수 있다. 이를 위해 자아성찰이 절실히 요구된다. 내가 누구인지를 안다는 것은 내가 가진 믿음의 실체를 안다는 것이다. 자아 정체감의 형성은 전 생애에 걸쳐 이루어야 할 발달 과업이지만, 청소년기의 자아 정체감 확립은 일생의 목표를 세우는 데 핵심이 되므로 매우 중요한 의미를 갖는다. 특히, 청소년들은 여러 가지 신체적·심리적 변화를 경험하면서 자아 정체감 혼미 상태를 경험할 수 있으므로, 자아 정체감 확립을 위하여 꾸준히 노력해야 한다.

※ Marcia의 **정체성 지위이론**

		위기	
		예	아니오
관여	예	정체성 성취	정체성 유실
	아니오	정체성 유예	정체성 혼미

위기란 자신의 현재의 상태와 역할에 대해 의문을 제기하고 여러 대안적 가능성들을 탐색해보는 과정을 뜻하며, 관여는 자신에게 주어진 역할과 과업에 신념을 가지고 몰입하는 상태를 의미한다.

1) 정체성 혼미

이 상태의 청소년들은 삶의 목표와 가치를 탐색하려는 시도를 보이지 않으며, 자신의 생애를 계획하고 설계하려는 욕구가 부족하며, 관념에 대한 관심이 낮다. 부모와의 애착관계가 없거나 부모로부터 거부당한 것으로 느끼는 경우가 많고 자아존중감이 낮으며 흔히 혼동과 공허감에 빠져 있다. 청소년 초기에 가장 보편적이지만 일정한 직업을 갖지 못하거나 지속적으로 일하지 못하는 성인들에게서도 볼 수 있다. 정체성 혼미는 정체성 탐색과정의 가장 낮은 단계에 속하며, 그대로 방치해두면 부정적 정체성으로 빠져들 위험이 있다.

2) 정체성 유실

이 상태는 충분한 자아정체성의 탐색 없이 지나치게 빨리 정체성 결정을 내린 상태를 지칭한다. 이 지위의 청소년들은 정체성 위기를 경험하지 않았으며 자신의 삶의 목표를 확립하고 몰입한다. 이들은 흔히 부모가 기대하거나 선택한 생애과업을 대안적 가능성의 검토 없이 수용한다. 다른 지위에 비해 사회적 인정의 욕구가 강하고, 자신이 지향하는 가치에 따라 생애의 방향을 결정하고 있으며, 부모와 긴밀한 관계를 유지한다. 부모의 과업을 물려받거나, 일찍 결혼하여 안정된 가정을 꾸려나가는 청소년들에게 흔히 발견된다. 이들은 청소년기를 매우 안정적으로 보내는 것 같으나, 성인기에 뒤늦게 정체성 위기를 경험하는 경우도 적지 않다.

3) 정체성 유예

삶의 목표와 가치에 대해 회의하고 대안들을 탐색하나, 여전히 불확실한 상태에 머물러 구체적인 과업에 관여하지 못하는 상태를

뜻한다. 이 지위에 속하는 청소년들은 적극적으로 정체성을 탐색한
다. 유예기의 청소년들은 안정감이 없으나 많은 경우 시간이 흐르
면서 정체성을 확립하게 된다. 흔히 부모와 또래 관계에 있어서 애
증이 교차하며, 자신이 몸담고 있는 상황에서 긍정적인 요소보다는
부정적인 요소에 민감하고 잘 식별해 낸다. 정체성 유예는 정체성
성취에 도달하기 위해 필요한 과도기적 단계이므로 혼미나 유실보
다는 앞선 단계이다.

4) 정체성 성취

정체성이 성취된 단계의 청소년들은 삶의 목표, 가치, 직업, 인간관
계 등에서 위기를 경험하고 대안을 탐색했으므로, 확고한 개인적
정체성을 갖게 된다. 부모를 포함한 인간관계에 있어서 현실적이고 안
정되어 있으며, 자아존중감이 높고 스트레스에 대한 저항력이 높다.

방해물을 제거하기

얄롬(Yalom)이라는 실존주의 치료자는 『치료의 선물』에서, "인간은 자기실현의 타고난 경향성을 가지며 도토리 하나가 한 그루의 참나무로 성장하는 것처럼, 방해물이 제거되면 그 개인은 성숙하고 완전하게 자아 실현하는 성인으로 성장한다"라고 말한다. "모든 일을 내가 할 필요는 없다. 완전한 인간이기 위해 필요한 특성들, 즉 성장하려는 열망, 호기심, 의지, 삶에 대한 열정, 배려, 충성심 등을 갖도록 일일이 내담자들을 고무시킬 필요는 없다"고 했다. 이것은 상담자로서의 얄롬이 내담자에게 하는 자신의 역할이지만 나는 이것을 교사인 나에게 적용시켜 본다. 교사로서 학생들에게 장애물을 제거해주고 그들이 타고난 자기실현을 돕는 것이 임무가 아닌가 생각한다. 교사이기 이전에 인생의 선배로서 난 그들에게 오류를 피해가는 지혜를 가르치고 싶다. 이런 마음은 부모도 마찬가지일 것이다. 미로와 같은 삶의 현장에서 자신들이 지나온 길에 마주쳤던, 깊은 웅덩이와 가시덤불 길을 우리들의 자녀나 제자들이 가게 되기를 원하지는 않는다.

현대 사회로 오면서 학교에서 교사가 무엇을 할 수 있는가에 대한 의문과 회의가 많이 든다. 넘쳐나는 정보의 홍수 속에서 단순한 지식의 전달자로서는 그 가치와 경쟁력이 낮아질 수밖에 없다. 그렇다고 아이들이 예전처럼 교사의 모든 교훈과 길 안내를 철석같이 믿고 따르지도 않으며, 오히려 근거와 타당성이 부족한 어설픈 자신들만의 주장들을 내세우기도 한다. 집안에서 부모들이 교사를 무시하고 비하하는 발언을 자녀들 앞에서 아무렇지도 않게 하면 학생들은 자신들의 선생님에 대해 존경심을 갖지 못할 것이다. 자녀는 부모의 거울이다. 부모의 생각과 행동을 흉내 내고 따르면서 배워간다. 그래서 학교에서 학생들의 말투와 행동을 보면 그 뒤에 가려진 부모의 모습을 그대로 보게 된다. 학생들과 만나고 대화를 하다가 어느 날 우연히 그 부모를 만나 이야기를 나눠보면 정말 그 엄마에 그 딸이라는 말이 나온다. 물론 긍정적인 것과 부정적인 것이 다 가능한 것이다. 교사들도 역시 아이들이 마냥 예쁘고 그들에게 헌신하겠다는 사명감이 늘 마음속에서 불타오르기만 하는 것도 아니다. 그런 상황에서 학교는 존속의 가치가 있을까?

교사는 학생들에게 무엇을 해야 할까? 교사들이나 부모나 아이들에게 교과서에서 배울 수 없는 구체적인 삶의 모습을 보여주어야 한다고 생각한다. 자녀가 부모의 한계를 크게 벗어나지 않듯이 교육의 질은 교사의 질을 넘지 못한다는 말이 있다. 교사 스스로가 발전하고 자신을 성찰하지 않은 채, 상처투성이의 마음으로 아이들에게 다가간다는 것은 큰 위험 요소를 지니고 있다고 생각한다.

자전거를 배우려면 넘어지는 것을 두려워해서는 안 된다고 한다. 누구나 자전거를 배우면서 여러 번 넘어진 경험이 있을 것이다. 학생들 중에는 자존감이 낮은 아이들이 특히 실패에 대한 두려움과 지나친 염려로 매사에 조심하고 경계하는 것을 볼 수 있다. 내가 이런 말을 하면 친구들이 나를 어떻게 생각할까. 내가 이런 표정을 지으면 아이들이 나를 이상한 아이라고 여겨 멀리하지 않을까 하여 전전긍긍하는 모습을 많이 본다.

아이들에게 자아존중감을 형성시켜 주기 위해 작은 과제를 먼저 잘 수행할 수 있도록 유도해야 한다. 처음부터 너무 어려운 일, 감당하기 어려운 일을 하게 하기보다는 자신이 잘하는 것에서부터 시작할 수 있도록 안내해 주어야 한다. 우리는 체육시간에 뜀틀이나 허들을 넘으면서 느꼈을 것이다. 처음 낮은 것에서부터 한 단계씩 높여가며 도전하면 그다음 단계도 넘을 수 있을 듯한데, 처음부터 아주 높은 뜀틀을 놓고 도전하여 실패하면 번번이 그 뜀틀 앞에 멈춰서고 겁이 나게 된다. 이것이 학습된 무기력을 형성한다.

어렸을 때 부모가 이혼하여 어머니의 사랑을 받지 못하고 자랐거나, 어렸을 때 돌봄을 제대로 받지 못했던 아이들은 자신이 부족하고 못났기 때문에 주변에서 자신을 버리고 돌보지 않는다는 생각에 모든 사람에게 완벽한 모습을 보여주고 그래야만 사랑받을 수 있다고 생각한다. 자신은 머리도 좋지 못하고 가정 형편도 좋지 못하여 학원이나 과외를 생각할 수도 없는데, 공부는 잘하고 싶지만 아무것도 할 수가 없다고 기운 없는 목소리로 나에게 호소했던 아이가 있다. 이 아이는 분명 머리가 나쁘지는 않았다. 수학이나 과학에는 관심을 가지고 열심히 해서 상위권의 성적을 보이지만, 영어는 아주 기초적인 것도 모르는 상태였다. 그래서 자신은 머리가 나쁘다고 생각하고 영어 공부를 혼자 할 수 없어 답답해했던 것이다. 우선 그 아이에게는 수학이나 과학을 잘하는 것에 집중해서 칭찬해 주고 수학이나 과학을 더 열심히 하도록 격려해 주었다. 그리고 수학이나 과학만으로도 좋은 대학에 갈 수 있지만 영어도 조금씩 공부를 하자고 권해서 한동안 하루 30여 분씩 내가 개인 지도를 해주기로 했다. 처음에는 아주 사소한 것까지 설명하고 숙제를 내주고 했더니 의욕을 가지고 열심히 듣고 외우고 해서 중간고사 때 15점 받았던 영어 점수를 기말고사에서는 50점을 넘길 수 있었다. 이렇게 작은 성공이 우리 아이들에게 필요한 것이다. 그 작은 성공을 발판 삼아 더 큰 것에 도전할 수 있는 자신감이 생겨날 것이다.

실패는 자신의 인생을 완전히 끝내는 것이 아니고, 학창 시절의 실패는 이후 어른이 되어 겪을 수 있는 실패에 대한 시행착오를 미리 경험함으로써 연습을 해 본다고 생각하라고 권유한다. 지금의 실패는 우리가 배워가는 과정에서 반드시 거쳐 가야 할 시행착오의 과정인 것이다. 그리고 그 아이만이 가진 장점을 찾아주고 실패에서 일어날 힘도 그 안에서 찾을 수 있도록 일깨워 주는 역할을 해야 한다.

교육은 실수와 실패를 존중한다. 교육 밖의 세계에서는 실수와 실패가 손실이고 흠이 될 수 있겠지만 교육에서는 그렇지 않다. 누구도 포기해서는 안 되는 것이 교육이다. 어떤 누군가를 위해서 누군가가 버려진다는 것은 교육에서는 절대 용납될 수 없는 것이다. 많은 역사는 실패를 딛고서 더 찬란한 문명을 이루어 내었다. 아이들에게 실패를 대하는 자세를 가르쳐야 한다. 아이들에게 실패에 걸려 넘어진 경험을 통해서 더 나은 도전을 하게 하고, 넘어져서 입은 상처에 새살이 돋고 그 살이 더 단단해져서 다시 넘어지더라도 상처가 심하지 않도록, 그리고 다시 털고 일어설 수 있는 자신감을 심어 주어야 하겠다.

학습된 무기력

1) 학습된 무기력이란?

사람들은 자신의 반응이나 행동이 앞으로 자신에게 닥쳐올 부정적인 결과를 바꾸는 데 아무런 영향을 미치지 못한다는 믿음을 형성할 때, 변화를 시도하려는 모든 노력을 중단하고 자포자기 상태에 빠지게 된다. 즉 부정적인 상황을 통제하거나 방지하기 위한 노력을 기울였음에도 불구하고 거듭되는 실패를 경험하게 되는 경우, 자신의 반응과 자신에게 주어지는 결과 사이에 아무런 관계가 없다는 확신을 가지게 될 뿐 아니라 더 이상 결과를 변화시키려는 어떠한 행동도 나타내지 않게 된다. 이처럼 반응-결과 사이의 무관성(non-contingency)으로 느끼게 되는 무기력을 학습된 무기력이라고 일컫는다.

2) 학습된 무기력의 특징

사람들은 자신에게 닥칠 부정적인 사건을 통제할 수 없다는 것을 지각하였을 때 무기력을 학습하며, 자기 평가절하, 우울증, 스트레스와 함께 다양한 인지적, 동기적, 정서적 결핍현상을 일으킨다. 통제 가능성에 대한 기대가 높았으나 통제 실패를 경험하는 경우엔 분노를, 반대로 통제 가능성에 대한 기대가 높지 않은 사건에 대한 통제 실패는 불안과 좌절감을 유발하며 이는 다시 우울의 정서로 심화되기도 한다.

지속적인 실패로 인해 노력-성공 간 무관성을 획득함으로써 학습된 무기력에 빠진 학습자는 인지적, 동기적 결핍으로 인해 주어진 문제의 해결을 위한 합리적이고 효과적인 방안을 찾는 데에도 어려움을 겪는다. 노력과 결과가 각각 독립적으로 존재한다는 믿음은 수행 수준의 저하와 함께 실패내성과 과제 지속성마저 낮춘다. 특히 도전적인 과제에서의 실패 상황을 내적으로 귀인하는 학습자의 경우 외적으로 귀인하는 학습자에 비해 과제에의 재도전을 포기하는 경우가 많다. 또한 과거의 성공경험과 미래의 수행 결과를 연관 짓지 않기도 한다.

학습된 무기력에 노출된 학습자는 실패로 인하여 좌절감과 우울과 같은 부정적 정서를 경험하며, 실패의 원인을 안정적이고 포괄적이며 내부적인 능력 부족으로 돌린다. 노력과 결과 사이의 독립성에 관한 기대 형성과 자기효능감의 상실로 인해 후속 과제에서의 성공을 기대하지 않으며, 따라서 과제의 지속성과 수행 수준이 저하된다. 또한 인지적 결핍 현상으로 인해 보다 효과적인 문제해결을 위한 자기지시나 자기 점검 등의 전략을 사용하지 못하는 특징을 보인다.

3) 학습된 무기력의 발생원인

(1) 사회문화적 요인

한국 청소년의 학업성취와 학습 동기간 괴리현상의 원인으로 높은 교육열과 성취위주의 학습 환경, 유교적 효 사상에 기초하여 부모를 기쁘게 하려는 혹은 실망시키지 않으려는 외재적 동기에 의한 학업 성취의 전통을 원인으로 잡았다.

한국청소년들이 부모의 높은 기대에 부응하는 데 거듭 실패함으로써 학습된 무기력에 빠지게 될 가능성을 시사하고 있다. 또한 교육열, 학력주의, 대학입시제도 등의 영향도 있다.

(2) 경쟁적 학습 환경

한국 청소년들은 다른 나라에 비해 최상위의 성취수준과 최하위의 동기성향을 보인다.

또한 성취수준 최상위 집단과 최하위 집단 사이의 흥미와 자신감에 매우 큰 격차를 보인다.

학업 성취가 낮을수록 학습된 무기력을 경험할 가능성이 높은 것으로 나타나고 있다.

성공의 기회에 비해 실패의 기회가 보다 산재한 교실, 노력이 능력 부족을 보상하는 도구로 인식되게끔 만드는 상대평가 제도, 그리고 선택의 자율성이 부족한 학습 환경이 한국 청소년들로 하여금 학업에 대한 자신감과 흥미를 잃고 학습된 무기력에 빠지게 만들 수 있다고 한다. 경쟁적 교실환경은 상대적 비교를 통한 평가에 의하여 조성되는데, 이는 학생들로 하여금 과정보다는 결과에 집중하게 하고, 실패 경험을 자신감 상실과 무기력으로 연결시킨다.

(3) 학업 스트레스

학업 스트레스의 경험 빈도가 높고, 성적이 낮으며, 스트레스에 회피적으로 대처하는 학습자일수록 학습된 무기력을 강하게 느낀다고 보고하였다.

학습된 무기력 수준이 높은 학습자는 문제해결 중심의 스트레스 대처 전략보다는 회피중심의 스트레스 대처 전략을 더 많이 사용하는 것으로 나타났다.

지속적인 실패 경험과 부정적인 사회적 시각에 의해 무기력을 형성해 온 집단에서는 기분이나 감정에 따라 사람과 일에 대한 처리가 달라지고 부정적인 자아상을 갖는다고 설명하였다. 스트레스에 대한 대처전략을 포함하여 이를 스스로 통제할 수 있다는 느낌을 갖도록 하는 것이 학습된 무기력을 낮추거나 혹은 방어할 수 있다.

(4) 부모의 성취압력

인문계 고등학생의 경우 자기조절동기가, 그리고 실업계 고등학생의 경우 실패에 대한 내부적 귀인이 학습된 무기력의 직접적인 예측변인으로 작용하였다. 학업 성취와 학습 동기의 저하에 의한 무기력을 경험할 가능성이 인문계 고등학교 집단에서 더 높게 나왔다. 부모의 학업에 대한 압력이 높을수록 자녀의 학습된 무기력이 증

가한다. 선택권을 많이 주는 가정환경일수록 학습된 무기력이 낮은
것으로 나타났다. 반대로 규율을 엄격히 하거나 강제적인 지시를
내리는 훈육방식은 학습된 무기력과 정적인 관계를 보였다.

한국 청소년들이 과중한 학업부담 등의 일상적 스트레스에 의하
여 학습된 무기력을 형성하게 되지만, 가족 간의 정서적 유대와
심리적 지원이 강화될 경우 학습된 무기력으로 인한 부적응적 문
제를 최소화할 수 있다고 주장하였다.

4) 열등감과 학습된 무기력

심리학자 아들러(1870~1937)는 열등감을 '나폴레옹 콤플렉스'라
부른다. 왜소해서 놀림을 받던 나폴레옹은 무시당하지 않으려고
이를 악물고 노력해서 영웅이 되었다. 키가 작다는 것이 오히려
영웅이 되게 한 것이다. 열등감이 크면 성공할 가능성이 그만큼
크다. 공부를 잘하는 학생이 공부에 대해, 성적에 대해 더 많이
고민한다. 세계적으로 유명한 선수들이 자신의 부족한 점을 극복
하기 위해 더 많이 노력하고 싸웠다는 일화는 흔하게 볼 수 있다.
문제를 문제로 받아들이고 그것에 굴복하면 발전이 없다. 발전은
열등감을 느끼고 이를 이겨내겠다는 의지가 함께해야 가능하다.
아들러는 '자신이 부족하다고 느낄 때 우리는 비로소 인간이 된
다'고 말했다. 하지만 우리 아이들을 짓누르는 열등감은 너무 거
대하고 지속적이다. 그러다 보니 아들러가 말한 '열등감 콤플렉스'
로 간다. 즉 자기를 주눅 들게 하는 부분만 채우면 인정받을 것이
라는 착각에 빠지게 되고 묘한 요행을 부리기도 한다. 잘못된 방
향으로 흐르는 열등감에 주목해야 한다.

하지만 청소년들은 여러 번의 실패를 거듭하면서 열등감이 내면
깊숙이 자리 잡고 어째도 나는 안 된다는 자포자기의 심정에 빠
지면서 무기력을 경험한다. 이것이 학습된 무기력이다.

교육에서의 3不

1) 솎아 낼 수 없음

오래전에 마당 한편에 상추와 쑥갓 등의 야채를 심어 길러 본 적이 있다. 어린 시절도 도시에서 보낸 나는 농사라고는 근처에서 구경도 해 보지 못했다. 쌀이 나무에서 나오지 않느냐고 묻는 아이들에 뒤지지 않을 정도로 들판에 있는 풀과 나무를 구분하지 못한다. 그렇지만 마당 한편에 텃밭을 일구고 농부의 흉내를 내보겠다고 여러 종류의 씨앗을 사서 흙을 뒤집어 일구고 상추씨 한 주먹을 확 뿌려두었다. 며칠 지나지 않아 연녹색의 작은 순들이 흙을 비집고 머리를 내밀 때, 그 기쁨으로 마치 내가 농장의 주인이라도 된 듯했다. 헌데 문제는 한 주먹 뿌린 씨앗 덕분에 새싹들이 한 자리에서 여러 개씩 한꺼번에 머리를 내밀고 서로 살겠다고 아우성을 친다. 난 그걸 어째야 할지 몰라 시골 출신으로 나보다 상추 농사(?)를 먼저 시작한 이웃에게 물어보았다. 솎아줘야 한단다. 그래서 매일 아침에 마당에 나가 빼곡하게 난 새잎들을 한두 개씩 뽑아 주었다. 하지만 연녹색의 새싹들이 예뻐 마구 다 뽑아버리지 못하고 소심하게 몇 개씩만 뽑았다. 그랬더니 나중에 상추가 자라면서 포기도 작고 잘 자라지 못했다. 이웃의 말을 들으니 한 뼘 정도의 간격을 두고 한 뿌리만 남겨두고 나머지는 다 뽑아 줘야 한단다. 그래야 남은 것이 제대로 잘 자란단다. 과일나무의 가지치기와 열매 따주기도 같은 이치라고 한다. 제대로 하나를 잘 키우기 위해 그 주변에 있는 부실한 것들을 과감히 솎아줘야 한다는 것이다. 난 그때 참 많은 것을 생각했다.

내가 선생이어서 이 여린 잎들이 다 내 아이들 같아서 과감히 뽑아
버리지 못한 것일지도 모른다고. 그렇다 교육에서는 그 어떤 아이도,
다른 아이 때문에 솎아져서는 안 되는 것이다. 자연에서는 솎음을
통해 제대로 된 것 하나, 튼튼한 한 포기를 기대할 수 있지만 교육에
서는 절대로 솎음이 있어서는 안 된다는 것이다. 어떤 아이도 소위
잘났다는 아이를 위해 버려지고 방치될 수 없는 하나의 절대적 존재
이기 때문이다.

2) 포기가 없는 교육

우리는 쉽게 많은 것을 포기한다. 내 능력에 넘치는 것을 욕심부
리는 것보다는 포기하는 것이 현명하다고 가르친다. 하지만 난 우리
아이들을 아무도 포기해서는 안 된다는 것을 안다. 난 교사 중에서
도 이상주의자에 가깝다고 생각한다. 그래서인지는 몰라도 사람은
모두가 자신만의 고유한 특성을 가지고 있고, 그 특성은 다른 것과
비교해서 우위를 따질 수 없다고 생각하며 산다. 공부를 못한다고,
사회성이 떨어진다고, 성격이 좋지 못하다고, 삶의 목표가 없고 놀
기만 좋아한다고 이 아이들을 포기할 수는 없다는 것이다.

고등학교 3학년 담임을 맡으면 내가 교실에 들어가서 항상 하는
말이 있다. "나는 너희들을 졸업할 때까지 누구도 포기하지 않고 모
두 대학에 입학할 수 있도록 최선을 다하겠다"라고 선언을 한다. 고
등학교 3학년이란 대입을 위해 일 년 동안 죽었다라고 생각하고 지
내야겠다는 다짐을 하고 새 학년을 맞기에 그들에게 일 년이란 그들
의 인생에서 아주 중요한 시기이다. 하지만 그들 중에 어떤 아이는

자신이 원하는 소위 일류 대학에 입학할 것이고 어떤 아이는 어느 곳에도 입학하지 못하게 되기도 한다. 공부를 하면서도 그들의 머릿속을 떠나지 않는 불안이 바로 그런 것이다. 공부를 하는 중간에 불쑥불쑥 떠오르는 부정적인 생각들 때문에 의욕이 줄어들기도 하고 포기하고 싶어지기도 한다. 하지만 교사가 자신들을 포기하지 않겠다고 말하면 그들도 그 말을 작은 희망으로 여기고 스스로 포기하지 않는다. 사실 교사는 공부를 잘하는 아이들에게보다는, 스스로의 길을 잘 찾지 못하고 무엇을 해야 할지 잘 몰라 방황하는 아이들에게 더 필요한 존재이다.

인간이 이 세상에 태어난 것은 다 그 이유가 있다고 한다. 꼭 쓰일 곳이 있고, 그 쓰임새가 훌륭해야만 존재 가치가 있는 것은 아니다. 아무리 연약하고 보잘것없는 생명이라도 그 자체는 엄청난 무게를 가진 단 하나의 생명체이고, 인격 그 전부라고 생각한다. 그래서 교사는 학생을, 부모는 자녀를 포기해서는 안 될 것이다. 세상에 그 누구라도 자신을 믿어주고 기다려주고 포기하지 않는다는 것을 아는 것만으로도 그들이 이 세상을 살아가게 하는 힘이 될 수 있을 것이다.

나는 교육에 있어 이상주의자이다. 교사로서의 나에 대한 환상과 아이들에 대한 원대한 기대를 가지고 있다. 그래서 난 지치지 않고 아이들을 포기하지도 않는다.

3) 실험이 불가능한 교육

드라마나 영화 같은 곳에서 도자기를 굽는 장인의 모습을 보면 그들은 항상 자신의 작품 중에서 최고의 것만을 남기고 나머지 것은 과감하게 망치로 내리쳐 부서 버린다. 자신이 추구하는 최상의 작품이 나올 때까지 그 어떤 부족한 작품도 세상에 나와 돌아다니면 안 된다는 철저한 장인 정신의 소산이라고 생각한다. 또한 공장에서도 좋은 제품을 만들어 내기 위해 다양한 실험을 하고 모형을 만들어 시험해 보고 부숴 버리고 더 성능이 좋은 것을 만들기 위해 여러 번의 시행착오를 거친다. 하지만 교육에서는 아이들을 대상으로 한 시행착오와 실험이 불가능하다. 한 인간을 대상으로 실험을 한다면 그것으로 인해 교육의 발전이 올지는 몰라도 그 실험 대상이 된 개인은 어찌해야 하는가. 그런 측면에서 교육이 점점 어렵게 느껴진다. 내가 상담실에서 학생들을 만나보면 그들이 가지고 오는 문제들은 참 많이 비슷하다. 친구 문제, 가족 문제 등으로 크게 나눌 수 있다. 이렇게 친구 문제라고 크게 묶어서 말하지만 그 친구 문제는 비슷하지만 조금씩 다 다르다. 왜냐하면 이 아이가 가지고 있는 심리적 배경이 다르고 성격이 다르고 자라온 환경이 다르고 부모의 양육태도로 인해 형성된 관계 맺기의 유형이 다르기 때문이다. 상담실에서 가장 해결하기 어려운 문제가 친구 문제인 이유도 그것이다. 모든 청소년들은 친구에게 비중을 두고 친구와 좋은 관계를 맺고 싶어 하고 친구들에게 인정받고 싶어 한다. 하지만 그 친구들과의 역동이 정말 다양하기 때문에 모든 아이들에게 하나의 정답을 제시할 수가 없다. 일반적으로 친구를 잘 사귀기 위해 가져야 할 태도나 대화기법들을 가르치지만 그들이 교실이나 학교 현장에서 친구들과 직접 대면하게 되면 그 관계의 수만큼 다양한 변수가 작용하는 것이다.

모든 아이들은 모두가 다른 모습을 가지고 있다. 전 세계 70억의 인구가 모두 다른 것과 같다. 그런 아이들을 동일한 교육으로 완벽하게 접근한다는 것은 어려운 일이다.

교칙이 있어 이 아이들은 하나의 규율에 적용을 받아야 하고, 어떤 사안이 생기면 우린 교육적 선례라는 의미에서 고심을 하며 규율을 추가한다. 하지만 우리가 잊지 말아야 할 것은 모든 아이들은 모두 다른 상황과 맥락을 가지고 있으며, 지금 이 순간 우리 눈앞에 있는 이 아이들에게 가장 교육적인 것이 무엇인가를 생각해야 한다는 것이다.

교육학에서는 보편적으로 적용될 수 있는 객관적인 어떤 현상을 정립하려고 한다. 추후에도 다른 교육자나 교사들에 의해 반복이 가능하도록 그 연구에 참가하는 모든 피교육자들에게 획일화된 교육을 제공해야 한다. 그러나 바로 그 표준화라는 것이 교육에서 현실성을 떨어뜨린다. 교육의 이론은 그저 보편타당한 이론일 뿐이며 실제는 훨씬 다양하고 예측 불가능한 것이다. 한 사람 한 사람의 학생들은 그만의 내적인 세계와 그들만의 독창성을 갖기 때문에 교육은 각각의 학생을 위해 새로운 방법이 고안되어야 한다.

그렇기에 어떤 아이를 가지고 실험을 한다는 것이 불가능한 것이 또 교육의 한 특징이다.

하지만 현실에서 교육이라는 이름으로 정말 많은 것들이 행해지고 있다. 교육이라는 이름으로 행해지는 그 모든 것이 처음 의도했던 대로 인간을 미래의 행복으로 안내하고 있기는 한 것인지, 교육 현장에서 가끔씩 질문을 던지고 내가 하는 교육 행위에 대해 회의를 가져 보기도 한다. 학교가 책임져야 할 것들은 점점 많아지고 교육이라는 개념의 범위가 끝없이 넓어져 가면서 교육이 긍정적인 의미로 남기 위해 우리는 어떤 것을 하고 어떤 일을 하지 말아야 할지 고민도 깊어진다.

<알아봅시다>

교육이란

교육의 가장 기본적인 정의는 "인간의 성장에 관한 활동"이다. 그러므로 교육은 인간의 성장을 촉진하는 임무를 수행한다. 여기서 인간 성장이란 신체적인 성장만이 아니라 지적, 사회적, 도덕적 성장을 포함한다. 이런 인간의 성장은 사회·문화의 모든 장에서 이루어진다. 그러므로 교육은 문화의 체제 속에 있는 모든 것과 관련되어야 하므로 교육 속에 전개되는 모든 지식의 체제는 융합을 필요로 한다.

교육이라는 낱말을 사전에서 찾아보면 ① 사회생활에 필요한 지식이나 기술 및 바람직한 인성과 체력을 갖도록 가르치는 조직적이고 체계적인 활동, ② 특정한 목적을 가지고 기술이나 기능을 가르침이라고 나온다. 교육학자 정범모는 교육을 '인간행동의 계획적 변화'라고 정의했다. 이 정의에 따르면 하나의 활동이 교육인가 아닌가 하는 것은 그 활동이 의도하는 인간행동의 변화가 실제로 관찰되는가 아닌가에 달려 있다는 것이다.
오늘날 우리가 사용하는 '교육'이라는 용어에는 인간이 오랫동안 끊임없이 해 오던 활동의 의미, 또는 그 활동을 하는 동안에 사람들이 틀림없이 했을 것으로 보이는 그런 생각이 들어 있다. 그러므로 교육이라는 용어의 역사는 곧 교육을 하면서 살아온 인간의 삶의 역사라 하겠다. 지적 유산을 물려받았거나 문명된 삶을 살고 있는 우리의 삶은 지식이라는 형식을 사용하고 전수하는 것이다. 교육은 이러한 지식의 형식 또는 문명된 삶의 형식에 사람들을 입문시킴으로써 그들로 하여금 문명사회의 성숙한 구성원으로서 살아갈 수 있게 해준다. E. 뒤르켐의 『교육과 사회학(Education and Sociology)』에 제시된 교육의 사회화개념에서 교육을 어린 세대를 대상으로 하는 체계적 사회화라고 정의했다. 여기서의 사회화란 이기적·반사회적 존재로서의 개인이 집단적 의식을 내면화함으로써 사회적 존재로 변화되는 과정을 말한다. 이 과정은 사회의 입장에서 보면 존속을 위한 필요불가결한 조건을 마련하는 수단이며, 개인의 입장에서 보면 출생할 때 가지고 나온 것이 아닌 전혀 다른 존재로 변형 또는 창조되는 길이다.

뒤르켐에 의하면 교육은 하나인 동시에 여러 개라는 이중성을 가지고 있다. 한 사회가 존속하려면 그 성원들 사이에 어느 정도의 동질성이 유지되어야 하지만, 그와 동시에 사회에는 각각 다른 행동양식과 정신적 자질을 요구하는 수많은 이질적인 집단들이 있다. 사회가 정상적으로 기능을 발휘하려면 이러한 이질성과 동질성을 동시에 보장하지 않으면 안 된다. 그러나 교육은 별개의 과정을 통해 이루어지는 것이 아니라, 동일한 과정 속에 서로 다른 측면을 가지는 것이다. 따라서 그중 어느 하나에 작용하는 것은 다른 하나에도 마찬가지로 작용한다.

학생들을 통해 나도 변한다

교육에서 가장 중요한 교재는 무엇일까?

요즘 첨단 기기가 발달하여 다양한 매체로 학생들을 가르치고 있다. 하지만 어떤 훌륭한 교재와 매체도 그것을 사용하는 교사가 잘 사용하지 않는다면 그 내용이 왜곡되고 제대로 전달되지 못할 것이다. 그러기에 교육에서 가장 중요한 것은 교사이다. 교사로 인해 빚어지는 여러 가지 사회 문제를 보더라도 우리는 교사를 양성하는 데 최선을 다하고 교사를 선발하는 데 주의를 집중해야 한다고 생각한다.

교사가 가지는 가치관과 판단력, 인생관, 철학 등은 여과 없이 학생들에게 전해지기에 정말 위험하기 그지없다. 중학교 이상이 되면 10명 가까운 선생님들로부터 다양한 과목의 수업을 듣기에 나름대로 학생 스스로 취사선택할 수 있는 여지가 있지만, 몇 개의 특정 과목을 제외하고 한 선생님께 수업을 듣는 초등학생의 경우, 선생님이 가지는 의식세계가 아이들에게 얼마나 크게 영향을 미칠지 상상하는 것은 그다지 어렵지 않을 것이다. 그렇기 때문에 교사를 선발할 때도 지식에 대한 평가만이 아닌 그 사람의 가치관과 심성을 측정할 수 있는 방법을 찾아야 할 것이다. 그리고 교사가 된 뒤에도 여러 가지 다양한 재교육을 통해 꾸준히 심성에 대한 연마를 하도록 기회를 주고 강요해야 한다고 생각한다.

학생들에게 가장 중요한 인간관계를 말하라고 하면 당연히 부모(가족), 친구, 그리고 선생님이라고 한다. 부모나 가족은 스스로 선택할 수 없는 것이고 친구들은 자신들의 성향과 활동 방식에 따라 선택하게 된다. 하지만 교사는 어떠한가. 마치 선택하는 것처럼 보이지만 실상 교사에 대한 선택권도 학생들에게는 없다. 어떨 때는 복불복의 느낌마저 든다. 한 학년을 두세 명의 동일 과목 교사가 가르칠 때 그 복불복은 더 명확하게 드러난다. 어떤 반을 담당하시는 선생님은 열성적으로 교재 준비를 하고 아이들과 즐겁게 수업을 하기 위해 늘 고민하고 준비한다. 그리고 아이들에게 좋은 영향을 미치는 행동과 말을 한다. 하지만 어떤 다른 선생님은 그나마 건성이지만 수업은 해야 할 만큼 꼬박꼬박 열심히 한다. 이 정도만 되어도 그다지 나쁘다고 할 수는 없다. 하지만 어떤 경우의 선생님은—물론 이런 경우는 흔하지 않겠지만—아이들에게 애정도 별로 없고, 자신의 기분에 따라 폭언을 하기도 하며 동료 교사가 봐도 '저 사람은 왜 교사가 되었을까?'라는 의문을 갖게 하는 선생님도 있다. 그런 반에 배정된 아이는 무슨 잘못으로 그리 된 것인가. 그래서 가끔 선생님들과 대화를 하거나 교직원 연수 때 이런 말을 한다. "자신의 자녀가 어떤 선생님의 반에 배정되었으면 좋겠다고 생각하는 선생님의 모습과 절대로 그 반에 배정되지 않았으면 좋겠다고 생각하는 선생님을 한번 머리에 떠올려 봅시다." 그렇다면 자신은 어떤 교사에 속할지 자문해 보라고 한다.

새 학년을 준비하면서 교사들은 학년과 학급 배정을 받는다. 내가 몇 학년을 가르치고 몇 학년 담임이 되는지 결정된다. 그리고 자신이 맡을 아이들을 결정하게 된다. 어떤 학교에서는 임의로 1반부터 담임을 배정하기도 하지만 어떤 학교에서는 일정한 기준으로 편성된 학급을 담임들이 무작위로 뽑기도 한다. 그래서 담임의 경우에도 그 학급 뽑기의 순간에 자신들의 일 년이 좌우된다. 말썽 부리는 아이들이 많은 학급이거나, 공부를 잘하고 모범적인 학생이 많은 학급이거나 그걸로 인해 그 한 해가 달라진다. 물론 자신이 가진 역량으로 학급의 아이들을 변화시켜 나가고 훌륭한 학급 경영을 통해 자신의 색을 가진 학급을 만들어 가면 된다고 생각할 수도 있다. 하지만 오랜 교사생활 결과 얻게 된 것이 어떤 해는 아이들 속에서 행복한 교사 생활을 하기도 하지만 어떤 해는 정말 힘든 모든 경우의 수를 가지게 되는 해도 있다.

내 경우에 고등학교 2학년 담임을 하던 유난히 힘들었던 해가 있다. 인문계 고등학교인데도 대학 진학을 일찍부터 포기하고 메이크업을 배우러 다닌다고 자율학습도 빠지고 일찍 나가는 아이들이 몇 명 있었고, 또 소위 논다고 하는 아이들 몇 명이서 무리지어 결석을 하거나 자퇴를 하겠다고 나서기도 했다. 또 한 아이는 겨울방학 동안 남자아이들과 무분별하게 놀다가 임신이 되었는데 그것을 아무에게도 말하지 못하고 있던 것을 내가 먼저 발견했다. 학년 초에 비해 유난히 잠을 많이 자고 몸의 모양이 이상하게 달라져 보였다. 그래서 조용히 불러서 여러 가지 둘러서 의중을 떠보았지만 처음에는 말하지 않다가 결국은 자신이 임신했음을 말했다. 데리고 병원에 가 보았더니 벌써 5개월이 지나가서 유산을 시키기에도 위험한 시기에 있다고 했다. 부모님께 말씀을 드리고 해결을 보시게 했고 그 아이는 끝내 자퇴를 하고 말았다. 이런저런 일들을 겪으면서 깊은 좌절과 한계를 절감했다. 그래서 나는 '아! 아이들은 나날이 발전(?)해 가는데 교사는 대학 시절에 교직과목에서 배웠던 기초적인 생활지도 지식으로 이 아이들을 대하고 있으니 도저히 감당할 수가 없구나'라고 생각하게 되었고 그때부터 새로이 공부를 시작했다. 청소년의 심리에 대해 공부하고 상담 기법에 대해 공부하면서 나도 스스로 앞선 기술(?)을 가지고 이 아이들을 만나야겠다고 다짐하게 되었다.

　교사 자신은 자신의 내면의 욕구와 자신이 가진 부족한 면에 대한 성찰을 가지고 있어야 하고 인간에 대한 애정이 바탕에 있어야 한다. 사랑도 중요하지만 인내심이 교사가 가져야 할 최우선의 덕목이라고 생각한다. 나 자신도 교사 초년 시절에는 사랑이 있으면 모든 것을 견디고 좋은 교사가 될 수 있다고 믿었다. 하지만 사랑의 힘으로도 견디지 못하는 다양한 아이들의 모습에 사랑보다 우선 인내심을 가져야 한다고 생각하게 되었다. 기다려 줄 수 있는 그 끈기, 인내 등 이것이 우리 아이들을 학교로 다시 돌아오게 하지 않을까 싶다.

　교사에게는 많은 학생들이 있지만, 학생에게는 오직 한 명의 교사만 있다는 생각을 해야 한다. 물론 많은 선생님들로부터 오랜 시간 교육을 받아 오겠지만, 그들에게 영향을 끼치는 선생님 그 한 분 한 분을 생각하면 교사는 단 한 사람이라는 생각을 잊지 말고 내가 바로 이 학생에게 절대적으로 중요한 사람임을 늘 인식하고 있어야겠다.

　유태인으로서 아우슈비츠 수용소 생활을 끝낸 뒤 '로고테라피'라고 하는 의미치료를 창안한 빅토르 에밀 프랑클은 삶에서 가장 쉽게 찾을 수 있는 의미는 '누군가의 곁에 있어 주는 일'이라고 했다. 우리가 교사로서 약하고 힘들어하는 아이에게 사랑을 쏟고 그들 곁에서 꿈을 심어 주는 일이 결국 교사 자신에게도 삶의 큰 의미를 제공하고 그 의미를 통해 자신의 존재를 인정받고 충만함을 느끼게 된다는 것이 교사로서의 가장 큰 매력이라고 생각한다.

　내 교직 생활 중 들었던 가장 좋은 말은 "선생님처럼 살고 싶어요"이었다. 업무와 속 썩이는 아이들 때문에 지치고 의기소침해 있을 때 가끔 아이들이 던져주는 사랑의 눈빛을 먹고 힘을 낸다. 나의 작은 사랑이 아이들 속에서 꽃을 피울 때 나는 성공한 정원사로서의 자부심을 느끼면서 자존감이 하늘 높이 치솟는 것을 느낀다.

청소년에 대한 이해

청소년기(adolescence)는 법적인 면에서 투표권이 주어지는 만 19세 미만(헌법 제23조), 계약이나 결혼을 할 때 부모의 동의가 필요한 미성년자인 19세 미만(민법 제800조), 형법상 처벌을 받지 않는 미성년자는 14세 미만 등의 연령을 고려하고 청소년 보호법에 명시된 19세 미만이라는 규정을 근거로 12세경부터 19세 이전의 사람을 청소년이라 통칭할 수 있다. '성장 급등(growth spurt)'이라고 일컬어지도록 급격한 신체 변화를 경험하며 격동의 시기를 살아가는 우리나라의 청소년들은 대부분이 학생이다.

2013년 우리나라 총인구는 5,022만 명으로 2010년에 비해 1.6% 증가했지만 청소년 인구(9~24세)는 1,003만 9천 명으로 4.1% 감소했다. 또한 2013년 총인구 중 청소년 인구(9~24세)가 차지하는 비중은 20.0%로 1978년 36.9%를 정점으로 지속적으로 감소하는 추세인데, 이는 1980년대 중반 이후 급격히 감소한 출생아수의 영향이 크다. 이대로라면 향후 청소년 인구는 계속 줄어들 것으로 전망된다.

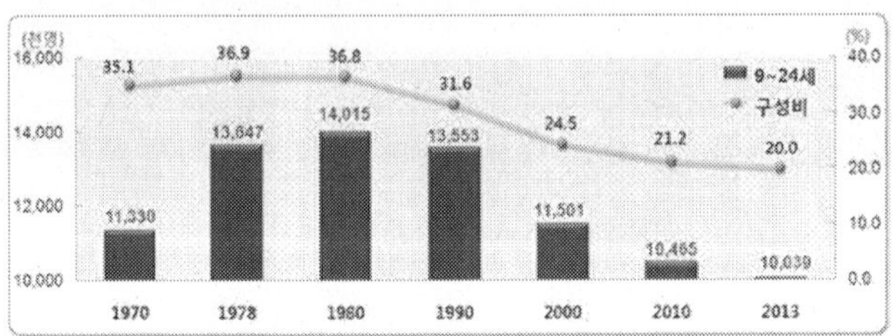

이들의 가족생활만족도는 어떨까? 조사에 따르면 2007년 64점에서 2012년 73점으로 9점이 증가하였다. 다행히 점차 만족도가 상승하고 있으며 가족과 대화를 잘하지 않을 것만 같았던 청소년들이지만 71.1%가 가족과 자주 대화한다고 대답했다.

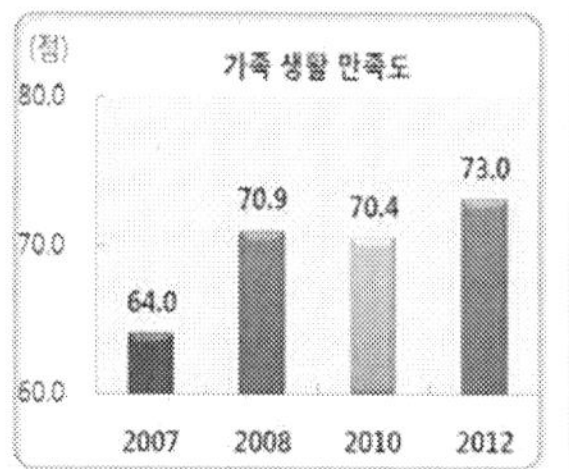
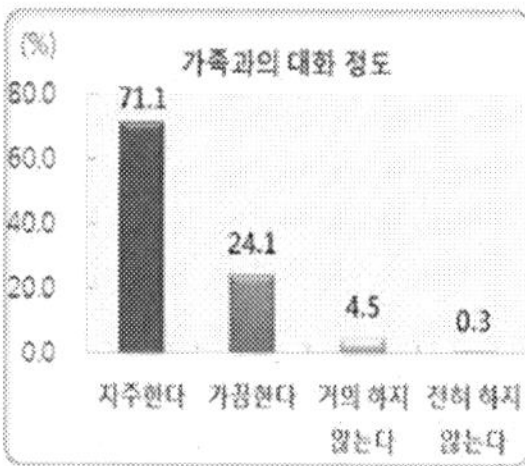

주된 가족과의 대화 주제는 공부/성적(29.3%), 진로(15.3%), 취미 (14.2%) 순이었으며. 예상했던 대로지만 여학생이 남학생보다 평균적으로 더 자주 대화하고, 초등학생이 중·고등학생보다 평소 더 많이 대화하는 것으로 조사되었다.

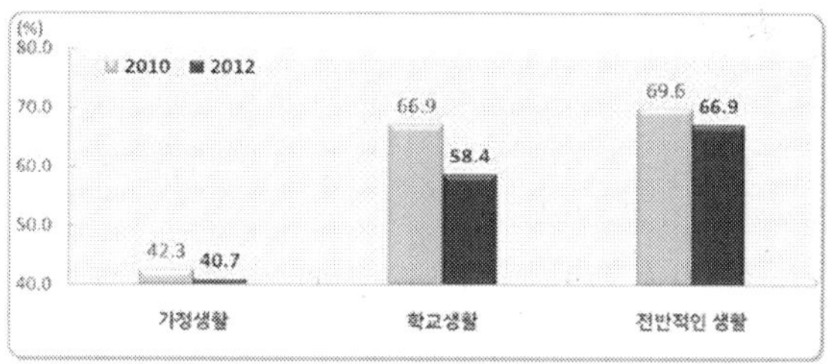

청소년(13~24세)의 66.9%는 '전반적인 생활', 58.4%는 '학교생활' 에서 스트레스를 받고 있다고 응답했다. 2010년에 비해 감소한 수치를 보여주고 있지만 전반적인 생활에서 스트레스를 받고 있다.

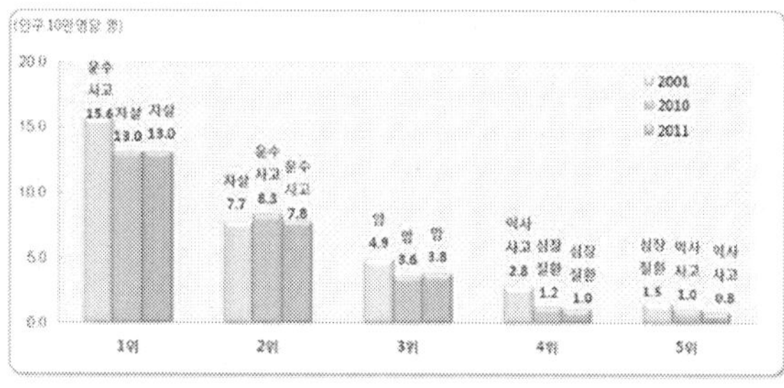

2011년 청소년(15~24세)의 사망원인은 '고의적 자해(자살)'가 가장 많고, 다음은 '운수사고', '악성 신생물(암)' 순이었다. 인구 10만 명당 청소년 자살자 수는 2001년 7.7명에서 2011년 13.0명으로 증가했다. 또한 청소년 가출에 대한 결과는 2012년 지금까지 한 번 이상 가출을 경험한 중·고등학생은 12.2%이다. 가출의 원인으로 '부모님 등 가족과의 갈등(61.3%)', '자유롭게 살고 싶어서(12.8%)', '가출에 대한 호기심(5.2%)'의 순으로 나타났다. 알고 보면 청소년 나름의 진지한 가출 원인이 있다고 보인다(2013년 통계청 발표 자료).

청소년을 바라보는 우리의 시각

요즘 어디 가서 중학교 선생이라고 나를 소개하면 하나같이 "요즘 아이들 참 힘들죠?"라고 말한다. 그 '힘들다'라는 표현 속에는 정말 많이 것들이 내포되어 있기에 나는 웃으면서 "네, 뭐 그렇죠"라고 얼버무린다. 그러면서 혼자 생각한다. '어떤 점이 힘든가. 그 힘든 와중에도 나를 선생으로 계속 교직에 머물게 하는 요인은 무엇일까?'

요즘 아이들이라고 하는 그 표현은 다분히 언론 매체의 영향이 크다고 생각한다. 뉴스에 나오는 청소년들의 이야기는 대부분 부정적인 것들이다. 나는 솔직히 뉴스에서 청소년들의 부정적인 사건에 대해 다루지 않았으면 한다. 아이들의 집단 폭행이라든지, 자살이라든지 왕따 등의 문제는 부분의 문제를 전체 학생들의 문제인 것처럼 과장할 염려가 있으며, 다른 학생들 생각에 '우리가 모르는 저런 문제가 심각한 아이들이 많구나', 혹은 '우리가 하는 이 정도는 아주 약한 것이구나'라는 생각까지 하지 않을까 염려가 된다. 조선 시대의 문헌에도 '요즘 아이들 참 문제가 많다'라고 말하는 것이 있다. 이것처럼 어른들 눈에는 항상 요즘 젊은이, 아이들이 문제가 있는 것으로 비춰지게 된다. 어른들이 규정하는 청소년들의 문제행동은 그것이 그들의 발달적 과정에서 나타나는 정상적인 행동인 경우도 있고, 정말 말 그대로 비행을 동반한 문제 행동일 수도 있다. 우리는 자칫 극단적인 부적응 행동을 감소시키고 차단시키려다가 정상적인 발달적 행동, 즉 모험적이고 창의적인 행동마저 위협하고 억압하는 경우를 초래할 수 있다. 성인들과 청소년들은 서로 다른 세계에서 서로 다른 관점으로 바라보고 있기에 서로는 늘 갈등을 겪으며 청소년 문제의 본질을 왜곡하게 되기까지 한다.

학교 밖에서 바라보는 학교 현실은 부적응아들이 훨씬 더 많은 것으로 생각한다. 하지만 실제 학교에서 보면, 한 교실에 30명을 기준으로 부적응아는 5명 미만이다. 물론 지역적인 것과 학교의 급에 따라 달라지겠지만, 열심히 공부하고 선생님들 말을 잘 듣고 자신들의 미래를 위해 부지런히 무언가를 준비하는 학생들이 더 많다. 부적응의 문제를 일으키는 소수의 아이들은 많은 경우 부모나 가정에 문제가 있다. 그러면 어른들은 이렇게 말한다. "우리 집에는 아이가 세 명인데, 나머지는 공부도 아주 잘하고 착하고 지금까지 한 번도 말썽을 피운 적이 없는데 유독 이 아이만 그래요. 참 속상해 미치겠어요." 이런 경우는 부모 탓이 아니라고 사람들은 말한다. 물론 전적으로 부모 탓으로 돌릴 수 없는 부분도 있을 것이다. 하지만, 이 아이는 다른 형제자매에 비해 정서적으로 약하게 태어났다고 생각해보자. 예를 들어 여러 사람이 감기 환자 옆에서 함께 음식을 먹고 대화를 나누었다고 했을 때, 그들 모두가 감기에 걸리지는 않는다. 그중에서 저항력이 약하거나 체력이 약한 사람이 감기에 전염되고 병을 앓게 된다. 그러면 그것이 그 감기에 걸린 사람 탓이라고 할 수 있는가. 많은 사람들이 담배를 피우지만 담배를 피우는 모든 이가 다 폐암에 걸리는 것은 아니다. 그중에 다른 여러 가지 원인과 결합해서 다른 사람보다 폐가 약하거나 면역력이 약한 사람이 폐암에 걸리게 되는 것이다. 이처럼 부적응으로 여러 가지 문제를 일으키는 청소년들은 보호가 필요한 약한 정서를 가지고 태어난 아이라고 할 수 있다. 또한 같은 형제자매라도 부모와의 역동이 다르다. 부모가 모든 자녀를 똑같이 대하지는 않으며 유난히 자신과 부딪히는 아이나 잘 맞는 아이가 있기 마련이다. 그런 다양한 역동이 서로 얽혀서 한 사람의 행동 양식이 결정되는 것이다.

학교 부적응 현상을 학교생활에 어려움을 느끼고 있는 학생들을 모두 포함시키거나, 성적이 부진하거나 자기 뜻대로 성적이 오르지 않는 학생들을 포함시키거나, 교우관계로 고민을 하고 있는 학생들을 모두 포함시킬 경우 부적응자는 전교생 전체가 될 것이다.

학교에서 교사가 저지르기 쉬운 실수 중 하나는 학생들을 쉽게 진단하거나 명명한다는 것이다. "○○는 어떠한 아이다"라는 진단은 좋은 쪽이든 나쁜 쪽이든 위험하다. 진단은 다른 사람들의 시야를 가로막아 그 진단의 측면으로만 학생을 바라보게 되는 경향이 있다. 교사들은 학생들을 좀 더 열린 마음으로 바라보고 다른 사람으로부터 들은 평판에 의지하거나 좌우되지 않는 것도 필요하다. 학생들이 교사와 맺는 관계는 모두가 일대일의 관계로서 의미를 지니게 된다. 자신이 좋은 모습을 보이고 싶거나 다른 선생님과 다르게 이 선생님께만은 인정받고 싶은데 자신에게 이름 붙여진 선입관이 있다면 새로운 관계 맺기가 어려워질 것이다. 같은 교실에서 같은 내용의 수업을 듣지만 교사와 사이에 형성되는 역동은 학생 개개인이 다 다를 수 있다. 교사는 교실에서 학생이 가진 다양한 특성들에 대해 관찰하고 자주 표현해주어야 한다. 말뿐인 칭찬은 지양하고 학생들이 노력하고 있는 부분에 대해서는 인색하게 굴지 말고 긍정적인 소감을 적극적으로 표현해줄 때 훨씬 좋은 관계를 형성할 수 있다.

10년쯤 전이라고 세월을 나누어 보면 그 시절에 학생들에게 교사는 연인이 되기도 하고 우상이 되기도 했다. 남몰래 책상에 꽃을 꽂아 두기도 하고 선생님을 위해 자신만의 독특한 선물을 하고 선생님께 주목받고 사랑받고 싶어 했다. 사랑의 대상으로 가슴 설레면서 그 수업시간을 기다리고 그 과목은 더 열심히 공부해서 선생님께 인정받고 싶어 하기도 했다. 같은 선생님을 좋아하는 다른 친구를 질투하며 경쟁상대로 생각했다. 그 선생님에게만은 자신의 부끄러운 모습을 드러내고 싶지 않아 모범생처럼 행동하기도 했다. 그래서 나는 전략적으로 새로운 학급을 맡으면 그 전 담임에게서 그 학생의 과거 이력을 듣고도 모르는 척한다. 아이들에게도 선언을 한다. "나는 너희들의 지난 학년의 생활을 잘 모른다. 지금부터 새로 시작하는 것이다." 솔직하지 못하다고 비난할 것인가. 공부도 관계도 지금부터 새로 시작할 수 있다는 것이 아이들에게 훨씬 긍정적으로 작용하는 것을 많이 보았다. 우리가 새 공책을 펼쳐 쓰기 시작할 때는 깨끗하게 글씨도 또박또박 쓰려고 애쓴다. 가끔은 새롭게 다시 시작하고 싶을 때도 있듯이 그 새로이 시작하는 각오를 오래갈 수 있도록 지지해주는 것이 필요하다.

교사는 아이들에게 지식 이상의 것, 삶을 보여주어야 하고 미래를 제시해야 한다. 아이들을 보면 행복하고 신이 난다. 그래서 난 선생이 되기를 참 잘했다고 생각하고 살아왔다. 하지만 요즘은 이런 신명이 없다. 내가 변해서인가. 아이들에게서 자신들이 만들고 싶은 꿈도 미래도 확인할 수 없을 때 교사는 자신이 해야 할 일도 없다고 느끼며 절망한다. 아이들의 꿈과 미래에 작은 힘을 보탤 수 있다는 것이 교사를 움직이게 하고 그 의미에 매달려 몸을 사리지 않고 아이들을 지도한다. 나는 교사가 학생들에게 중요한 사람이 되고, 그 학생들이 늘 교사의 마음속에 자리를 잡고 교사에게 영향을 주고 그들을 변화시키도록 했으면 좋겠다.

<알아봅시다>

청소년기의 특징
- Elkind의 청소년기 자아중심성이론

피아제가 자아중심성을 유아기 사고의 특징으로 본 것과 달리 엘킨트는 각 단계 특유의 자아중심성을 갖는 것으로 보고 있다. 상상적 청중과 개인적 우화의 두 가지 개념이 청소년기 자아중심성의 특징이다.

1) 상상의 청중(imaginary audience)

청소년기의 과장된 자의식으로 인해 자신이 타인의 집중적인 관심과 주의의 대상이 되고 있다고 믿는 것으로, 대다수의 청소년들은 상상적 청중을 즐겁게 하기 위해 많은 힘을 들이며, 타인이 눈치채지도 못하는 작은 실수로 번민하게 된다. 상상적 청중에 대한 자신의 위신을 손상시킨다고 생각되면 작은 비난에도 청소년들은 심한 분노를 보인다. 선생님은 나만 미워한다고 생각하거나 친구들이 모여 무슨 이야기를 하고 있으면 분명 자신에 대해 좋지 않은 이야기를 하고 있을 것이라고 생각하는 경우가 해당된다. 지나친 통제나 방임 상태에서 양육된 청소년이거나 비행 집단에 많이 나타나고 있다. 청소년기의 상상적 청중 의식 정도는 상상적 청중 척도를 이용하여 진단하는데, 그 결과에 의하면 중학교 2학년에서 가장 높은 상상적 청중 의식이 나타나며, 이후부터 서서히 감소한다. 상상적 청중 척도가 높은 점수를 보이는 청소년들은 부정적 자아개념을 갖는 경향이 높으며 자아존중감과 자아발달 단계가 낮다. 이들은 자아정체성 확립수준 또한 낮으며, 역할혼미와 정체성 유실 집단에서 상상적 청중 경향이 나타나는 비율이 높다. 이성과의 교제경험이 있는 청소년이 상상적 청중 경향이 낮다는 흥미로운 보고도 있다. 상상적 청중은 대인관계 신경과민 등 사회적 기술부족과도 관련이 있다. 중·고등학교 시절 적절한 대인관계 경험을 갖지 못하고 자아정체성의 탐색이 불충분한 경우 자아중심성은 대학교 시기까지 지속되기도 한다. 그래서 그들은 다른 사람의 눈에 띄고 싶은 욕망을 가지고 자의식이 강하며 대중 앞에서 유치한 행동도 서슴지 않고 하게 된다. 상상의 청중을 만들어 내고 자신은 주인공이 되어 무대 위에 서 있는 것처럼 행동하며 다른 사람은 모두 구경꾼으로 생각한다. 다른 사람들이 자신을 관심의 대상으로 생각한다고 믿기 때문에 그들은 '관중'이고, 실제적인 상황에서는 자신이 관심의 초점이 아니므로 상상적이라 할 수 있다.

청소년들은 종종 자기 비판적이며 자기도취에 빠진다. 청소년의 유치함, 변덕스러움, 그리고 요란한 옷차림 등은 그 상당 부분이 자신이 매력적이라고 믿는 것과 다른 사람들이 매력적이라고 생각하는 것을 구별하지 못하기 때문에 야기된다.

부모와 수용적이며 애정적인 관계를 유지하고 인정과 사랑을 받고 있다고 자각하는 청소년은 자아중심성이 낮은 반면에 부모로부터 지나친 통제와 구속을 받거나 방임 상태로 버려져 있다고 생각하는 청소년의 경우 자아중심성이 높다. 특히 비행 집단 청소년의 자아중심성이 일반 집단에 비해 높은 것은 이 특성이 비행과도 관련이 있음을 반영하는 것이다.

2) 개인적 우화(personal fable)

청소년들이 자신은 특별하고 독특한 존재이므로 자신의 감정이나 경험세계는 다른 사람과 근본적으로 다르다고 믿는 자아중심성이 개인적 우화이다. 청소년들은 자신의 우정·사랑 등은 다른 사람은 결코 경험하지 못하는 것으로 생각하고, 다른 사람이 경험하는 죽음·위험·위기가 자신에게는 일어나지 않으며, 혹시 일어나더라도 피해를 입지 않을 것으로 확신한다. 이런 청소년기 특유의 비합리적이고 허구적인 자아관념을 개인적 우화라고 한다. 청소년들에게 나타나는 개인적 우화는 자신감과 위안을 부여하는 긍정적인 측면보다, 파괴적 행동을 범하여 위험에 빠지는 부정적인 측면으로 나타날 가능성이 더 높다. 청소년들이 흔히 음주운전, 폭주, 마약, 성문란 등 파괴적 행동을 범하는 것은 자신이 특별한 존재이므로 그러한 행동이 가져다줄 부정적 결과는 타인에게 해당되는 것이지 자신의 몫이 아니라는 개인적 우화에 기인할 수 있는 것이다.

개인적 우화는 청년 세대의 긍정적인 독특성과도 연결된다. 청소년들은 자신의 세대는 기성세대가 하지 못한 많은 가능성을 가지고 있다고 믿으며, 이를 행동으로 옮긴다. 빈곤퇴치, 환경운동, 시민운동 등에 청년들이 적극적으로 참여하는 것은 이러한 이유에서이다. 그러므로 청소년들 스스로 이런 사고의 특징을 알고 대처하는 것이 중요하다.

개인적 우화정도가 높은 청소년은 자의식과 자신에 대한 관심이 지나치게 높다. 또한 개인적 우화는 감각추구 경향과 위험행동에 몰입하는 정도와 정적 상관이 있으며, 개인적 우화가 심해지면 자살상념이나 우울증과 관련이 있다고 보고된다.

개인적 우화 현상은 청소년에게 현실검증능력이 생기면서 자신과 타인의 실체를 객관적으로 인식하고 타인과의 친밀한 관계를 정립하게 되면 사라진다.

중2병은 사춘기 청소년들이 흔히 겪게 되는 심리적 상태를 빗댄 신조어이다. 중학교 1학년 때까지는 엄마 말도 잘 듣고 시키는 대로 하던 아이가 2학년이 되면서 반항적 행동을 하기 시작하는 것으로 자아 형성 과정에서 학업 스트레스가 겹치고 불안감과 초조감을 느끼면서 자의식이 어느 정도 자리 잡은 고등학생보다 더 반항적이 되기도 한다. 지나친 스트레스가 자신감으로 왜곡되어 나타나는 것이다. 자아 형성 과정에서 '자신은 남과 다르다' 혹은 '남보다 우월하다' 등의 착각에 빠져 허세를 부리는 사람을 얕잡아 일컫는 인터넷 속어이다. 일본에서 처음 만들어진 속어이며 허세나 무개념의 사람을 빗댄 것이다. 우리나라로 건너온 뒤 비하적인 의미로 더 많이 쓰이게 되었다. '병'이라는 단어를 포함하고 있지만, 치료가 필요한 정신질환이나 의학적 질환은 아니다(위키백과).

청소년들을 힘들게 하는 경쟁지상주의

학교에서 모든 것을 평가하는 기준으로 성적을 거론한다.

학력 진단 평가를 통해 수준 미달자를 가려내고 학교 간의 평균을 비교하여 성적이 높은 학교가 좋은 학교이고, 훌륭한 교육성과를 이루어내고 있다고 평가하고 더 나아가 이를 바탕으로 교사의 질과 역량을 측정하는 수단으로 삼고 있다. 극단적으로 표현해 보자면 교사의 역량이나 교육의 성과는 오로지 눈에 보이는 성적의 평균으로 말해진다. 이것은 인격이나 그 사람이 가진 내면의 가치관과는 무관하게 얼마짜리 차를 타고 다니고 연봉이 얼마이고 몇 평짜리 집에서 사느냐로 그 사람의 우수함과 인생에서의 성패를 판단하는 기성 사회의 잘못된 방식과 아주 닮아 있다.

어린 시절에 읽었던 『어린 왕자』에서 어린왕자는 우리에게 말했다.

> 어른들은 숫자를 좋아하는 법이다. 여러분은 어른들에게 새 친구에 대해 말할 때, 그 어른들이 본질적인 것에 대해 물어보는 것을 봤는가? "그 애 목소리는 어떠니? 그 앤 어떤 놀이를 좋아하니? 나비를 모으지는 않니?" 따위의 말을 하는 법이란 결코 없다. 그 대신 "그 앤 몇 살이니? 형제가 몇이고? 몸무게는? 아버지 수입은 얼마니?" 따위만 묻는다. 그래야만 어른들은 그 애를 속속들이 알게 됐다고 믿는 것이다. 만일 어른들에게 "장밋빛 벽돌로 지은 예쁜 집을 봤어요. 창에는 제라니움이 있고 지붕에는 비둘기가 있고요"라고 말해서는 어른들은 그 집이 어떤 집인가를 생각해 내지를 못한다. 그들에게는 "백만 프랑짜리 집을 봤어요"라고 말해야 한다. 그러면 "아, 참 좋구나!"라고 소리를 지른다.

국민 소득과 행복 지수가 정비례의 관계에 있지 않다는 것은 전

세계 국민들을 대상으로 한 조사에서 자주 거론되어 왔다. 돈이 많은 부자는 모두가 행복할 것이라는 단순 무지한 논리는 틀렸다고 말하면서 왜 교육의 성과는 모두 수치로 판단하려고 하는지 모르겠다.

학교 간의 학력 차이에는 정말 많은 변수가 배경으로 작용하고 있다. 가정환경에서부터 시작된 그 배경은 모두가 사회 구조적인 문제와도 관련되며 우리의 삶에 오래도록 누적되어 온 것이다. 열악한 배경에 처한 아이들을 위해 학교가 할 수 있는 일이라는 것이 고작 학교에 늦도록 남겨서 풀리지 않는 수학 문제를 주입시키고 외워지지 않는 영어 문장을 머릿속에 우겨 넣는 일뿐일까? 교사들을 그렇게 밤늦도록 보충 수업과 야간 자율학습 감독으로 내 몰면서 그것이 공교육의 정상화라고, 그래야지만 공교육이 바로 서고 힘을 얻는다고 사탕발림을 하는 것은 누구인가? 그러면서 그렇게 공교육에 힘을 실어야 한다고 말하는 분들의 자녀는 과연 공교육에만 의존해서 대학을 보내는가. 그렇다면 왜 해외로 유학이나 어학연수를 보내고 있는가 묻고 싶다. 아이들을 먹이고 입히고 가르치기 위해 부모들이 모두 직업에 종사하고 생활에 찌들어 부모 중 누구도 아이에게 이 세상을 지혜롭고 바르게 살아가는 가치관을 가르치지 못하고 가장 기본적인 도덕과 윤리의식마저 심어주지 못하는데, 그것을 뒤로 제쳐두고 수학 문제 몇 문제, 영어 단어 몇 개를 더 가르치는 것은 어떤 교육적 의미가 있을까?

교육은 백년대계라고 했던가?

기본적인 질서의식이나 윤리의식, 가치관이 정립되지 않은 채 얕은 지식을 쌓아 머리 좋은 사기꾼을 양산하는 것에 앞서 진정한 삶의 의미를 깨닫고 인간답게 서로 사랑하고 배려하며 행복하게 사는 길을 누가 가르쳐줄 것인가?

미래에 행복하기 위해 지금 모든 것을 참고 오직 공부만 열심히 하면 된다고, 너희는 아무 것도 신경 쓰지 말고 오직 공부만 하라고, 그래서 부모처럼 이렇게 힘들게 살지 말라고 가르치는 부모가 많다. 하지만 우리 아이들에게도 지금 이 순간에 행복할 권리가 있고, 행복하게 살고 싶은 욕망이 있는 것이다. 미래를 위해 현재를 희생하라는 부모와 미래보다는 현재의 즐거움에 빠져 있는 아이들과의 행복한 합일점을 찾아야 한다. 서로가 다른 능력과 자질을 가진 학생들에게 다 같은 목표를 정해주고 그것을 성취하지 못하면 낙오자가 되어 좌절을 경험해야 하고, 적당히 포기하고 사는 것을 당연히 받아들이게 하는 것이 미래를 위해 우리가 해야 하는 최선인가?

청소년들이 처해 있는 현실에서 이들이 도달해야 할 목표로 동일한 것을 요구하지만 성취할 수 있는 것은 제한되어 있기에 다수의 청소년들이 좌절감을 지닐 수밖에 없는 상황이다.

학교에서 선다형 문제의 폐해를 막고, 서술형, 사고력을 기르고 평소의 학습에 임하는 태도를 평가하기 위해 수행평가를 실시하고 있다. 자녀의 성적에 조금이라도 관심을 가져 본 부모라면 이 수행평가라는 것이 얼마나 아이들을 지치게 하고 수행평가에 온갖 신경을 곤두세우는지 알게 될 것이다. 한 학기에 한 번 혹은 두 번, 성의와 열의가 있으신 과목 선생님들은 여러 차례에 걸쳐 아이들에게 과제를 제시하고 그것을 평가하여 학기말에 수행 평가 점수라는 것을 산출한다. 과목별로 작게는 2개에서 많게는 4~5개의 하위 영역으로 구성된 그 수행평가는 아이들을 친구들과 경쟁하게 한다. 어떤 과제가 주어져도 최선을 다해서 준비하고 그 결과물을 제출하는 학생들은 교사가 보기에도 참 훌륭하고 대견하고, 앞으로 잘 자랄 떡잎쯤으로 여기게 된다. 그리고 그 취지도 참 좋다. 다양한 과제를 통해 학생들이 교과서로만 습득할 수 없는 폭넓은 지식과 경험을 하게 되는 계기를 갖게 하자는 것이다. 하지만 이것에서도 자신들이 가진 가정의 문화와 재력과 부모의 교육에 대한 관심의 정도가 반영되기에 이 역시 문화 재생산의 역할을 톡톡히 하게 되는 셈이다. 또 하나, 수행평가는 상대평가이다. 학급당 비슷한 평균점을 만들어서 격차를 줄여야 하기에 학급 단위로 상대평가를 실시하게 된다. 그렇기 때문에 수행평가를 하다가 보면 어떤 학급은 전체적으로 모두가 열심히 하고 준비를 잘 해서 A, B, C를 가리는 데 애를 먹는다. 반면에 어떤 학급은 전체가 나 몰라라 하는 분위기로 가서 앞의 학급과는 다른 이유로 A, B, C를 가리기가 힘들게 된다. 객관적으로 한다면 앞의 학급에서 B를 받은 학생이 뒤의 학급으로 오면 충분히 A를 받을 수 있는 정도가 된다. 그래서 수행평가에 있어 친구는 타협되어야 할 존재가 아니라 극복되어야 할 존재가 된다. 이렇게 우리 아이들은 경쟁 속에서 살아가고 있다. 쪽지 시험이라도 볼라 치면 몇몇 아이들은 공부는 하지 않았으면서 결과 점수에 대한 욕심이 나기에 몰래 커닝을 한다. 친구는 나의 경쟁 상대이니까.

내가 잠깐 보았던 네덜란드나 독일 학교에서는 아이들의 학습 결과에 대해 절대 평가를 하고 개개인에 대해 정량평가와 함께 반드시 정성평가를 한다. 과목별로 나오는 성적표에는 학기 동안 그 교과목에서 치렀던 시험들과 교사가 수업시간을 통해 관찰한 것에 대해 객관적이고 자세히 기록되어 있다. 다른 아이와 비교해서 잘하고 못한 것이 아니라 학년 초에 비해 어떻게 발전했고, 어떤 부분이 좋아졌는지를 교사가 기록한다. 우리나라에서는 밤 10시, 11시까지 자율학습을 한다고 하면 그때까지 도대체 무슨 공부를 그렇게 많이 하는지 의아해한다. 하지만 유럽 아이들도 평소에 지속적으로 과목별로 평가를 하므로 자신들이 필요할 때 에너지 음료를 마시며 밤을 새기도 하는 것을 보았다. 정말 자신들이 필요할 때 공부하고 계획에 따라 놀 때와 공부할 때를 잘 정해서 생활하는 모습이었다.

상대적 비교와 함께 거듭되는 실패 경험을 증폭시키고 이로 인해 부정적인 정서반응과 동기적 결핍의 양상, 나아가 학습된 무기력을 발생시키는 학습 환경을 조성할 가능성이 높다.

이혼율의 급증으로 우리 가정이 제대로 기능을 하지 못하고 있다. 가정에서 가르쳐야 할 기본적인 교육까지도 이젠 학교에서 해야 한다. 내가 중학교 학생들을 만나면서 그들에게 정말 하찮은(?) 것까지 가르치고 있는 내 모습을 발견할 때 피식 웃음이 나오기도 하지만 어쩌다가 이렇게 되었나 하는 답답함이 더 크다. 예를 들면 여학생들이지만 머리를 잘 감고 다니지 않아 머리에서 냄새가 나고 기름진 상태로 다니는 아이들이 가끔 있다. 물론 친구들도 그 아이를 싫어하고 따돌린다. 하지만 그들의 자존심을 건드리지 않게 조심스럽게 머리를 감고 잘 말리고 학교에 오라고 일러줘야 한다. 그리고 교복 블라우스는 언제 빨았는지 섶에 찌든 때가 그대로 있다. 월요일에도 그런 상태라서 슬쩍 물어보면 새로 빨았다고 한다. 조물조물 찌든 때를 지우는 세탁 방법을 엄마조차도 모른다는 말인가. 또 다른 아이는 교복 블라우스가 수세미처럼 꾸깃꾸깃하다. 그래서 좀 다려서 입으라고 말하면, 집에 다리미가 없다고, 옷을 다려 입는다는 것에 대한 기본 개념이 없는 듯 대답을 한다. 교실에서 치마를 입고도 다리를 있는 대로 벌리고 앉아 있어서 교탁에서 바라보면 정말 민망한 풍경이다. 하지만 그들에게 조신(?)하게 앉아야 하는 것을 누가 가르쳤나? 속옷 챙겨 입는 것부터, 자신의 몸을 간수하는 것에 이르기까지 정말 하나하나 가르쳐야 한다. 어른과 대화할 때 어떤 단어를 써야 하는지, 음식을 먹을 때 어찌 해야 하는지, 쩝쩝 소리를 내며 먹고 있는 아이들을 아무도 고쳐주지 않았다.

하지만 학교에서는 성적을 올려야 하고 학교 등급을 올려야 한다고 시간이 없다고 한다.

기본적인 질서 의식과 윤리의식, 가치관이 정립되지 않은 이런 저소득층의 아이들일수록 성적이 아주 낮다. 교육청에서 말하는 '미도달자'들이다. 이들을 '도달자'의 수준으로 끌어 올리는 것이 교사들의 임무인 양 미도달자의 숫자에 아주 민감하다. 하지만 난 그렇게 생각하지 않는다. 물론 모든 이들이 최소한의 교육이나마 받고 소시민으로서 자신의 삶을 주도적으로 영위할 수 있는 지적인 능력을 갖추도록 하는 것이 공교육의 임무이지만, 장기적인 안목으로 보아야 하는 교육에서 우리가 잊지 말아야 할 것은 바쁜 일보다는 중요한 일을 먼저 해야 하지 않겠는가. 좀 돌아서 가더라도 기본적인 소양을 기르고, 그들이 스스로 자신을 소중하게 여기게 될 때 공부도 할 수 있고, 더 나아가 지적인 소양과 문화인으로서의 교양도 쌓을 수 있지 않겠는가.

우리 아이들을 일렬로 줄을 세우는 것이 아니라, 둥글게 줄을 세워 서로를 바라볼 수 있도록 하면 안 될까? 승자도 패자도 없는 그런 학교는 이상일 뿐인가?

학교는 작은 사회이다. 그래서 그 속에는 부모의 재산이나 삶의 정도, 문화수준에 따라 다양한 아이들이 존재한다. 경제적으로 어려운 학생들 중에는 잘사는 친구들이 가지고 있는 물건이 갖고 싶고 유명 브랜드의 옷을 입고 싶지만 그럴 수가 없다. 과거 우리 학창 시절에 비해 필요하고 갖고 싶은 것들이 너무 많다. 몇 십만 원씩 하는 스마트 폰이 없으면 카톡 방에 참여하지 못해 왕따가 되고, 같은 메이커의 옷도 색깔에 따라 등급이 매겨지는 그런 무서운 사회이다. 대학 입학에서는 배려와 나눔과 협동에 대해 자기 소개서에 기술하라고 하면서 실제 교실에서는 경쟁을 가르친다.

평생을 경쟁하며 살아야 하므로 학교에서부터 훈련되어야 한다고 말하고 싶은 건가?

일리노이주립대 심리학과 에드 디너 교수는 "한국인은 사회 구성원과 자신을 끊임없이 비교해 남을 이기는 것이 행복해지는 길이라고 생각한다. 언제나 '승자'일 수는 없기 때문에 남과 물질적인 면을 계속 비교하다 보면 행복도가 낮아질 수밖에 없다"고 말했다(한국인이여 행복하라, 2011, 조선일보, 9편 1월 21일, 행복에도 국적이 있다 중에서).

비교와 경쟁, 남의 눈치 보기는 우리의 국민성인가.

이 무한의 경쟁으로 치닫는 우리의 아이들을 어찌 해야 하는가?

다중지능이론

인간의 능력, 특히 지적 능력을 측정하고자 많은 노력이 있어 왔지만, 그중에서 획기적인 계기를 마련한 사람이 프랑스 심리학자 알프레드 비네(Alfred Binet)이다. 1904년 프랑스 교육부장관은 비네와 그의 동료 심리학자들에게 '학습 위기(at risk)'에 처한 초등학교 학생들을 판별하여 보충학습을 시키려는 목적으로 이들을 판별할 수 있는 측정도구를 만들어 달라고 요구하였다. 그 결과 탄생한 것이 오늘날 잘 알려진 지능검사이다. 비네가 만든 지능검사는 학생들의 장래 학업성패를 예측하는 것이었기 때문에 교실 수업에서 일상적으로 일어나는 활동들이 요구하는 인지적 과정에 초점이 맞추어졌다. 따라서 비네의 첫 지능검사는 기억력, 주의집중력, 이해력, 변별력, 그리고 추리력에 관련된 인지과정을 측정하는 것이었다. 그리고 지능검사가 가지고 있는 가장 핵심적인 가정은 지능이라고 알려진 인간의 능력을 객관적으로 측정할 수 있다는 것이었고, 이를 숫자로 나타낼 수 있다고 믿었던 것이 사회 통념이었다.

비네가 학생들의 지적 결점을 발견하기 위하여 처음 만든 지능검사는 지속적인 발전을 하여 오늘날에는 전 세계적으로 널리 시행되고 있으며, 대부분 학교에서 누가 학업 능력이 있고 누가 부족한지 등위를 가리는 도구로 자리 매김하게 되었다.

비네가 처음 지능검사를 만든 이후 약 80여 년이 지난 1983년에, 하버드대학교의 하워드 가드너(Howard Gardner) 교수는 그의 저서 『정신의 구조: 다중지능 이론(Frames of Mind: The Theory of Multiple Intelligences)』이라는 책을 통하여 새로운 접근을 시도하였다. 그는 기존의 문화가 지능을 너무 좁게 해석하고 있다고 전제하고, 책명에서 알 수 있듯이 일반 지능과 같은 단일한 능력이 아니라 다수의 능력이 인간의 지능을 구성하고 있으며, 이러한 능력들도 상대적 중요성은 동일하다고 가정하였다. 가드너는 IQ 점수가 함축하고 있는 의미보다 넓은 시각에서 인간의 잠재적 능력을 탐구하였다.

가드너는 개인마다 가지고 태어나는 지능의 구성이 다를 수 있으며, 그 구성을 바탕으로 개개인마다 다른 지능이 계발된다고 생각하며 광범위한 인간의 능력을 음악적 능력(musical Intelligence), 신체-운동적 지능(Bodily-Kinesthetic Intelligence), 논리-수학적 지능(Logical-Mathematical Intelligence), 언어적 지능(Linguistic Intelligence), 공간적 지능(Spatial Intelligence), 대인관계 지능(Interpersonal Intelligence), 그리고, 자기이해 지능(Intrapersonal Intelligence)으로 나누었다. 그리고 최근에 아홉 번째인 실존적 지능(Existential Intelligence)을 제기하기도 했지만, 아직 널리 인정되지는 않았다.

다중지능이론은 첫째, 모든 사람들은 다중지능을 모두 소유하고 있고, 어떤 지능은 매우 발달해 있으며 어떤 지능들은 비교적 발달이 늦다. 둘째, 적절한 자극과 교육이 제공된다면 모든 지능들은 어느 정도의 수준으로 개발시킬 수 있다. 즉 대부분의 사람들은 각각의 지능들을 적절한 수준까지 발달시킬 수 있다. 셋째, 여덟 가지 지능들은 사회 속에서 여러 가지 복잡한 방식으로 함께 작용한다. 지능들은 항상 서로 교류하면서 작용한다. 예를 들어, 요리를 한다고 할 때에, 먼저 요리법을 읽어야 하고(언어적 지능), 이때 요리를 몇 단계로 나눌 때도 있고(논리-수학적 지능), 가족 모두의 취향을 고려해야 하고(대인관계 지능), 뿐만 아니라 자신만이 잘 창출해내는 맛을 자아내게 해야 한다(자기이해 지능). 넷째, 각 지능 영역 내에서도 그 지능을 향상시킬 수 있는 많은 방법들이 있다는 것이다. 어떤 지능 영역에 있어서 지능적이라고 간주될 수 있는 한 가지 표준화된 특성은 없다. 어떤 사람은 읽지는 못하지만, 이야기를 참 잘하거나 다양한 어휘를 갖고 있는 경우도 있다. 운동장에서 달리기는 못하지만, 기민한 행동을 요하는 작업은 잘하는 사람도 있다. 다중지능 이론은 개개인이 가진 독특한 지능을 발휘할 수 있도록 다양하고 풍부한 방법을 추구할 뿐만 아니라 각 지능들 사이의 관계를 통한 지능 향상 방법을 추구한다. 창의성에 대한 논의를 하고자 할 때 가드너의 다중지능이론이 적절하게 적용될 수 있다. 가드너는 개개인을 피상적으로 '창의적이다'라고 지칭하기보다는 개인의 창의성이 어느 영역에서 일어나는지의 여부를 파악하는 것이 바람직하다고 했다. 즉 창의성의 수준을 묻기보다는 어느 영역에서 창의적인지에 관심을 갖는 것이 개개인이 가진 잠재력으로 개인 학습자의 특성을 부각시킨다는 것이다. 모든 아이들은 적절한 교육을 받으면서 개인의 수준과 유형에 맞게 창의성이 신장되고 발휘된다는 것이다.

사람들에게는 다양한 형태의 창의성이 존재하며, 이것은 각 지능과 밀접한 관련이 있고 창의적인 사람들은 어떤 특정 지능 한 가지나 혹은 두 가지 이상에서 뛰어나며, 적어도 두 가지 이상의 다양한 지능들의 조합, 즉 다중지능의 조합으로 그 능력을 나타낸다고 한다. 가드너에 따르면 학교 시험은 언어지능과 논리수학지능이 높은 학생들에게 유리하다. 시험 문제 자체가 언어로 물음을 던지는 까닭이다. 사람들은 많은 지능 가운데 한두 가지 정도만 뛰어난 모습을 보인다. 그렇다면 교육도 여기에 맞추어 이루어져야 한다. 모든 개인에게는 그 사람만의 색깔과 장점이 있으며 자신만의 프로그램이 내장되어 있다고 믿어야 한다.

긍정적 지지를 통한 새로운 관계형성

상하이 푸단 대학에 최연소 교수로 살다가 젊은 나이에 세상을 떠난 위지안은 『오늘 내가 살아갈 이유』라는 책에서 이렇게 말하고 있다.

> 사람이 살아간다는 것은 누군가의 마음에 씨앗을 심는 일과도 같다. 어떤 씨앗은 내가 심었다는 사실도 까맣게 잊어버린 뒤에도 쑥쑥 자라나 커다란 나무가 되기도 한다.

그렇다 사람 사는 일은 '관계'의 연속이다. 희망의 씨앗, 긍정의 씨앗을 한 사람의 마음 깊은 곳에 심는 일이다.

가정이 불안정하고 어머니의 정서가 안정되지 못하면 그 가정에서 자란 자녀들의 심리상태가 몹시 불안정하다. 갈수록 비행 청소년이 늘어가는 것은 가정의 붕괴에 큰 원인이 있다고 본다. 어린 시절 부모나 양육자로부터 충분한 돌봄과 사랑을 받지 못하고 자란 아이들은 친구 관계에 부적응을 보이고 중도탈락, 비행, 우울, 자살 등의 길로 내몰리게 된다. 칭찬에 굶주리고 긍정적 지지에 목말라 하는 우리 아이들에게 칭찬과 지지를 통해 새로운 인간관계를 형성할 수 있도록 도와주어야 한다.

학생들이 가진 작은 장점을 발견하도록 노력해야 하고 그것을 적절하게 표현해야 한다. 사회적 기술, 지적 호기심, 따뜻함, 친구에 대한 성실함, 명료한 언어구사, 자기 환경과 싸우는 용기, 변화하려는 노력, 친구들을 잘 돌봐주는 마음씨, 선생님들의 심부름을 기쁘게 하는 것, 인사를 잘하는 것, 아무리 성적이 저조하고 성격이 나쁜 아이라도 눈에 쉽게 보이는 단점이외에 그 아이만의 장점이 분명히 있다. 그 장점을 알아봐 주는 것이 우리 어른들이 해야 할 일이다. 칭찬에 인색할 필요는 없다. 그러나 말뿐인 칭찬, 상투적인 칭찬은 아이들도 금방 파악한다. 그들이 납득할 수 있는 것, 작은 것이지만 그들의 노력에 대해 칭찬해 주는 것이 좋다. 매일 지각하던 아이가 일찍 등교하면 밝은 얼굴로 맞이하면서 일찍 등교한 그것을 마음껏 칭찬해 주어야 한다. 자신이 조금 일찍 와서 지각을 하지 않은 일이 선생님을 그토록 기쁘게 하는지, 그것으로 인해 받는 칭찬이 이렇게 달콤한 것인지 경험하게 되면 다음에도 그것을 경험하기 위해 최선을 다하려 하지 않겠는가. 자신들이 좋아하는 선생님이나 부모에게서 받은 수용과 지지는 내면에 확신을 주어 자존감을 향상시켜 줄 것이다. 비행이나 우울, 부적응의 많은 문제가 자존감이 낮은 데서 기인한 것을 알 수 있다.

요즘 교실에서 아이들을 만나다 보면 정말 화가 치밀고 더 이상 어떻게 미워해야 할지 모를 정도의 아이들이 있다. 야단을 쳐도 들은 척도 안 하는 것은 물론이고 피식거리고 웃기까지 한다. 야단맞고 있는 자신들을 심각하게 생각하고 싶지 않고 이 상황을 어떻게든 가벼운 것으로 인지하고 싶은 내면의 표현일 수 있다. 하지만 그것을 바라보는 교사는 아주 화가 하늘 끝까지 치밀기도 한다. 교사로서 혀를 깨물고 이 아이를 사랑의 눈으로 보자고 다짐을 해 본다. "○○는 선생님이 야단쳐도 그렇게 해맑게 웃고 있으니 참 긍정적인 것 같구나. 지금 무슨 마음으로 그렇게 선생님을 보고 웃는 거지?"라며 눈을 똑바로 응시하고 기다린다. 대부분은 눈을 피하지만 당돌함이 극에 달한 아이는 끝까지 눈을 피하지 않고 교사와 대결을 벌인다. 속이 삭아서 젓갈이 될 것 같지만 인내심을 가지고 계속 그들의 마음에 집중하고 마음을 물어본다. 하지만 이때 내 스스로에게도 최면을 걸어야 한다. '난 이 아이를 사랑하고 이 아이를 올바른 방향으로 고쳐주어야 하는 어른이고 교사이다.' 이런 생각이 나의 눈빛을 통해 아이에게 전달되기를 바라며 간절히 주문을 왼다. 이런 방식이 성공하든 실패하든 이렇게 수업을 마치고 나면 아이에게 소리 지르고 화를 내고 끝냈을 때보다 내 스스로에 대한 자부심은 더 커진다. 성공률이 10% 미만이지만 그래도 해 보려고 노력한다.

수업 태도가 아주 좋지 못하고 교사에 대한 태도가 불량하고 선생님들께 대들기도 하며 여러 번 문제를 일으킨 학생이 있었다. 내 수업시간에도 교사의 지시에 응하지 않고 눈을 똑바로 치뜨고 교사와 대적을 하려고 했다. 너무 화가 나서 벌점을 줘도 해결되지 않았다. 나는 상담자로서의 내 태도를 반성하고 상담실로 불렀다. 물론 그냥은 오지 않을 테니 담임선생님의 힘을 살짝 빌려서 벌점이 많으니 의무적으로 상담을 받아야 한다며 데리고 왔다. 부드러운 분위기를 조성하기 위해 핫초코도 한 잔 대접하고 편안하게 "요즘 지내기가 어떠냐?"고 말문을 열었다. 그 아이는 시종일관 "몰라요, 괜찮아요. 좋아요"로 응답했다. 지금 이런 상황에 대해서 마음을 물으면, "이런 거 하기 싫어요"라고 눈을 부릅뜬다. 정말 한 대 쥐어박고 상담실 밖으로 내쫓고 싶지만 참고 참으며 "그래, 이런 분위기가 불편하고 싫구나!", "그럼 그냥 편안히 앉아서 핫초코나 마시고 시간 지나면 가자"라고 말하고 그냥 마주 보고 앉아 있었다. 간혹 "지금까지 누가 너의 마음을 물어본 적이 있어?"라고 물으며 큰 진전 없이 한 시간이 흘렀다. 다 마시지 않은 핫초코를 손에 쥐어주며, "혹시 너의 마음에 대해 이야기를 나누고 싶어지면 핫초코 한 잔 마시러 오지 않겠니?"라고 했더니 평소에 보이는 빳빳한 모습에서 한 10%쯤 풀기를 빼고 그러겠다고 선선히 답하고 갔다. 속으로 얼마나 기뻤던지. 그 뒤 복도나 식당 앞에서 마주치면 "핫초코 마시러 언제 올 거니?" 하고 물으면 비교적 누그러진 표정으로 "아, 그렇지, 네 갈게요"라고 쉽게 말한다. 아직 오지는 않았지만 겨울이 지나고 봄이 오면 나를 찾아주지 않을까 기대하고 있다. 아무리 센 척해도 그 속에는 여린 중학교 여학생이 들어 있음을 확인할 수 있었다.

교육의 성과는 작아도 꾸준히 하는 것이 더 중요하다고 생각한다.

교사나 부모는 학생과 자녀를 지지하는 그들 나름의 방식을 찾아야 할 것이다.

구박받고 자란 아이는 주눅이 들어 늘 누군가의 눈치를 살피며 자신감이 없다. 비난받고 자란 아이는 자학하며 어떤 일이 발생하면 자신의 잘못이라고 자신을 탓하며 괴로워한다. 어른이 되어서도 모든 일에 자신감이 부족하고 남의 눈치를 보며 조심스럽게 살아간다. 한 번 두 번 반복되면서 그것이 자신의 패턴이 되어 버린다. 그 패턴이 남은 삶의 모든 태도를 결정짓게 된다.

학교에는 친구들과 어울리지 못하고 교실과 친구 주변을 맴도는 외톨이들이 있다. 그들이 친구들과 어울리지 못하는 이유는 다양하다. 하지만 대부분은 또래 친구들과 관계 맺기에 자신이 없다는 것이다. 어떤 말을 해야 할지 모르겠고, 내가 이렇게 하면 아이들이 나를 어떻게 생각할까 하는 두려움과 망설임. 그리고 언젠가 한 번쯤 경험한 배신의 기억 등이 이 아이들의 마음을 꽁꽁 묶어 두고 있다. 혹은 특이한 행동이나 외모 때문에 아이들이 의도적으로 무시하거나 외면하는 경우도 있다. 이 아이들은 학교생활이 그다지 즐겁지도 않고 모둠으로 활동해야 할 경우가 많은 요즈음의 학교생활에서 자신의 자리를 찾지 못하고 있다. 이들은 자존감이 낮거나 관계에 대한 무의식적인 두려움을 가지고 있다. 하지만 이들은 일부 선생님과는 잘 지낸다. 그들이 관계를 위해 특별히 무엇을 하지 않고 선생님께서 해주는 대로 따라만 가면 되니깐 그런지도 모르겠다. 그래서 난 그런 교사를 이 아이들의 '비빌 언덕'이라고 말한다. 부모로부터 받지 못한 사랑을 경험하거나, 안정감을 느끼면서 새로운 관계 형성을 배우고 경험하게 되는 것이다. 그들 통해 이 세상을 살아갈 수 있는 심리적 기반을 마련하게 된다고 할 수 있다. 사회적 기술이 부족한 청소년들은 자신보다 나은 사람으로부터의 지지와 배려를 통해 새로운 관계 형성의 밭을 일구어 갈 수 있을 것이다.

<알아봅시다>

대상관계이론

대상관계이론에서 대상이란 욕구 충족을 위한 도구가 아닌 '사람'을 의미하며 대상관계란 실제의 사람이라기보다는 내면화된 사람의 표상을 의미한다. 대상관계는 아이와 양육자 사이의 계속적인 상호작용을 통해 개인이 표상을 형성하는 과정과 표상의 특질에 따라 인간의 성격구조 및 대인관계의 기초 양식이 발달하는 과정을 설명하는 이론이다. 아기는 엄마와의 상호작용 속에서 자기 자신과 엄마에 대한 형상을 내면화하고, 이렇게 내면화된 내적 표상은 아이가 자라면서 대인관계를 경험할 때 어떤 틀 또는 여과기로 작용하여 미래의 대인관계 패턴을 형성하며 개인의 성격도 이것에 영향을 받게 된다. 대상관계에서 중요한 것은 외부대상, 즉 어머니의 양육태도와 아동 자신의 타고난 성향이 결합하여 관계의 특징을 규정하는 것이며 이것은 후에 성격의 틀을 이루게 된다는 것이다. 생후 36개월까지의 어린 시절에 가족과의 관계에서 내적인 욕구를 어떤 식으로 해결했는가에 따라 대상관계의 질이 결정되며 이 욕구의 해결과정에서 부모, 특히 어머니와의 관계는 그 후 모든 관계의 기본이 된다고 하였다.

실제 사람들과의 관계를 의미하는 대인관계라 하지 않고 '대상관계'라고 하는 이유는 생애 초기에 돌보는 이와의 상호작용 경험에 의해 자기 표상과 대상 표상이 형성되고 이들 내면화된 사람의 표상과의 관계를 중요하게 여기기 때문이다. 특히 대상관계에서는 내면화된 자기 및 대상 표상과의 관계가 실제 대인관계 상황에서 어떨 때 재현되는가를 중요한 측면으로 본다.

사람에게 타인이란 욕망과 두려움이 투사되는 스크린 같은 것이다. 사람은 절대 타인을 있는 그대로 받아들이지 않는다. 아니, 받아들일 수 없다. 각자 생긴 대로 각자의 정신적 현실 속에서 제 마음을 투사해서 만들어 내는 것, 그것이 타인이다. 그러므로 정신분석의 관점에서 엄밀히 말하자면, 타인이라는 건 존재하지 않는다. 존재하는 건 대상뿐이다. 누굴 만나도 우리는 그 사람에게 나만의 욕망, 나만의 두려움을 투사한다. 타인 즉 대상은 만나는 것이 아니다. 찾는 것, 아니 만드는 것이다. 사람은 사람을 사람으로 대하지 않는다. 대상으로 대한다. 우리 마음속에서 대상이 되는 것은 타인뿐만 아니다. 대상으로서의 타인과 마찬가지로 우리는 마음속에서 나 자신을 사랑하고 미워하고, 기대하고 실망한다. 즉, 우리 마음속에는 '나'라는 대상도 만들어진다. 다른 대상과 똑같이 실제의 나에게 내 마음이 투사되어서, 이런 대상으로서의 나를 정신분석에서는 자기 또는 자기 표상이라 부른다.

인간은 다른 사람을 보며 살아가고 자신의 존재를 확인한다. 옆에 사람이 없으면 다른 대상에서 같은 감정을 느낀다.

※ 충분히 좋은 어머니(Good enough mother)

위니컷이 아동의 성장을 촉진하는 어머니의 역할로 충분히 좋은 어머니의 역할을 소개한다. 충분히 좋은 어머니는 아기의 욕구를 잘 맞춰주고 잘 대처하며 혼자 있을 수 있는 능력과 섬세한 모성에 대한 관심과 같은 긍정적인 성격 특성을 갖는다. 부모-자녀의 관계 속에서 어머니의 양육 행동과 아동 자신이 타고난 성향이 결합하여 관계의 특징을 규정짓는다고 볼 때 어린 시절에 가족과의 관계 내에서 내적인 욕구를 어떻게 해결했는가에 따라 대상관계의 질이 결정된다. 아동이 정서, 행동 면에서 건강하게 발달하려면 충분히 좋은 어머니를 만나 건강한 대상표상을 형성해야 하고 이렇게 형성된 대상 표상은 이후 아동의 대인관계에서 끊임없이 반복되는 중요한 내적 특성으로 자리 잡는다.

교사의 한 마디는 금과옥조

　교사 생활을 오래 하고 남은 것은 제자들이라고 할 수 있다. 교직 생활 동안 평균 일 년에 한 명 정도의 골수(?) 제자가 생긴다고 볼 수 있다. 뜬금없이 연락을 하거나 문자를 보내는 제자들이 가끔 있지만, 그보다 더 자주 일 년에 한두 번은 서로 만나서 밥도 먹고 술도 한잔 마시면서 살아가는 과정을 서로 이야기하고 어떻게 살고 있는지 나누며 지내는 사이를 골수 제자로 정의한다. 그런 제자들은 내가 교실에서 했던 많은 것들을 기억하고 있다. 나는 전혀 기억이 나지 않지만 내가 했던 사소한 말들을 기억하는 경우에는 기쁘기도 하지만 소름 돋도록 무섭기도 하다. 이 아이들은 나에게 좋았던 이야기만 하고 좋은 기억만을 가지고 있기에 나와 좋은 관계를 오래도록 유지하고 있지만, 그렇지 않은 숱한 아이들 중에는 나의 말에 상처를 받고 혹은 크게 좌절한 경우도 있지 않을까 하는 생각 때문이다.

　선생님의 말 한 마디가 아이들의 자의식과 자존감에 아주 큰 영향을 미친다. 부모의 말은 듣지 않지만 그래도 선생님의 한 마디는 곰곰이 생각하고 깊이 새기는 경향이 있다. 어떤 사람은 자신이 미술을 전공하게 된 이유가 중학교 미술 선생님 때문이라고 했다. 미술 시간에 미술 선생님께서 지나치시면서 가볍게 "너 미술에 소질이 있나 봐. 그림을 잘 그리는데!"라고 하셨는데, 자신은 그 말이 하느님의 계시처럼 들리고 결국 미술 전공까지 하게 되었다고 한다. 그 선생님은 그때 그 수업 시간에 그 학생의 그림에서 본 느낌을 그냥 가볍게 툭 한 마디 던졌겠지만, 그것이 한 사람이 진로를 결정하고 삶의 방향을 정하게 된 계기가 된 것이다. 대학 졸업 후 첫 발령을 받았던 남자 중학교에 근무할 때 나를 따르던 아이가 공군 비행사가 되어 어떻게 연락이 닿아 날 찾아온 적이 있었다. 그 녀석은 수첩에서 꼬깃꼬깃하게 접은 종이를 꺼내 나에게 보여주었다. 그것은 기억이 나지 않지만 그 아이에게 내가 적어 주었다고 하는 김춘수의 '꽃'이라는 시였다. 글씨가 분명 나의 것이니 10년쯤 전에 어떤 계기로 그 시를 적어 주었던 모양이다. 그 아이는 중학교 시절 이후로 어디를 가든지 국어는 늘 최고점을 받았다고 한다. 중학교 때 국어 선생님을 잠시 짝사랑(?)했던 것이 이렇게 오래도록 영향을 미쳤다는 것이다. 이처럼 긍정적인 것도 있지만 숱한 부정적인 사례도 많이 볼 수 있다. 교사가 아이에게 친근감의 표시로 가벼운 농담을 섞어 "넌 바보 같아" 혹은 "아유, 못생겼어!"라는 말을 했을 때 평상시 기분이 좋고 선생님과의 관계가 좋을 때는 그저 웃어넘기고 '선생님이 나에게 관심을 보이시는구나'라고 이해한다. 하지만, 정말 공부가 잘 안 되어 답답해하고 있을 때나, 자신의 외모 때문에 고민을 하고 있을 때 그런 말을 들었다면 그것이 그 아이의 가슴에 깊이 새겨져 확신으로 굳어질 수 있기도 하다. 이런 말들을 좌뇌로 들으면 말의 내용이 같은 것이지만 우뇌로 감지되면 미묘한 감정의 차이를 아이는 직감으로 알아차린다. 아이들은 말이 오갈 때의 느낌과 감정을 파악하며 동물적 본능으로 교사의 말을 받아들이기도 한다. 너무 과장한 듯 보이기도 하고 선생님도 사람인데 어떻게 늘 좋은 말, 진지한 말만 하고 사느냐고 하겠지만, 아무리 교사의 권위가 땅에 떨어져도 아직은 선생님의 말이 아이들에게는 금과옥조와 같이 중요하게 작용하고 있다는 것을 늘 잊지 말아야 할 것이다. 농담을 해도, 거짓말을 조금 섞어서 말을 해도 가능한 긍정적인 말을 하거나 표현해주는 것이 좋다고 말하고 싶다. 말이 씨가 된다는 속담처럼 말에는 대단한 예언적 힘이 있다. 심지어 거짓으로 하는 말조차도 자꾸만 반복하다 보면 말한 대로 결과가 저절로 이루어지는데 이를 심리학에서는 '자성 예언(Self-Fulfilling Prophecy)' 또는 '자기 이행적 예언'이라고 한다. 좀 과장되는 표현이어도 자꾸 듣다 보면 그것이 자신의 뇌리에 박혀 자신이 그런 멋진 사람인 듯, 혹은 그렇게 되어야겠다는 내면의 울림이 있게 될 것이기 때문이다. 자아정체감을 형성해가고 있는 우리 10대들에게 긍정적인 신념을 심어주기 위해서라도 교사는 한 마디 한 마디에 신중을 기해야 할 것이다.

대화법

1) 경청

의사소통 능력이 뛰어난 사람은 말을 잘하는 사람보다는 경청할 수 있는 사람이라고 한다. 경청이란 의사소통의 기본 과정으로 상대방의 말에 귀를 기울여 주의하여 듣는 행동을 말한다. 경청은 상대방의 말을 잘 듣는 것이지만, 지식이나 정보를 얻기 위한 목적으로 잘 듣는 청취와는 다른 개념이다. 경청은 말하는 사람의 심리 상태를 이해하고 그에게 도움을 주며 더불어 즐거움을 나누고자 하는 마음에서 시작된다고 할 수 있다. 그러므로 경청을 통해 우리는 타인의 메시지에 초점을 맞출 수 있으며, 타인과의 의사소통에서 완전하고 정확한 이해를 할 수 있다. 상대방에게 나의 관심과 흥미를 보일 수 있으며 상대방의 관심이 무엇인지 중요하게 생각하는 것이 무엇인지에 초점을 맞추고 그 말 뒤에 숨어 있는 마음까지 읽어주려는 적극적인 자세를 가지게 되면, 상대방의 완전하고 개방된 그리고 정직한 표현을 촉진한다. 적극적 경청의 태도는 경청의 중요성을 알고 상대방의 이야기에 집중하여 불확실하거나 이해가 되지 않는 부분에 대해서 질문을 한다든지 상대방의 눈을 응시하고 중요한 부분에 고개를 끄덕이는 등 행동적 표현을 하며 듣는 태도를 말한다.

경청 기술에는 타인의 음성 언어를 경청함으로써 그의 생각, 감정 또는 정서와 관련된 사실이나 사건을 이해하는 측면과 타인의 표정, 손발의 움직임, 몸의 자세 및 생리적 반응 등을 통해 그가 전달하는 메시지를 확인 할 수 있는 두 가지 측면이 있다. 경청 능력에는 타인의 인지적 사고를 이해하고 종합하는 능력뿐만 아니라 타인의 정서적 상태를 인식할 수 있는 공감적 능력도 이에 포함되는 것이다. 적극적 경청을 통해 상대방이 나의 이야기에 깊은 관심과 공감을 나타낼 때 우리는 이해받고 있다는 느낌을 갖게 된다. 이런 점에서 다른 사람의 이야기를 잘 경청한다는 것은 매우 중요한 기술이다.

(1) **적극적 경청**은 화자의 목적, 듣기의 목적에 맞게 충실하게 들어야 하는 것을 의미한다. 정보 전달, 교육과 학습은 이해적 듣기를 해야 하며, 설득은 비판, 평가, 분석적 듣기를 해야 하며, 오락과 사교는 감상적 듣기를 해야 효과적으로 들을 수 있게 된다. 또한 상대방의 말에 집중하는 것은 물론 언어적, 비언어적으로 반응하며 들어야 한다. 상대방의 말에 대답을 하거나 고개를 끄덕이고 환한 얼굴 표정, 눈 맞춤, 앞으로 약간 기울어진 자세 등을 통해 잘 듣고 있다는 메시지를 전달해야 한다.

(2) **공감적 경청**은 상대방의 말, 의도, 감정, 느낌, 욕구 등을 이해하고 마음으로 수용하면서 듣는 것이다. 즉 상대에 대한 평가나 판단을 갖지 않고 상대의 마음에 일어난 경험, 느낌, 욕구를 그대로 수용하고 존중하며 공유하려는 태도이다.

(3) **심층적 경청**은 상대방이 말하는 그대로의 의미에만 반응하지 않고 상대방이 말하고자 하는 깊은 이면의 마음까지 헤아리는 것이다.
이안 시모어는 『멘토』라는 책에서 사람의 귀는 외이(外耳), 중이(中耳), 내이(內耳)의 세부분으로 이루어져 있다고 했다. 이렇게 귀가 세 부분으로 이루어졌듯이 남의 말을 들을 때에도 귀가 세 개인 양 들어야 한다. 자고로 상대방이 '말하는 바'를 귀담아 듣고, '무슨 말을 하지 않는 지'를 신중하게 가려내며, '말하고자 하나 차마 말로 옮기지 못하는바'가 무엇인지도 귀로 가려내야 한다고 했다.

(4) **개방적 경청**은 상대방도 자신과 똑같이 존중받아야 할 대상이라고 마음속으로 인정한 후 들어야 한다는 것이다. 이것은 관점의 차이나, 사회문화적 다름을 인정하고 듣는 것을 말한다.

2) 나 전달법(I-message)

'너'를 주어로 하는 대화를 '너-전달법(You-message)'이라고 한다. '너-전달법'을 이용한 대화는 일방적으로 해결책을 제시하는 명령이나 위협, 충고 또는 해석하는 말투나 심리적 좌절감을 주는 비판, 비교하기, 분석하기, 우롱하기 등 일상 대화에서 방해 요소를 가지고 있다.

(1) 나-전달법으로 말하기
① 상대방의 말이나 행동 등에 대한 나의 생각이나 감정을 전달할 때 나를 주어로 해서 전달한다.
② 상대방의 문제가 되는 행동과 상황을 구체적으로 말한다.
③ 상대방의 행동이 나에게 미친 영향을 구체적으로 말한다.
④ 상대방의 말이나 행동으로 인해 야기된 자신의 감정을 인정하고 이를 솔직하게 말한다. 이때, 부정적인 생각이나 감정에 대해서는 지나치게 강조하지 않는다.
⑤ 내 마음을 전달한 후에 상대방의 말에 경청해야 한다.

(2) 너-전달법의 예
채린: 엄마, TV소리가 너무 커서 공부를 못 하겠어요.
엄마: 넌 공부하기 싫으니 공연히 TV 핑계를 대는 거지?
채린: 아니에요. 해야 할 공부가 아주 많아요.
엄마: 공부 잘하는 애들은 어떤 환경에서든 잘만하더라. 넌 어째 이유가 그리 많아.
채린: 엄마는 만날 TV만 보면서 나보고 공부 잘 못한다고 야단이나 치지.

(3) 나-전달법의 예

채린: 엄마, TV소리가 너무 커서 공부를 못 하겠어요.

엄마: 엄마 이 다큐를 꼭 봐야 하는데 좀 참고 공부하지.

채린: 그래도 자꾸 소리가 거슬려서 집중이 안 돼요.

엄마: 밖의 소리에 신경이 쓰여 집중이 안 되는 모양이구나. 이게 중요한 거라서 나는 꼭 봐야 하는데 조금만 참아줘. 곧 끝 날 테니 그 땐 내가 TV를 끌게.

채린: 그럼 우선 소리를 조금만 낮춰주시면 좋겠어요.

비교

　장애를 딛고 영문과 교수가 된 장영희는 "내가 살아보니 남들의 가치 기준에 따라 목표를 세우는 것이 얼마나 어리석고, 나를 남과 비교하는 것이 얼마나 시간 낭비이고 그렇게 함으로써 내 가치를 깎아내리는 것이 얼마나 바보 같은 짓인 줄 알겠다. 그렇게 하는 것은 결국 중요하지 않은 것을 위해 진짜 중요한 것을 희생하고 내 인생을 잘게 조각내어 조금씩 도랑에 집어넣는 일이다"라고 했다.

　비교는 끝이 없다. 내가 비싼 차를 사면 나보다 더 비싼 차를 타는 사람이 있고, 내가 어느 만큼의 월급을 받아도 언제나 나보다 더 수입이 많은 사람이 있다. 욕심은 끝이 없듯이 비교도 그 욕심을 따라 끝없이 이어지는 것이다.

　한국인의 심리적 특징 중 남과 비교하는 것이 있다. 그래서 유행을 지나치게 추종한다. 남과 다르면 불안하기 때문이다. 청소년들은 특히 비슷해지면서 동질감을 형성하려고 하는 경향이 강하다. 그래서 한쪽에서 어떤 메이커의 옷을 입기 시작하면 정말 빠른 속도로 그 옷이 아이들에게 번져 나간다. 처음 시작은 어디였는지 알 수가 없다. 한동안 유명 등산복 브랜드가 학생들의 계급(?)을 결정한다는 이야기로 사회가 시끄러웠다. 이제는 세 줄이 선명한 트레이닝복의 웃옷이 학생들의 패션을 주도하고 있다. 어떤 사람이 "교육이 산으로 가니깐 아이들이 등산복을 입더니, 이제 학교 폭력을 근절하자고 학교 스포츠 활동을 강조하니 아이들이 모두 운동복을 입고 다니는구나"라고 우스개를 해서 정말 그렇구나 하며 박장대소를 했다.

　몇 년 전에 일명 떡볶이 코트라는 것이 학생들 사이에 유행했던 때에 한 외국인이 지하철을 타본 뒤 한국 사람들은 다 똑같은 옷을 입고 다닌다고 했단다. 유행에 둔감한 사람이라도 지하철을 한 시간 정도만 타고 가면서 오고 가는 사람들의 옷차림을 보면 대충 유행을 짐작할 수 있다. 하지만 내가 유럽에서 3년 동안 살 적에 그들에게서 무엇이 유행인지 쉽게 발견할 수 없었다. 그들은 각자의 개성과 취향대로 옷을 입는다. 남에게 신경을 쓰지도 않는다. 그래서 유럽에서 살다 한국에 들어오면 한동안 아주 촌스러움을 면하지 못한다. 한 6개월은 지나야 한국의 패션(?)에 적응이 된다. 그래서 난 사람들이 유럽 스타일 어쩌고 하면서 그것이 고급스럽고 멋진 것이라는 느낌을 주려고 하면 속으로 웃는다. 유럽 스타일은 한국식으로 말하면 촌스러운 스타일이라고, 전혀 유행과 무관한 자신만의 스타일이라고.

비교의 절정은 아이들과 남편에 대한 것일 게다. 엄친아, 엄친딸이라는 말이 나온 것도 결국 옆집 아이는 어떻고 하는 비교에서 시작된 것이다. 여자들의 대화에서 자식이야기 남편 이야기가 빠지지 않고 그 이야기를 통해 기가 죽기도 하고 반대로 기가 살기도 한다. 자신이 가진 것으로 돋보이기 보다는 자식이나 남편을 내세워 자신이 잘나 보인다고 생각하는 것이다. 이런 비교는 끝이 없지만 그 끝은 허망한 것이 되고 만다.

자존감이 높은 사람은 남과 비교하지 않는다. 자신이 스스로 강하고 스스로를 인정하면 남들과 같아지려고 하지 않을 것이다.

이제 우리는 비교의 대상을 남이 아닌 과거의 나로 바꾸어 보자.

인디언들은 생일이라고 특별히 축하하지 않는다고 한다. 그 대신에 무언가 발전이 되었을 때 그것을 기념하고 축하하는 파티를 열어준다고 한다. 예를 들어 전보다 달리기를 더 빨리 하게 되어 사냥에서 큰 성과를 올렸다든지, 활쏘기 실력이 늘어서 정확하게 명중할 수 있게 되었을 때 주민들을 모아놓고 성대한 파티를 열어 축하해준다고 한다. 이것이 진정한 비교이고 축하해야 할 일이다. 그러기에 미래에 내가 좀 더 나아진 모습을 보이기 위해 노력을 기울이고 자신이 가진 능력을 최대로 발휘하려고 할 것이다. 그러면 이름도 새로 지어준단다. 예를 들어 어린 시절 이름이 "엉금엉금 기어 가"이었다면 "바람처럼 달려"로 이름이 바뀐다는 것이다. 어제보다 나아진 자신을 자랑스러워하고 그 힘으로 최선을 다해 더 나은 미래를 위해 노력하게 될 것이다.

프리드만과 두브라는 실험을 통해 한 개인이 대다수의 집단 구성원과 뭔가 다르다는 사실만으로 집단구성원들이 예외적 이탈자인 한 개인에게 불이익을 준다는 사실을 검증했다. 사람들이 나쁜 일에는 자기와 다른 사람을, 좋은 일에는 자기와 유사한 사람을 선택하는 경향이 있음을 알 수 있었다. 사람들은 자신이 어떤 상태인지를 판단하기 위해 본능적으로 다른 사람과 비교를 하게 되는데 이를 '사회 비교의 욕구(Need for social comparison)'라고 한다. 실제로 많은 사람들이 사회적 비교과정에서 자신보다 타인이 갖고 있는 것을 더 높게 평가하면서 시기심과 열등감을 느낀다. 이는 우울증과 같은 심리적 문제로 이어지곤 한다. 이를 비교의 함정(Comparison Trap)이라 한다.

자기가 하는 일에 대해서는 더 힘들다고 과대평가하면서 다른 사람들이 하는 일이나 노력을 과소평가하는 현상을 심리학에서는 '자기중심적 편파(Eegocentric Bias)'라고 한다.

사람이든 물건이든 그것을 갖고 싶은데 갖지 못하거나 내 손을 떠나 더 이상 사용할 수 없게 되었을 때 가치가 갑자기 상승하는 것을 심리학에서는 '불가용성 효과(Effect of Unavailability)'라고 한다. 소유하고 있는 대상은 언제든지 사용이 가능하기 때문에 가치가 평가절하되며, 갖고 있지 않은 대상은 마음대로 사용할 수 없어 소유하고자 하는 동기가 높아지기 때문이다.

탁월한 경제적 업적은 모두 차별화의 산물이며, 뛰어난 개인들 역시 모두 다수 대중과 다르게 생각하고 행동한다. 다른 사람과 다르게 살고 싶다면 다른 길을 가야 한다. 그래야 자긍심과 자신감을 가질 수 있고, 그것이 곧 행복한 삶으로 가는 중요한 선택이기 때문이다.

한국인의 행복

여성가족부와 한국청소년 정책연구원이 2010년 한국, 중국, 일본 청소년을 대상으로 실시한 '청소년 가치관 국제비교 조사' 결과 '나는 지금 행복하다'라는 문항에 긍정적으로 답한 청소년의 비율이 중국 92.3%, 일본 75.5%, 한국 71.2%로 한국 청소년이 가장 낮은 행복지수를 보였다(여성가족부, 2011). 또한 연세대 사회발전연구소와 한국방정환재단의 연구에 따르면 '어린이, 청소년 행복 지수'의 여섯 가지 영역인 '물질적 행복', '보건과 안전', '교육', '가족과 친구 관계', '행동과 생활양식', '주관적 행복'에서 2011년도 한국 청소년의 주관적 행복 점수는 66점으로 OECD국가 중 가장 낮다고 보고되었다. 반면 '물질적 행복', '보건과 안전'의 영역 점수는 OECD국가와 비교하여 중상위를 차지하고 학업성취와 교육 참여, 고용과 관련된 '교육' 영역은 1위를 차지하였다.

행복에 미치는 영향은 개인적 요인으로는 성별, 건강, 자아존중감, 자기효능감, 자아탄력성, 스트레스로 보며 가족요인으로는 부모 자녀관계, 부모의 지원, 가족구성원과의 의사소통 방식, 부모의 양육태도이며 사회요인으로는 친구 및 교사와의 관계, 학교 및 거주지역의 안전 등으로 본다. 행복이란 단어는 '주관적 안녕감', '주관적 삶의 질', '심리적 안녕' 등의 용어로 혼용되어 사용된다. 생활에서 충분한 만족과 기쁨을 느끼는 마음(국립국어원, 2011)으로 정의하기도 한다.

법정스님은 "행복의 비결은 필요한 것을 얼마나 갖고 있는가가 아니라 불필요한 것에서 얼마나 자유로워져 있는가에 있다"라고 했다. 행복해지려면 갖고 있지 못한 것이 아니라 이미 갖고 있는 것에 초점을 맞추고 그것에 최선을 다해야 한다. 헤겔은 행복은 단지 일회적인 기쁨에서 주어지는 것이 아니라 지속 가능한 상태, 즉 한편으로는 정감적인 기쁨, 다른 한편으로는 의지로부터 기쁨을 야기할 수 있는 상황과 방법들로부터 주어진다고 했다. 다니엘 나네만 교수는 행복은 "하루 중 기분 좋은 시간이 얼마나 되는가에 의해 결정된다"고 했다. 과거가 아무리 행복했어도 지금 행복하지 않으면 자신이 내내 불행했다고 생각한다. 그리고 지금 행복하지 않으면 미래의 행복에 대해서도 부정적이고 기대하지 않는다. 그러니 미래를 위해 지금 무엇인가를 할 의욕이 생기지 않는 것이다. 하루를 살아가는 데 긍정적인 시간, 행복하다고 느끼는 시간이 더 많으면 된다. 하루 종일 스트레스를 받고 힘든 일이 있어도 잠자기 전에 가족들 속에서 행복함을 만끽했다면 자신은 행복한 삶을 산다고 느끼며 잠자리에 들게 될 것이다.

우린 가끔 이런 말을 한다. 행복해서 웃는 것인가, 웃어서 행복한 것인가.

정서상태가 긍정적일 때 뇌는 도파민이라고 하는 호르몬을 대량 방출한다. 학습, 기억, 행동을 관장하는 신경전달 물질인 도파민이 없으면 수많은 문제를 해결할 수 없다. 억지로 든 아니든 일단 웃는다고 판단하면 뇌는 도파민을 분비한다. 도파민이 분비되면 기분이 좋아진다. 웃을 일이 있어서 웃는 것이 아니라 먼저 웃어서 웃을 일을 만들면 된다. 나는 이것을 실험하려고 혼자 운전하고 가다가 실없이 소리 내서 웃어보았다. 조심스럽게 조그맣게 "흐흐흐" 하고 웃었더니 이런 행동을 하는 내가 웃겨서 또 크게 피식거리며 웃게 되었다. 퍽이나 어이없는 행동을 했음에도 그다지 기분이 나쁘지 않았다는 것이다. 그러면서 무언가 바람이 좀 빠지고 어깨에서 힘이 빠지고 가벼워지는 것을 느꼈다.

기분 좋은 사람이 이타적인 행동을 하고 사는 게 재미있고 유쾌한 사람은 창조적이며 타인들과 보다 협조적으로 행동한다. 기분 좋은 상태에서 훨씬 더 과감해진다. 재미와 유쾌한 느낌을 유지하려는 노력만으로도 40%의 행복을 얻어낼 수 있다.

개인 삶의 형태는 긍정적이거나 부정적인 행동특성으로 나타나는
데, 긍정적인 자아 개념을 갖고 있는 사람은 인생에 대한 만족감,
행복감, 자신의 생활에 대한 자신감을 가지고 적극적이고 창의적으
로 역할을 수행하는 반면 부정적인 자아개념을 갖고 있는 사람은
부정적인 자기 태도로 인해 열등감을 가지고 비판적이 되며 소외
감 속에서 자신을 지나치게 의식하여 다른 사람과의 상호작용에
어려움을 겪게 된다.
우리 사회가 행복해지려면 많은 사람이 사랑하고 사랑받는 법을
배워야 할 것이다.

청소년 징계

　학교에는 여러 가지의 교칙이 있고 교사들은 어떤 교칙을 통해 학생들을 올바른 방향으로 지도할 수 있을까에 대해 고민을 거듭하고 있다. 하지만 시대가 변하면서 교칙도 많이 느슨해지고 있다. 과거 우리가 학교 다니던 시절에는 두발 규정이 여학생의 경우 귀밑 2cm라는 식으로 아주 엄격했다. 등교 시각에 교문 앞에 학생부 선생님께서 자를 들고 서 계시다가 머리가 좀 길어 보이는 아이를 잡아 귀 옆에 자를 들이대어 길이를 재고 그 자리에서 머리를 잡아당겨 아주 조금 가위질을 한다. 그러면 그 아이는 그 정도의 길이에 맞춰 머리카락을 자를 수밖에 없게 되는 것이다. 그래서 목이 좀 긴 아이는 머리가 좀 길어도 짧아 보이는 효과가 있는 반면에 목이 짧은 아이는 조금만 머리가 길어도 여지없이 학생부 선생님의 검열에 걸리게 되기도 해서 불평의 원인이 되기도 했다. 하지만 요즘은 머리 길이가 15cm냐 20cm냐를 두고 공방전을 벌이고 매년 학생회장 선거 공약으로 두발 자율화를 제시하기도 한다. 길이만이 문제가 아니다. 펌과 염색이 비일비재하다. 펌을 해놓고도 자신은 곱슬머리라고 우기기도 하고, 염색을 하고도 자신의 머리색이라고 선생님께 우기기도 한다. 교복 바지나 치마를 줄여서 입기도 하고 블라우스 속에 색깔 티셔츠를 받쳐 입기도 하고, 날씨가 추워지면 겉옷으로 패션을 선도하려는 듯 자신들만의 스타일을 과시한다. 다 같은 상표의 겉옷을 비싼 돈을 주고 사면서도 만약 그것을 교복으로 선정해서 입도록 하면 아무도 그것을 입지 않으려고 한다. 정해진 것에 대한 거부와 허락받지 않은 것에 대한 동경은 청소년기의 공통된 마음일 것이다.

우리가 정상의 범위를 정하는 것은 그 기준에 따라 얼마든지 달라질 수 있다.

눈이 모두 한 개밖에 없는 사람의 나라에 간, 눈이 두 개인 사람의 이야기는 흔히 들어왔다. 눈이 하나밖에 없는 사람들에게 오히려 눈이 두 개인 사람이 비정상인이 되는 것이다. 이처럼 우리가 학생들을 대할 때 어떤 기준을 가지고 그들을 보느냐도 아주 중요하다.

우리의 부모들은 요즘 아이들을 정말 이해할 수 없다고 한다. 그야 당연하다. 부모들이 살던 시절에 없던 많은 문화들이 생겨났기에 그들이 겪은 학창 시절의 경험으로는 도저히 이해할 수 없는 일이 많은 것이다. 핸드폰을 잠시도 몸에서 떼어놓을 수 없어 하고, 핸드폰으로 끊임없이 친구들과 문자를 주고받아야 자신의 존재감을 느끼는 아이들, 이어폰을 귀에 꽂은 채 공부를 하는 아이들, 부모들은 염려와 불안의 시선으로 바라본다. 또 아침 등교 시간에 오랜 시간을 들여 머리를 만지고 교복 치마를 고치고, 블라우스나 바지를 줄여서 입는 것을 보면서 학생이 무슨 멋을 저렇게 내는지 혀를 끌끌 찬다. 요즘 아이들 밥은 안 먹어도 머리는 고대기로 펴야 하고 드라이로 말려서 말끔하게 해야 한다. 그러기에 수업 시간에도 머리칼 한 올이라도 흐트러질세라 쉴 새 없이 빗질을 하고 거울로 확인한다.

교사들은 어떠한가. 요즘 사회에 교사의 위상이 많이 떨어지고 수입면에서도 그다지 좋은 직업이 아니라고 해도, 선생님들의 대부분은 학창 시절 모범생들이었다. 오래전에 학교에서 손에 꼽힐 정도로 공부 잘하던 아이들을 보면 남자는 대기업 월급쟁이가 되고, 여자는 학교 선생이 되었다는 동창들의 현황을 보면 알 수 있듯이 대부분의 교사들은 모범생 출신(?)이다. 그러기에 그들의 기준은 정말 엄격하여 좋은 학생의 스트라이크 존이 좁을 수밖에 없다.

청소년들은 시행착오와 방황을 통해 성장하고 사회의 구성원으로서 자리 매김하게 되는 것이다. 고쳐서 바르게 만들어서 써야 하는 것이 성인들과 교사의 책임이다. 하지만 일찍부터 못쓰게 되었다고 버리는 일이 허다하다. 쓸 만큼 쓴 물건은 고쳐 쓰느니 차라리 버리는 것이 더 경제적일 때도 있지만 비싼 물건은 사서 쓰다가 얼마 쓰지 않았는데 잘못되면 AS를 받고 고쳐서 쓰려고 하지 않는가. 하지만 청소년들은 어찌 해야 하는가? 고쳐 쓰는 것이 힘들다고 버려져야 할 것인가? 어떤 명품보다 고귀하고 비싼 우리의 아이들을 그냥 버릴 것인가? 무조건 학생을 징계할 목적으로 학교를 그만두게 하는 것은 최악의 선택이라고 생각한다. 학교를 그만두게 하고 나면 문제가 해결된 듯할 것이다. 교사들은 골치 아픈 아이를 안 보게 되고 다른 아이들에게는 경고의 의미를 주어 교육적 효과가 있을지도 모른다. 하지만 학교에서 쫓겨난 그 아이는 이제 어떻게 될까?

우리 사회에는 청소년은 없고 학생만 있다는 말이 있다. 학교를 그만두고 학생 신분이 아니게 되면 그냥 '청소년'으로서 갈 곳이 그다지 많지 않다. 요즘은 위기청소년에 대한 관심과 해결을 위해 각 시도 교육청과 청소년 상담복지지원센터와 같은 곳에서 많은 연구와 시책을 마련하고 있다. 부모들이 경제적 능력이 되고 관심이 있다면 대안학교에 보내거나 검정고시 준비를 위해 학원에 보내기도 할 것이다. 하지만 그 외의 아이들은 그냥 사회의 저변을 맴돌게 될 것이다. 저학력, 저임금으로 인해 여러 가지 사회적 문제가 발생한다. 고통스럽고 쓰다고 뱉어 버리기보다는 우리가 보듬어 바른 사람으로 고쳐 써야 하지 않을까 생각한다.

자존감과 대처방식

인간은 자존감을 해치려고 위협하는 것으로부터 자신을 보호하려 한다. 사티어는 자신을 보호하려는 방식은 한번 만들어지면 반복적으로 사용하게 되는데, 이러한 방식을 생존방식 혹은 대처방식이라고 불렀다. 대처방식이란 생존을 위협당하는 상황에서 '자기'가 불안, 두려움, 위협감, 분노, 수치심 등을 느낄 때 '자기'를 보호하기 위해 만든 자기보호 행동이며 관계 방식 행동이다. 대처방식은 부모들의 상호작용을 바라보면서 그 과정을 뇌에 저장하고 되새기고 반복하면서 배우게 된다.

1) 회유형

회유형은 다른 사람의 비위를 맞추고자 자신의 가치감을 무시하고 자신의 힘을 다른 사람에게 넘겨주면서 다른 사람의 필요나 요구에 대해 '예'라고 반응한다. 이들은 내면이 약하기 때문에 우유부단함에도 불구하고 우리 사회에서는 외유내강의 사람처럼 여겨지기도 한다. 이들은 자신을 돌보지 않고 다른 사람들을 돌보다 지친 사람들이다. 회유는 자기 존중을 거부하고 자신이 중요하지 않다는 메시지를 사람들에게 보낸다. 무슨 일이나 잘못되면 그 잘못에 대해 책임을 지려고 한다.

어린 시절 나이에 걸맞지 않은 돌봄의 역할을 감당하다 보면 혹은 돌보고 싶었지만 할 수 없었을 때, 자기는 없고 타인을 돌보는 태도가 지나치게 발달된다. 그래서 책임을 과다하게 지려는 경향이 심해지고 이러한 경향성은 타인을 통제하려는 욕구로 발달한다.

이들에게는 자기를 중요하게 여기고 자신을 돌볼 수 있는 힘을 키워주는 것이 가장 중요하다. 이들의 장점은 상황과 상대방의 욕

구를 민감하게 파악하고, 상대방이 원하는 것을 빨리 채워주려는
것이다.

2) 비난형

비난형은 회유형과 반대이다. 이들은 항상 자신들이 옳기 때문에
자신의 권리는 자기가 지키고, 타인들의 변명은 받아들이지 않으며,
자기를 불편하게 하거나 비난하는 것을 용납해서는 안 된다는 신
념을 가지고 있다. 반면에 이들은 상처가 많고, 속은 텅 비어 있지
만 어떻게 해서든지 이를 숨기고자 한다. 이들의 비난하는 행동은
더 이상 상처를 입지 않겠다는 방어라고 볼 수 있다. 이들은 사회
적 인간관계에서도 항상 자기가 옳아야 하며, 힘을 더 가져야 하며,
사람들이 자기에게 순종하여야 한다. 이 유형은 대부분 가부장적이
고 권위주의적이지만 우리 사회에서는 이런 남자를 남자답다, 용기
가 있다고 평가하기도 한다. 이들은 매우 경직된 사고체계를 가지
고 있고 주로 분노나 원한과 같은 감정 외에는 감정을 잘 느끼지
못한다. 이들은 피해의식이 커서 세상이나 다른 사람들이 자기를
해할 것이라고 믿고, 의심과 불만이 많지만 오히려 자신이 피해자
라고 우기면서 다른 사람에게 매우 의존적이다. 이들은 타인에 대
한 배려가 추가되어야 한다.

3) 초이성형

초이성형은 자신과 타인을 무시하고 상황에만 초점을 두는 유형
으로 사고기능이 발달한 사람들에게서 자주 발견된다. 이들은 단
순한 정보와 논리적인 차원에서 객관적인 상황만을 존중하려 하
기 때문에 이들의 합리성이란 매우 편협되고, 왜곡되고, 지엽적이
며, 자기중심적이다. 이들은 감정을 전혀 느끼지 못하도록 차단되
었거나, 혹은 감정은 사치스럽다고 느껴 중요하게 여기지 않는다.
이들은 지나치게 합리성을 강조하기 때문에 상황과 기능적인 측
면에만 초점을 맞추며 자신의 객관성과 논리성의 유무를 따지기

좋아한다. 또한 지극히 주관적인 자신의 판단을 객관적이라고 확신하며, 자기 판단에 근거하여 다른 사람을 평가하려 한다. 이들은 대부분 지적인 일을 중요시하고 또 그런 부분에서 성공하기도 한다. 감정을 억압하는 시점에는 내면에 엄청난 분노가 있기 때문에 외부에서 벌어지는 불의한 상황에 대해 매우 예민하게 반응하면서 정의라는 이름으로 판단하려 한다. 항상 어떤 감정도 드러내지 않은 채 이성적이고 차분하며 냉정하게 자기 생각만을 피력하려고 한다. 결국 이들은 다른 이들의 마음을 이해하지 못하고, 융통성이 없으며, 원칙 중심의 재미없고 강박적인 사람으로 주위 사람들에게 비춰진다.

감정을 느끼고 싶지만 느끼기가 어렵다고 호소한다. 더 나아가 다른 사람의 감정을 잘 파악하지도 못한다. 감정을 못 본 체하면서 모든 것을 머리로 판단하려 한다.

4) 부적절형 - 산만형

지금 의논하고 있는 논제로부터 사람들의 관심을 흩어 놓으려는 숨은 의도를 갖고 있다. 자신들의 생각을 자주 바꾸면서 변화무쌍하게 움직인다. 한 가지 일이나 관심에 집중하지 못하고 대화를 하다가도 앞뒤에 맞지 않게 다른 말을 꺼내거나 행동한다. 일반적으로 유머감각이 뛰어나고 늘 즐거워 보이며 모임에서 분위기를 주도한다. 그러나 내면 깊은 곳에 외로움과 무가치감, 혼란스러운 감정을 느낀다. 생각과 말과 행동의 모든 차원에서 불안한 상태에 있는 것처럼 보인다. 대화할 때 주제에 집중하지 못하고 상대방의 이야기를 무시하거나 질문에 대해 엉뚱한 대답을 하는 경우가 많아서 대화를 지속하기 어렵다. 이들은 긴장감을 견디기 힘들어하기 때문에 산만한 행동을 함으로써 스트레스 상황을 피하려고 한다. 내면이 비어 있고 삶의 의미를 느끼지 못하며, 외로워하고, 때로는 자살을 시도하기도 한다.

5) 자기애적 성향

이들은 오로지 이 세상에 자기만 존재하고 그 외에 어떤 사람도 중요하지 않고, 상황도 중요하지 않다. 이들은 상황이 어떠하든 항상 자기가 옳아야 하고 최고여야 한다. 이들은 자신에게 무조건 긍정적으로 보는 긍정 왜곡을 하고, 타인에게는 비판적인 부정 왜곡을 한다. 이들의 관심을 오로지 자기가 만들어 놓은 이상적인 자기 이미지를 고수하는 데 있다.

※ 자존감과 일치성

일치성 또는 일치적인 상태란 자존감이 높은 사람의 상태로 상황에 맞게 그리고 상대방의 입장도 고려하면서 자기를 표현하는 의사소통 방식을 말한다.

일치적인 사람은 자신의 감정과 만나는 사람이다. 자존감이 높은 사람은 현실지각 능력이 있고, 자신의 충동을 잘 조절할 수 있으며, 좌절을 경험하여도 인내할 수 있고, 자기와 외부와의 경계선도 명확하게 구분할 수 있다. 또 규칙에 의해 자신의 경험을 제한하지 않고, 자기의 내면을 표현하는 것 또한 제한하지 않으면서 생존을 넘어 성장을 추구한다.

① 일차적 수준: 자신의 감정을 솔직하게 표현하는 의사소통에 초점을 두는 상태
② 이차적 수준: 내면의 일치적 상태
③ 삼차적 수준: 각 개인의 생명력의 근원인 '자기'와 생명의 근원인 우주적 영성과의 일치성

일치성은 내면의 일치와 상호작용의 일치, 즉 나와 상대방 그리고 상황의 일치를 뜻한다. 내면의 자동화된 것을 자각하여 점차 무의식과 의식 사이에 불일치의 간격이 좁혀지게 되는 무의식과 의식의 일치까지 도달하는 것을 포함한다. 우리는 무의식에 존재하는 부분들을 좀 더 의식화시킬 수 있을 때, 충동적이거나 반사적으

로 반응하는 일이 줄어들고 좀 더 일치적이 될 수 있다. 일치적인 사람은 자유로운 사람이며 충만한 삶을 살아가며 익숙하지 않은 새로운 가능성에도 도전하고, 자신에게 맞지 않는 것은 과감히 던져버리고 새로운 것을 더 시도한다. 애매모호함을 견디고 자기 자신 이외의 것이 되려 하지 않는다(통합적 사티어 변형체계치료 이론과 실제, 김영애 지음, 김영애가족치료연구소).

교육에서의 기다림

물이 끓기 위해서는 99도까지 기다려야 한다. 99도가 된 뒤 어느 순간 100도가 되면서 물이 끓기 시작하고 수증기가 되듯이, 기다림이 있기에 100도에 이를 수 있고 물이 수증기로 변모하는 것이다.

교육을 하는 사람들이 가져야 할 가장 우선의 덕목이 무엇일까.

사랑보다 앞서는 그것은 '인내'라고 생각한다. 물론 사랑이 없이는 기다려주고 참아주는 것이 불가능하겠지만, 사랑만 있고 인내할 줄 모른다면 교육이 성공하기는 어려울 것이다.

불교에서 모든 사람의 내면에 부처가 있다고 한다. 누구나 자신을 성찰하고 정진하여 득도하면 부처가 될 수 있다고 한다. 융은 우리가 살아가는 것은 자신의 내면에 있는 '자기(Self)'에 이르는 길이라고 했다. 그래서 우리는 살아가면서 인생이 깊어지고 성숙되어 가는 것이다. 꽃들이 그 피는 시기가 있듯이 우리 아이들에게도 다 자신의 DNA 속에 새겨진 때가 있다고 생각한다.

내가 고등학교 3학년 담임을 하던 해였다. 그해도 유난히 공부에 관심이 없고 놀고 싶어 하는 아이들이 많은 학급이었다. 난 담임을 맡으면 학급에 규칙을 그다지 많이 정하지 않는다. 아이들이 꼭 지켜야 할 아주 기본적인 규칙 몇 가지만 정하고 그것을 엄격하게 관리하려고 한다. 규칙이 너무 많으면 그것을 내가 다 관리하지 못하고 관리하지 못한 규칙은 오히려 없는 것만 못하고 아이들이 담임교사의 지도에 일관성이 없음을 느끼게 되면서 말을 잘 듣지 않게 되는 요인이 된다. 그래서 하겠다고 한 것은 꼭 그대로 시행해야 한다. 내가 정한 규칙 중 하나는 아침 등교 시간이다. 학생들과 합의 하에 다른 반과 차별화된, 5분 정도 이른 등교 시각을 정한다. 그리고 등교 시각을 어겼을 때의 학급 규칙도 같이 만든다. 그리고 그 시각에 담임이 교실에서 환하게 웃는 얼굴로 등교하는 아이들을 맞이해주고, 늦는 아이들을 체크해야 하다. 그러면서 동시에 담임이 자신들을 기다리고 있다는 마음을 심어주려고 한다. 우리 동요에 '학교 종이 땡땡땡 어서 모이자, 선생님이 우리를 기다리신다'라는 가사를 우리는 모두 다 알고 있다. 학교에서 선생님이 자신을 기다려 준다는 마음은 아이들에게 중요한 메시지가 되어 학교에 나오게 할 것이다. 어떤 아이는 2학년 때까지 지각을 종종하고 학교 규칙에 무척 자유로웠는데 언제부터인지 교문 앞에 오면 바쁘게 뛰었다고 한다. 과거에는 아무리 늦어도 천천히 걸어서 교문을 통과하고 교실에 느긋하게 들어오는 것이 자신들의 나름 멋이라고 생각하고 살았는데 이젠 그 멋을 포기하고 뛰게 되었다고 한다. 같이 다니던 친구들이 너 왜 안 하던 짓을 하며 교문에서부터 뛰느냐고 핀잔을 주면 자신을 기다리는 선생님 때문에 늦지 않아야 한다고 했단다. 나는 그 말이 정말 고마웠고 교사로서의 자존감을 한껏 높여주었다.

어떤 해에는 1학년 입학 직후 등교시간에 가방에서 담배와 라이터가 발견되어 학생부를 거쳐 상담실로 오게 된 아이가 있었다. 그 아이는 집안도 어렵고 아버지와 둘이 사는데 아버지와의 관계도 좋지 않아 삶에 희망도 어떤 즐거움도 없는 아이였다. 학생지도부에서 내린 징계의 하나로 상담을 3회 이상 받도록 되어 있어 나와 만나게 되었지만, 나는 그 아이가 안쓰럽기만 했다. 그 이후 이 아이가 졸업할 때까지 정말 오랜 시간을 기다렸다. 트럭을 운전하시는 아버지께서 새벽에 일을 나가시거나 지방으로 가셔서 집에 들어오시지 않는

날에는 혼자 일어나지를 못해 학교를 결석하기도 하고, 차비가 없어 학교를 올 수 없다고 하기도 했다. 그래서 아침에 전화를 걸어 잠을 깨워 학교에 나오게 하기도 하고, 가끔 몇 천 원씩 돈을 쥐어 주며 꼭 학교에는 나와야 한다고 신신당부를 했다. 그렇게 3년을 위태위태하게 마치고 졸업을 했다. 그 아이는 졸업을 하면서 선생님께서 학교에서 기다려주신 덕분에 학교를 졸업할 수 있었다고 했다. 그 말이 참 듣기 좋았고 교사 한 사람의 기다림이 이 아이를 무사히 졸업할 수 있게 했다는 것을 체험할 수 있었다. 하지만 공부를 그다지 열심히 하지 않은 탓에 인문계 고등학교를 졸업하고도 대학에 진학하지 못했다. 하지만 1~2년을 이래저래 놀고 어쩌고 하더니 보육교사 양성 학원을 다니며 공부해서 보육교사 2급 자격증을 획득했다. 어린이집에 취직하고, 결혼도 하고 아이도 낳았다. 자신의 꿈은 4년제 대학 유아교육과에 가서 유치원 교사 자격증을 받는 것이라고 했다. 그 남편도 가진 것은 많지 않지만 착해 보이는 남자여서 마음이 놓이고 이젠 고생도 덜하고 행복하게 살 듯하여 교사로서 뿌듯함을 느꼈다.

우리는 기다림에 익숙하지 않다. 뭐든 빨리 빨리, 속전속결의 마음이 온통 우리 사회를 지배하고 있기 때문이다. 조급하다. 하지만 교육에서는 인내심을 갖고 기다려줄 수 있어야 할 것이다. 영화 '늑대소년'에서도 여자 주인공의 그 한 마디 "기다려!"가 늑대와 같은 야성의 소년을 온순하고 눈빛이 맑은 소년으로 바꾸어 놓지 않았는가.

믿어주고 버텨주는 힘이 있어야 한다. 게으른 농부처럼 땅의 힘을 믿고 스스로의 힘으로 꽃을 피울 것이라는 믿음, 시간이 흘러 계절이 다가오면 꽃이 필 것이라는 믿음을 갖고 기다려줄 수 있는 농부의 마음을 가져야 한다. 농부가 아무리 바쁘다고 다그쳐도 꽃을 피우고 열매를 맺는 것은 온전히 꽃씨의 마음이고 나무의 마음이다. 우리에게는 교사로서, 어른으로서 할 일을 다 하고 그들이 때를 맞이할 때까지 버텨주고 기다려주는 마음이 필요할 것이다.

<알아봅시다>

자아탄력성

오래된 종단 연구에서 생물학적 유전성이 강한 정신분열증 부모, 빈곤과 같은 비슷한 위기의 환경에서 어떤 아동은 행동 및 정서에 문제를 나타내고 어떤 아동은 비교적 상처를 덜 받으며 긍정적인 발달을 보였다. 이처럼 동일한 부정적인 자극에서도 융통성 있고 다양하게 반응한다는 것이 밝혀졌다.

탄력성이란 자기조절능력, 문제해결능력, 적응능력을 포함하며 자신을 잘 조절하고 자신의 문제해결능력을 활용하여 주어진 어려운 상황에 적응할 수 있는 개인적 특성, 혹은 개인의 내부 및 외부 문제를 유연하고 여유롭게 대처하고 불안에 대한 민감성을 극복하며 세상에 대한 긍정적인 참여와 긍정적인 문제해결 전략을 통해 이전의 상태로 복귀하게 하는 적응 능력으로 본다.

탄력성(Resilience)은 다양한 환경적 상황에 따라 긍정적인 조절 전략을 사용함으로써 적응력을 높이는 역할을 하며 스트레스 상황에서 긍정적으로 대처하여 빠른 회복을 보이고 자아를 통제하는 개인의 역동적인 능력이다.

일상적으로 회복력, 탄력성, 자아탄력성, 적응유연성, 심리적 건강성, 극복력 등의 용어로 쓰이기도 한다. 탄력성은 상황을 극복하고 만족스러운 삶을 만들어가는 과정에서 핵심적인 요인이다. 탄력성을 유발하는 개인요인은 건강, 자아존중감, 자아효능감, 가족요인은 부부갈등, 가족관계의 질과 부모의 양육행동, 사회요인은 긍정적인 또래관계, 교사관계, 지지적인 지역사회 등이다.

자아탄력성이 높은 청소년은 주변 상황에 대해 긍정적인 지각을 할 수 있고 그에 대한 대처 전략을 많이 지니고 있기 때문에 상황에 대해 유연하게 적응할 수 있고 생활 만족도가 높다고 보고한다.

자아탄력성이 높은 사람은 감정 통제를 잘하며 상황에 대해 낙천적이고 대인관계에서 원만함을 유지하는 특성이 높게 나타나 주관적 안녕감과 깊은 상관이 있다고 하였다.

스트레스와 청소년

스트레스는 현대인들과 친구처럼 늘 함께 생활하고 있다. 정신적, 육체적 건강을 위협하는 최대의 적은 스트레스라고 한다. 현대인들은 "아! 스트레스 쌓여"와 같은 말을 입에 붙이고 산다. 아이들은 그 대신 "아! 짜증 나"라는 말을 더 많이 한다. 짜증으로 표현되는 청소년들의 스트레스는 적절한 해소법을 모르기에 더욱 심각한 현상으로 표출된다.

성장기의 전환점에 있는 청소년들은 급격한 신체변화와 심리발달을 경험하면서 많은 스트레스를 경험하게 된다. 발달 단계상의 과도기적 특성에서 오는 문제뿐 아니라 입시위주, 출세지향의 사회적 분위기 속에서 느끼는 스트레스가 상당히 심각하다. 스트레스와 관련하여 인지적 기능의 감소, 좌절에 대한 참을성의 감소, 공격성, 무력감, 타인에 대한 감수성의 감소, 위축 등이 있다. 이것은 식욕 상실, 체중변화, 음주와 흡연, 약물남용, 폭력, 언어장애, 불면증, 회피행동, 경련, 자살시도 등의 행동적 증상으로 표현되기도 한다.

청소년들의 스트레스는 크게 학교스트레스, 교우스트레스, 자기문제 스트레스, 환경스트레스, 가족스트레스 등의 하위요인으로 나누기도 한다. 이런 스트레스를 조절할 수 있는 것으로 개인의 긍정적 정서와 자아탄력성, 희망 등을 들 수 있다. 사람들은 자신의 목표가 중요하고, 달성 가능하며, 목표에 대한 어느 정도의 통제력을 지니고 있다고 지각하고 있고, 그것이 사회적·도덕적으로 수용될 수 있는 것일 때 희망을 지닌다고 한다. 희망은 낙관주의와 유연한 사고, 문제해결 능력, 낙관주의가 지닌 대응능력을 이해하려는 자기동기화 등이 포함된 개념이다. 희망이 높은 사람은 목표추구 과정에서 발생하는 스트레스를 하나의 도전으로 여기고 목표를 달성하는 대안적 경로들을 만들며 그 경로들을 사용하기 위한 동기를 활성화시킴으로써 스트레스에 대처한다.

자신이 극복할 수 있을 만큼의 스트레스나 열등감은 자신을 발전시키는 원동력이 된다.

모든 사람은 단점이 있고 그 단점을 알고 있다는 것은 이미 그것을 극복할 수도 있다는 것을 의미한다. 그러므로 자신이 가진 단점 때문에 열등감에 빠질 이유는 없는 것이라고 생각한다. 모든 사람들은 그 열등감을 극복하기 위해 자신이 가진 장점을 더 증대시키거나 약점을 보강하기 위해 노력할 것이고 그러면서 더 훌륭한 인격체로 성장할 수 있을 것이다.

우리는 살아가면서 숱한 일을 경험하고 그 일을 통해 자신이 한 단계 발전하기도 하고 좌절하여 주저앉아 버리기도 한다. 여러 가지 게임을 보면 단계를 높여가면서 점차 난이도가 높아지고 그것을 깨기 위해 정신을 집중한다. 그 단계를 깨고 다음 단계로 나아갈 때의 그 성취감을 즐기는 것이다. 삶에서 우리에게 주어진 과업도 이렇게 한 단계 한 단계 극복해 가면서 성공을 이루어 나간다. 내가 바라는 목표보다 너무 낮으면 도전의식이 생기지 않아 건성건성 대하게 되지만 내 능력보다 조금 어렵거나 높은 수준이 나를 자극하고 몰입하게 하며 극복의 즐거움을 느끼게 해준다. 하지만 그 도전이 도저히 나의 능력이나 내가 가진 것으로 감당이 되지 않을 때 좌절하게 되며 좌절이 반복되면 깊은 절망에 빠져 헤어 나오지 못하게 된다. 과부하가 걸린 것이다. 이럴 때는 잠시 자신이 하던 것을 모두 내려놓고 자신의 처음 모습을 바라보는 여유를 가지는 것이 좋다. 영화를 보고 여행을 하고 친구를 만나 수다를 떠는 것도 필요하다. 어떤 경우에는 혼자만의 시간을 가지며 잠을 푹 자고 좋아하는 음식을 먹으며 그냥 멍하게 시간을 보낼 수도 있다. 또한 자신이 할 수 있는 것과 없는 것을 현명하게 구분하고 받아들이는 것도 도움이 되며 그 일이 정말 중요한 것이어서 꼭 해야 한다면 포기하지는 말고 잠시 접어 두었다가 준비가 된 뒤에 다시 시도해도 된다는 여유를 가지면 좋겠다.

<알아봅시다>

스트레스

스트레스라는 말의 어원은 라틴어의 stringer로서 '팽팽하게 죄다'라는 뜻에서 유래되었는데, 17세기경에는 물체나 인간에게 작용하는 힘, 압력, 강한 영향력을 가리키는 뜻으로 사용되어 왔다. 학자들에 의하면 스트레스를 개인의 자원을 과도하게 요구하여 개인의 심리적 복지를 위협하는 것으로 평가되는 개인과 환경간의 특정한 관계로 정의한다. 이 정의에 따르면 어떤 사건이 스트레스로 지각되느냐, 지각되지 않느냐를 결정하는 것은 자극과 반응 그 자체가 아니라 유기체가 환경적 자극을 해석하고 요구에 응할 수 있는 대처자원을 해석하는 방법이라는 것이다. 따라서 부과된 요구가 자신의 대처 능력을 초과한다고 유기체가 주관적으로 지각한 사건만이 스트레스가 된다는 것이다. 같은 사건이 각각의 사람들에게 주어져도 어떤 사람에게는 그것이 엄청난 스트레스가 되지만 다른 이에게는 아무렇지도 않을 수도 있다는 것이다. 이처럼 스트레스가 누구에게나 같은 양이나 같은 방식으로 받아들여지는 것이 아니고, 사람에 따라 사건에 대한 민감성과 취약성에 따라 차이가 나며 그 사건을 해석하고 반응하는 데에도 차이가 있기 때문에 개인들의 인지적 평가는 스트레스의 각 수준들 간에 중요한 심리적 연계가 된다고 하였다.

특히 청소년기는 신체적, 심리적, 사회적 변화가 한꺼번에 큰 폭으로 일어나면서 이에 적응하기 위해 노력하여야 하며 이 과정에서 많은 스트레스를 경험하게 된다. 중·고등학교 시절에 해당하는 청소년기에는 내적인 성취로 인한 스트레스와 부모와 학교에서 받는 성취압력, 입시스트레스 등으로 어느 때보다 더 큰 스트레스를 경험한다. 거기에다 그들은 그 스트레스를 적절히 해결할 수 있는 준비가 되어 있지 않으며 감정의 기복이 심하고 이성보

다는 감성에 치우쳐 판단을 흐리게 하는 경우가 많으므로 다른
발달단계보다 더 큰 스트레스를 몸으로 느낀다고 할 수 있다.
스트레스 수치가 높은 사람이 낮은 사람에 비해 인지능력 점수가
50% 정도 떨어진다는 연구는 많이 나와 있다. 정서를 담당하는
편도체가 부정적인 신호를 보내면 기억을 담당하는 측두엽과 통
합적인 사고를 담당하는 전두엽의 피질도 위축되기 때문이다.

청소년들과 사회

학교는 작은 사회이다. 그래서 그 안에는 부모의 경제적·문화적 수준에 따라 삶의 형태나 질이 아주 다양한 아이들이 함께 존재하고 있다. 집안이 경제적으로 어려운 학생들은 잘사는 학생들이 갖고 있는 물건을 갖고 싶고, 유명 브랜드의 옷을 입고 싶지만 그럴 수가 없다. 요즘 TV에서 보이는 연예인들의 모습이나, 드라마에 방영되는 집들의 모습은 정말 대단히 화려하고 정말 저렇게 사는가라는 의문이 들 정도의 집 구조도 있다. 과거 우리들의 학창 시절에 비해 지금의 학생들에게는 필요한 물건이 더 많다. 드라마의 생활수준도 그들과 맞지 않다. 쉽게 돈을 벌고 싶어 하고, 무엇이든 돈으로 그 가치를 평가하려고 한다. 직업에 대한 가치도 돈, 좋은 남자의 기준도 돈을 많이 버는 남자, 다음에 자라서 어떤 사람이 되고 싶은가 하는 질문에도 돈을 많이 벌고 싶다는 표현을 서슴지 않고 한다. 사회적 가치가 그들에게 영향을 미쳐 모든 가치의 잣대가 돈이다. 청소년들의 이런 가치는 어떻게 형성되었을까?

한 사회는 그 사회를 구성하는 사람들에 의해 수준이 정해진다. 착한 사람이 많은 사회, 질서를 잘 지키는 사람들이 많은 사회는 믿음이 가는 사회가 된다. 선진국이 된다는 것은 국민 한 사람 한 사람의 의식 수준이 높아지는 것이다. 독일에서는 동네 골목에서 자칫 운전을 잘 못하거나 하면 어디선가 할아버지가 나타나셔서 아주 호되게 야단을 친다. 자신들이 가진 기준을 아주 엄격하게 적용하여 다그친다. 옆집에서 낙엽을 쓸지 않아 자신의 마당까지 넘어 들어 지저분하게 만들면 아주 심하게 뭐라고 비난을 해댄다. 독일 교민들 사이에서 독일 사람들을 흉보는 말이 있다. 할머니들이 자신 집 커튼 뒤에 숨어서 사람들을 관찰하고 있다가 무언가 불법 행위가 발견되면 즉시 신고를 한단다. 어떤 한국 사람이 음식점에서 맥주 몇 잔을 마시고 그대로 차를 운전해서 귀가하던 중 몇 킬로미터도 못 가서 경찰의 음주 단속에 걸렸다고 한다. 평상시 거리에서조차 잘 보이지 않던 경찰이 어디서 그렇게 알고 나타났을까 무척 의아해했다고 한다. 그 답은 커튼 뒤 할머니가 건너편 레스토랑에서 나오는 사람들이 술을 마신 듯한데 운전을 하는 것을 보고는 즉시 신고를 한다는 것이다. 좀 섬뜩한 이야기이지만 그들은 스스로가 그런 기준을 엄격하게 지키면서 남들이 규칙을 어기는 것도 그냥 넘어가 주지 않는다. 독일에서 한 번은 일요일에 쉬고 있다가 잔디가 너무 자란 듯하여 남편이 잔디를 깎기 시작했다. 그런데 갑자기 옆집 아저씨가 황급히 담 너머로 우리에게 뭐라고 말을 한다. 그 내용인즉 토요일, 일요일은 일체의 소음을 내면 안 되게 되어 있는데 일요일 낮에 엔진 소리를 내며 잔디를 깎으면 안 된다며 빨리 중지하지 않으면 신고하겠다고 다른 집에서 우리 옆집으로 전화를 했단다. 우리 가족이 독일로 이사한 지 얼마 되지 않았고, 학교에서 받은 문화 강좌에서 낮에 1시부터 3시까지는 절대 정숙해야 한다고만 들었기에 우리는 그나마 3시를 넘겨서 잔디를 깎은 것이다. 주말에는 하루 종일 조용히 해야 한다는 것을 몰랐고 하마터면 경찰에 잡혀갈 뻔했던 경험이었다. 그래서 선진국의 문화 수준을 유지하나 보다. 일본에 여행을 갔을 때 대중목욕탕에서 아주머니들이 자신들이 쓴 목욕 대야들을 얌전하게 정리하고 샤워 꼭지를 제자리에 걸어 두고 나가는 것을 보았다. 그래서 대중목욕탕인데도 아침에 문을 열었을 때의 모습과 크게 다르지 않아 보였다. 하지만 한국 대중목욕탕에서 우리네 아주머니들은 자기 것이 아니기에 아주 자유롭게 사용한 뒤 정리하지 않고 나가 버린다. 그런 귀찮은 일은 돈을 받은 목욕탕 주인이 당연히 해야 할 일이라 생각하는 것이다. 해외 유명 관광지에서 화장실 앞에 쭉 한 줄 서기를 하고 있었는데, 한국 관광객 아주머니 몇 분이 황급히 들어오시더니 줄 서고 있는 사람들을 본 건지 못 본 건지 문이 열리는 화장실 칸을 향해 돌진하는 걸 본 적도 있다. 모두들 황당한 표정을 지었지만 왁자하게 떠들며 화장실을 이용한 아주머니들은 아무렇지도 않게 다시 화장실 밖으로 나가 버렸다. 그때 난 내가 한국 사람이라는 것이 무척 창피하기도 했다. 이처럼 한 사람 한 사람이 모여 사회를 구성한다면 우리 아이들 하나하나를 올바르게 교육하는 것이 미래 한국을 선진국으로 만드는 것이 될 것이라 생각한다.

장기적인 안목으로 우리 아이들에게 올바른 의식구조와 가치관을 심어주기 위해 노력해야 한다. 학생들은 자신들이 선생님들로부터 차별대우를 받는 것에 아주 민감하게 반응하고 선생님들이 여러 가지 이유로 자신들을 차별한다고 불평한다. 하지만 나는 그들에게 당당하게 말하기도 한다. 난 너희들을 이유가 있을 때 차별대우한다고, 예를 들어 청소시간에 헌신적으로 열심히 청소를 하는 학생을 예뻐하지 않는 것은 그 학생에 대한 차별대우이다. 청소를 열심히 하는 학생을 예뻐하고 그렇지 않은 아이에게 야단을 치는 것이 정당한 대우이다. 성실하고 남들이 싫어하는 일을 묵묵히 하고 있는 아이를 선생님이 예뻐해주지 않는 것이 더 차별이 아니냐. 공부를 잘하고 못하는 그 결과를 가지고 차별하지는 않는다. 단 공부에 대한 태도를 가지고는 야단칠 수 있고 차별할 수 있다. 시험기간이 되면 그래도 좀 긴장한 태도를 보이고, 수행평가를 내야 할 때에는 자신이 잘하든 못하든 최선을 다해서 자신이 할 수 있는 것을 선생님께 보여주겠다는 태도로 임한다면 그 평가 결과와 상관없이 그 학생을 나무라거나 다른 학생과 비교해서 차별대우할 수 없을 것이다. 하지만 학생으로서 해야 할 기본 의무도 하지 않고 나 몰라라 하면서 선생님은 나만 야단치고 내가 뭐만 하면 나를 주목한다고 불평을 쏟아내는 아이들을 많이 보게 된다. 공부를 잘하고 못하는 것이 중요한 것이 아니라, 공부라는 과정을 통해 우리가 삶에서 어떤 문제에 부딪혔을 때 그것을 어떻게 극복하고 어떻게 해결할 것인지에 대한 연습을 할 기회를 주어야 할 것이다.

못사는 나라들은 대개 여유롭다. 선진국일수록 더 바쁘다. 가난한 나라들은 아이들이 학교보다는 거리에서 배회한다. 하지만 잘사는 나라일수록 공부 못하는 아이, 공부하지 않는 아이는 대접받지 못하고 설 자리를 잃으며 심각한 사회문제로 다루어진다. 우리 사회는 자신에 대해 마음껏 욕심을 부리고, 꿈을 키우고 그래서 무한히 노력하라고 한다. 그래서 아이들은 어린 시절부터 꿈 과잉에 시달리고 있다. 다들 어린 나이부터 꿈을 가져야 하고 일찍부터 미래를 설계해야 한다고 재촉한다. 그래서 중학생이 되었는데도 꿈이 없고 미래가 확실하게 정해지지 않으면 몹시 불안해하고 무언가 자신이 많이 부족하다고 느낀다. 내가 커리어넷에서 사이버 상담을 하다 보면 상담 내용 중 '꿈이 없어서 불안해요. 난 무엇을 잘하는지 몰라서 답답해요'라는 내용이 많다. 우리들의 어린 시절을 생각해 보면 요즘 아이들은 참 많은 것을 생각해야 하고 미리 준비해야 하기에 많이 피곤할 것이다. 이전보다 인생이 길어지고 그렇기 때문에 긴 인생을 위해 미리미리 준비해야 한다고 하지만 이 논리는 거꾸로 말하면 인생이 길어졌으니 좀 더 여유 있게 준비해도 되지 않을까 하는 생각도 든다. 그리고 요즘 사회 진출 시기도 이전보다 훨씬 늦어지고 있는 추세라면 그렇게 많이 서두르지 않아도 되지 않을까 싶다. 초등학교 시절에 자신의 미래를 확실히 정하고 그런 뒤 자신의 인생 포트폴리오를 준비해서 고등학교 입학과 대학교 입학 전형에 사용한다고 하니 아이들은 정말 바쁠 수밖에 없다.

우리 사회에서 잘못 쓰이는 말 중에 '다르다'와 '틀리다'를 바꿔 쓰는 경우가 많다. '다르다'는 것은 비교가 되는 두 대상이 서로 같지 않다는 뜻이며, '틀리다'는 것은 셈이나 사실 따위가 그르게 되거나 어긋나다는 뜻이다. '다르다'라고 써야 할 곳에 '틀리다'라고 쓰는 우리의 의식을 들여다보면 그 속에 내재된 자기중심적 사고를 알 수 있다. 상대방이 나와 다르다는 것은 나를 중심으로, 내가 맞다고 전제하면 상대방의 것은 기준에 어긋나는 것이 될 것이다. "나는 김치찌개를 좋아한다. 그런데 너는 스파게티를 좋아한다. 그래서 너는 나와 식성이 <u>틀리다</u>"라고 말하게 되는 것이다. 나를 기준으로 나와 다른 것은 다 틀린 것이라고 하는 사회에서 다양성이 존재하기는 어렵다. 그래서 우리는 무언가 '틀리지' 않으려고 '통일'을 좋아한다. 음식점에 가면 다른 사람의 눈치를 보면서 같은 것으로 주문하려고 하고 급기야는 'ㅇㅇㅇ로 통일'이 나오게 된다. 다양성이 존재하는 사회가 아름답고 즐거운 사회이다. 만약 세상에 모두가 나 같은 사람만 산다면, 모두가 같은 성격의 사람만 산다면 얼마나 답답하고 재미없을까 상상해 보자. 그것은 마치 세상에 과일이 오직 사과 하나밖에 없다는 가정보다 더 끔찍한 것이 될 것이다.

<알아봅시다>

MBTI 성격유형

각 다른 사람들이 어우러져 살아가는 세상에서 원만한 소통을 위해서 우선 나를 알고 이해해야 하며 나아가 타인을 알고 이해해야한다. 그런 이해를 바탕으로 소통이 이루어지는 것이다. 그런 소통을 위해 존재하는 성격 유형검사로 MBTI 성격유형검사가 있다. MBTI(Myers-Briggs Type Indicator, 심리유형검사)는 융의 심리유형 이론을 보다 쉽게 이해하여 일상생활에 유용하게 활용할 수 있도록 개발된 것이다. 융의 심리유형 이론은 인간 행동이 그 다양성으로 인해 종잡을 수 없는 것같이 보여도, 사실은 아주 질서 정연하고 일관된 경향이 있다는 데서 출발하였다. 그리고 인간 행동의 다양성은 개인이 인식(Perception)하고 판단(Judgement)하는 특징이 다르기 때문이라고 하였다. 인식은 사물, 사람, 사건 또는 아이디어를 깨닫게 되는 모든 방법을 가리킨다. 판단은 인식한 내용을 바탕으로 하여 결론을 내리는 모든 방식들을 가리킨다. 사람들이 인식하는 방법이 근본적으로 다르고 또 결론을 내리는 방법도 다르다면 반응, 흥미, 가치, 동기, 기술, 관심 등이 다른 것 또한 지극히 당연한 일일 것이다.

MBTI는 인식과 판단에 대한 융의 이론, 그리고 인식과 판단의 향방을 결정짓는 융의 태도 이론을 바탕으로 제작되었다. 개인이 쉽게 응답할 수 있는 자기보고식 문항을 통해 인식하고 판단할 때의 각자 선호하는 경향을 찾고, 이러한 선호경향들이 하나 또는 여러 개가 합쳐져서 인간의 행동에 어떠한 영향을 미치는가를 파악하여 실생활에 응용할 수 있도록 제작된 것이다.

MBTI 검사지는 모두 95문항으로 구성되어 네 가지 척도의 관점에서 인간을 이해하려고 한다. 그리고 그 결과는, E(외향)-I(내향), S(감각)-N(직관), T(사고)-F(감정), J(판단)-P(인식) 중 각 개인이 선호하는 네 가지 선호지표를 알파벳으로 표시하여(예: ISTJ) 결과프로파일에 제시된다. 그러므로 MBTI의 성격유형은 열여섯 가지로 나타날 수 있다(한국MBTI 연구소).

1) ISTJ

조직력과 정확성에 대한 능력이 잘 나타나는 직업 회계, 토목, 법, 생산, 건축, 보건업, 사무직에 적합하며, 보통 감독이나 관리자의 역할로 능력을 발휘한다.

2) ISTP

어떤 주제에 대해 꽤 많은 말을 할 수 있어도 조용하며 표현을 억제하는 편이며, 손재주가 뛰어나고 스포츠와 야외에서 노는 것이나 그들의 감각에 많은 정보를 제공해 줄 수 있는 일들을 좋아한다. 과학 분야, 기계계통, 엔지니어링 분야, 법률, 경제, 마케팅, 판매 통계분야에서 능력을 발휘한다.

3) ESTP

우호적이고 적응력이 있는 현실주의자들. 개방적이며 자신을 포함한 모든 사람에게 관용적이고 긴장을 완화시키거나 갈등을 느끼는 사람들을 화합시킨다.
현실성과 행동과 적응력이 요구되는 직업 - 엔지니어링, 경찰직, 요식업, 신용조사, 마케팅, 건강공학, 건축, 생산, 레크리에이션 등에서 능력을 발휘한다.

4) ESTJ

일을 조직하고 프로젝트를 계획하고 출범시키는 능력이 있다. 업무에 대한 결과가 즉각적이고 눈에 보이며, 실제적인 일을 좋아한다. 자기사업, 행정, 관리, 제조, 생산, 건설 자신들이 목표를 세우고 결정을 하며 필요한 명령을 내릴 수 있는 집행 분야에 적합하다.

5) ISFJ

책임감이 강하고 온정적이며 헌신적이다. 세부적이고 치밀성과 반복을 요하는 일을 끝까지 해 나가는 인내력이 높다. 교사직, 사무직, 서비스나 사람을 돌보는 직업, 정확성과 조직에 대한 강한 관심 때문에 감독직을 맡기도 한다. 세심한 관찰력과 인간에 대한 관심을 연결할 수 있는 직업에 적합하다.

6) ISFP

말보다 행동으로 따뜻함을 나타내며, 마음이 따뜻하고 동정적이다. 깊은 관심을 갖는 일에 대해서 완전함을 추구하고 특히 헌신과 뛰어난 적응력을 필요로 하는 일에 적합하며, 의료, 교직, 예술, 성직, 사회사업, 생산 분야에서 능력을 발휘한다.

7) ESFP

친절하고 수용적이며 현실적이고 실제적이다. 물질적 소유 및 운동을 비롯하여 실생활을 즐기고 상식과 실제적 능력을 필요로 하는 분야의 일을 선호한다. 의료분야 판매, 디자인, 교통과 유흥산업, 비서직과 사무직, 감독직, 기계를 다루는 분야, 간호직 등에서 능력을 발휘한다.

8) ESFJ

동정심과 동료애가 많다. 친절하고 재치가 있으며 다른 사람들에게 관심을 쏟고 인화를 도모하는 일을 중요하게 여긴다. 사람들을 다루고 행동을 요구하는 분야에서 능력을 발휘하며 교직, 설교, 판매, 따뜻함과 동정심을 필요로 하는 환자를 돌보는 의료분야에 적합하다.

9) INFJ

창의력과 통찰력이 뛰어나다. 강한 직관력으로 의미와 진실된 관계를 추구한다. 직관력과 사람중심의 가치를 중시하는 분야에서 능력을 발휘하며 고등교육, 목회, 심리학, 심리치료와 상담, 예술과 문학 분야, 순수과학 연구, 연구와 개발 분야로써 새로운 아이디어와 시도에 대한 열정이 크다.

10) INFP

마음이 따뜻하나 상대방을 잘 알기 전에는 표현을 잘하지 않는다. 책임감이 강하고 성실하며 자신이 지향하는 이상에 대하여는 정열적인 신념을 지니고 있다. 언어, 학문 분야, 작가, 심리학, 상담, 문학, 과학 예술 분야 등에서 능력을 발휘하며, 자신의 신념이 닿는 일이라야 몰두한다.

11) ENFP

열성적이고 창의적이다. 풍부한 충동적 에너지를 가지고 즉흥적으로 일을 재빠르게 해결하는 솔선수범력과 상상력이 있다. 상담, 교육방면, 과학, 저널리즘, 광고, 판매, 성직, 목회, 작가 등에 적합하며, 풍부한 상상력과 영감을 가지고 새로운 프로젝트를 잘 시작한다.

12) ENFJ

동정심과 동료애가 많으며 친절하고 재치 있고 인화를 아주 중요하게 여긴다.

편안하고 능란하게 계획을 제시하거나 조직을 이끌어 가는 능력이 있다. 교직, 사목, 심리, 상담치료, 예술, 문학, 외교, 판매 등에 적합하며, 다른 사람들로부터 인정과 칭찬을 받으면 맡은 일에 열중한다.

13) INTJ

행동과 사고에 있어 독창적이며 내적인 신념과 비전은 산이라도 움직일 만큼 강하다. 가장 독립적이며 단호하며 문제에 대하여 고집이 세다. 직관력과 통찰력이 활용되는 분야 과학, 엔지니어링, 발명, 정치, 철학분야에 적합하며, 복잡한 문제를 다루기 좋아하고 자

신이 관심을 가지는 일이라면 조직력을 발휘하여 일을 추진시키
는 능력이 있다.

14) INTP

조용하고 과묵하나 관심이 있는 분야에 대해서는 말을 잘한다. 지
적 호기심을 활용할 수 있는 분야의 일에서 능력을 발휘한다. 순
수 과학 분야, 연구, 수학, 엔지니어링 분야나 추상적 개념을 다루
는 경제, 철학, 심리학 분야의 학문에 적합하다.

15) ENTP

복잡한 문제 해결에 뛰어난 재능을 지녔으며 지칠 줄 모르는 에
너지를 소유하고 있다.
새로운 도전이 없는 분야의 일에는 큰 흥미가 없다. 관심이 있는
분야는 무슨 일이든지 해내는 능력이 있으며, 발명가, 과학자, 문
제해결사, 저널리스트, 마케팅, 컴퓨터 분석 등에 적합하다.

16) ENTJ

사전 준비를 철저히 하며 계획하고 조직하고 체계적으로 목적달
성을 추진시키는 지도자들이 많다. 비능률적이거나 확실치 않은 상
황에 대해서는 별로 인내심이 없다. 그러나 상황이 필요로 할 때는
강하게 대처한다. 지도자, 통솔자, 정책자, 활동가에 적합하다.

* MBTI 검사를 받고자 하면 한국MBTI 연구소나 (주)어세스타에
  연락하면 된다.

친구와 외톨이

인간은 사회적 동물이므로 태어나는 순간부터 가족관계를 시작으로 무수한 형태의 인간관계를 맺으며 살아가고, 그 관계 속에서 자신의 가치를 확인하고 그것을 통해 자신의 정체감을 형성하고 삶의 즐거움과 의미를 획득하게 된다.

인간의 발달 단계 중에서 가장 급격한 변화를 겪으며 성장하는 청소년들은 인간관계에서도 많은 변화를 경험한다. 청소년들은 대부분의 생활이 학교를 중심으로 이루어지고, 성장하면서 위계적이고 종적인 가족관계로부터 벗어나 다양하고 자유롭고 대등하고 수평적인 인간관계인 친구로 확대되며 그 관계는 스스로 선택하게 된다. 청소년기에 친구들과의 교제는 개인의 성장에 매우 중요한 영향을 미치고, 또래와의 상호관계는 인지적·정서적·사회적 발달에 의미 있는 영향을 주며, 여러 가지 기술과 능력을 획득하는 데 필수적인 역할을 하게 된다. 청소년기의 특성상 청소년들은 친구에게 의존하고 많은 문제를 친구와 의논하고 이해받는 대상으로 친구를 선택한다. 친구들과 어울리지 못하고 친구가 없는 아이들은 자기 자신을 사회적으로 무능하다고 여기며 사회적 성공에 대한 기대가 낮고, 더 우울한 경향이 있다. 친구들로부터 거부당하고 가족의 애정적 지지가 없는 아이들은 점점 더 소외감을 느끼고 심리적·사회적 문제를 일으키게 된다. 특히 적절하고 충분한 사회적 지지를 받지 못하고 또래들에게 인기가 없는 청소년들은 스트레스와 상처를 받기 쉽다. 또래집단에서 거부당한 청소년들은 잦은 결석, 낮은 학업 성취, 공격성, 피해 의식, 낮은 자존감, 우울증, 자퇴 등의 부적응을 보이기도 한다.

청소년기의 인간관계는 성인이 된 이후 계속되는 인간관계에 영향을 미치고 있다고 연구되었으며, 학교 교육의 목표가 사회 속에서 잘 기능하는 인간을 육성하는 것이므로, 학교 현장은 다양한 사회적 관계를 연습하고 성공과 실패를 거듭하여 성장해 나가는 곳이 되어야 할 것이다. 이곳에서의 성공은 미래의 더 넓은 사회에서의 생활을 성공적으로 이끌 수 있는 심리적 기반이 될 수 있기에 더욱 중요하다. 그러기에 청소년기에 겪는 또래 관계의 어려움은 성장한 뒤의 성인 사회에서 또 다른 인간관계의 어려움으로 이어지기도 한다. 이처럼 청소년기를 논의할 때 가장 중요하게 떠오르는 문제가 또래관계, 친구 관계임을 생각할 때 하루의 반 이상의 시간을 보내는 학교생활에서 친구들로부터 소외되어 혼자 지내는 아이들은 그 고통이 무척 클 것이다. 그렇기 때문에 요즘 청소년 사회에서 문제가 되고 있는 집단 폭력, 왕따 현상, 외톨이 등과 관련지어 따돌림의 경험이 있거나, 외톨이 성향이 있는 청소년들에 대한 정확한 이해가 필요하다. 통계 자료에 의하면 중·고생의 40%가량이 왕따 혹은 집단 따돌림의 경험이 있다고 했으며, 특히 여학생은 50%, 중학생의 경우는 48%가 왕따, 집단 따돌림의 경험이 있다고 보고하여 그 심각성이 두드러지게 나타나고 있다.

집단 따돌림이란 두 명 이상의 집단이 약한 학생을 놀리거나 경제적·심리적·신체적으로 공격하는 행동, 그중에서도 겉으로 잘 드러나지 않으며 은밀하고 지속적이고 반복적이며 의도적으로 기능하는 수동적 폭력이나 그런 현상을 말한다. 집단 따돌림의 유형으로는 무시하거나 같이 놀지 않는 것, 욕하고 놀리며 망신을 주는 것, 시비를 거는 것, 다른 사람과 못 놀게 하는 것, 이유 없이 집단으로 약속하고 따돌리는 등 다양한 것이 있다. 왕따라는 말에서 '왕'은 최고라는 뜻이며 '따'는 따돌림의 약어로 '왕따'라는 말은 청소년들 사이에 통용되는 은어였던 것이 사회적으로 일반화된 것이다. 이 말은 '따돌림을 받는 사람'과 '따돌림 자체'의 두 가지를 의미하는 은어로, 단순히 놀이에 끼워주지 않거나 어울림을 기피하는 소극적 의미의 따돌림에서부터 조롱이나 모욕과 같은 언어적 폭력과, 신체적 또는 비신체적인 여러 가지 물리적 위해 행위를 동반하고 있는 것이 보통이다. 또래라는 용어는 비슷한 연령대의 평등한 사람들 사이의 관계에 사용되며, 상호성을 특징으로 하는 쌍방적인 또래 관계를 친구 관계라고 하며, 친구 관계는 두 사람이 상호 선택한 자발적인 관계로 개인적이고 친밀할 관계를 말한다. 외톨이라고 하는 말은 우리 고유어로 매인 데도 없고 의지할 데도 없는 홀몸을 말할 때, '외톨박이', '외톨이', '외돌토리'라고 부르는 것에서 유래한다.

우리 아이들은 자신이 가지고 있는 사회성이나 소속의 욕구를 처음으로 도전받게 되는 것이 친구들로부터이다. 또래는 청소년들에게 자기 자신을 측정하고 점검하기 위한 커다란 투사 스크린의 역할을 한다. 동질감과 많은 정보를 공유할 수 있는 동료집단이며 자신의 타당성을 입증해 줄 수 있으며 소속감과 사회적 통합감을 제공하여 준다. 청소년기에는 가치 있는 타인을 통해 자신의 정체감을 형성하는데 그 타인은 부모, 교사, 친구들이다. 그중에서 친구의 비중이 가장 크다고 볼 수 있다. 부모가 애정적이고 지지적이며 자녀에게 민감하게 반응하고 합리적으로 지도하고 적절한 제한을 할수록 자녀의 또래 관계는 긍정적인 경향이 높아지고, 적대적이고 일관성이 없으며 지나치게 통제할수록 자녀는 부정적인 또래 관계를 보인다고 하였다.

어느 집단이든 집단 속에 녹아들지 못하고 겉도는 사람이 있기 마련이다. 학교에서도 심각하게 집단따돌림의 수준까지 가지 않더라도 학급에서 존재감 없이 떠도는 아이들이 있다. 그런데 이 아이들은 신기하게도 자신들끼리 또 작은 집단을 형성하여 함께 어깨를 기대고 지내기도 한다. 학급마다 한두 명씩의 외톨이들이 학급을 초월해서 함께 밥을 먹으러 가기도 하고 서로를 챙겨주기도 한다. 하지만 그들은 다른 아이들에 비해 사회적 기술이 부족하기 때문에 그 작은 집단 안에서도 자잘한 문제들이 발생해서 서로 싸우고 돌아서기를 반복한다. 어떤 때는 학년을 초월해서 선후배 관계를 맺으며 같이 지내기도 한다.

교육부와 청소년상담복지개발원에서 학교 폭력과 청소년들의 문제를 예방하기 위해 또래 상담자 제도를 만들어서 운영하고 있다. 말이 상담자지만 10시간 내외의 교육으로 그들이 제대로 된 상담자 노릇을 할 것이라 기대할 수는 없다. 하지만 부모나 교사들 보다 가까운 곳에서 손쉽게 어려움이 있는 친구를 도와줄 수 있는 장점을 지니고 있기에 좋고 필요한 제도라고 생각한다. 그들이 자칫 선무당 사람 잡는 식으로 폐해를 만들 수도 있겠지만, 그저 경청하고 공감하는 것만으로도 가까이에서 친구를 도와줄 수 있기에 훌륭한 상담자의 역할을 하기도 한다.

21세기 학교 교육을 어떻게 준비해야 할까?

이 물음에 답하기 위해 "학교 교육을 혁신해야 한다", "융합교육을 해야 한다"라고 할 것이다.

그럼 학교 혁신은 어떻게 이루어야 하는가?

그 답은 다양한 차원에서 나올 수 있고 그런 다양한 분야의 생각들이 하나로 모일 때 진정한 혁신이 이루어질 것이다.

지금 여기에서는 융합형 인재 양성을 위한 측면이 교육 혁신에 대해 말해보고자 한다.

첫째, 교과목의 소통이다. 학생들이 배워야 할 내용을 교과목 별로 잘게 쪼개어 지도하기보다는 교과의 벽을 낮추거나 허물어 통합적으로 가르쳐야 한다.

예를 들어 과학 교과에서 '줄기세포'를 가르칠 때 과학적인 지식으로 생물학적－의학적인 공헌과 같은 내용에서 출발하여 인간과 타 생물과의 관계를 사회교과와 연계하여 가르치고, 생명 윤리문제로 넘어가 도덕 교과와 연계할 수 있다는 것이다. 이렇게 가르치고 배우게 될 때 줄기세포에 대한 지식의 의미와 가치를 자신의 삶 속에서 깨달을 수 있게 될 것이다.

둘째, 이러한 교과 통합의 밑바닥에는 소통과 협력이 가능하도록 민주주의의 원리와 철학이 전제로 깔려 있어야 한다. 융합의 시대를 살아가기 위해서는 소통을 통한 협업이 아주 중요하다. 현재 교육체제에서는 초등학교부터 대학교까지 학생 간의 경쟁분위기가 고조되면서 토론과 협업문화가 발달하지 못하고 있으며, 입시경쟁, 취업경쟁으로 개인주의 성향이 팽배해지면서 융합시대의 관건인 상호협력, 소통의 추세와는 다른 분위기가 형성되어 있다. 이제는 나의 지식을 다른 이의 지식과 소통하고 공유할 줄 아는 민주적이고 협동적인 소양을 갖춘 융합형 사람됨이 필요한 시대이다. 협동적 학습방식은 학생으로 하여금 관심 있는 주제를 선정하고 그 주제와 관련 있는 여러 교과의 맥락을 통합하여 학습하고 경험하게 한다. 그리고 각 교과의 심층적이고 차별적인 성격 혹은 특성에 대해 생각해 보게 하는 기회를 제공함으로써 관점을 선택하는 안목이나 지식에 대한 비판적이고 유기적인 사고 배양을 가능케 한다. 통합 혹은 융합교육에서의 지도 방법은 학생이라는 주체와 교사라는 주체가 교육적 관계 속에서 상호 협동하여 주제를 선정하고 이를 함께 토의하며 함께 배워나가는 교사의 주도성을 인정하는 방식이다. 이런 측면에서 학생 주도적 협동학습과는 또 구별되어야 한다.

셋째, 학교에서의 융합교육은 자연과 인간을 이해하고 존중하면서 시대의 문제를 풀어낼 수 있는 창의적인 교육인간상을 구현하려는 데 있다. 융합교육관은 학생을 타자와 분리하여 인식하는 개체주의적 시각과 세분화된 객관주의적 교과관을 문제 삼고, 시대의 문제를 역사·사회적 맥락에서 보면서 인문학적 상상력과 과학적 방법의 융합을 통해 해결을 모색한다. 그러기 위해 지식의 단순한 전달 기능을 넘어 교사와 학생이 협력하여 능동적으로 지식을 재구성할 수 있는 융합이 새로운 철학과 방식을 강구하고 실천해야 한다.

잡스는 2011년 죽음 직전에 "내 상상력의 원천은 학교에서 배운 IT 기술과 인문학의 결합"이라고 말했다. 잡스가 강조한 융합이란 현실에 구현되는 능력이나 기능(기술), 기술의 한계를 넘어설 수 있게 하는 폭넓은 사고의 지평(인문학), 사람과 사람 간의 소통(인본주의), 그리고 인문학과 과학의 결합이다. 잡스의 가장 중요한 업적이라면 '인문학과 기술의 융합'이다. 그는 최첨단 기술에 인문학적 가치를 부여하여 인간친화적인 기계를 만들었다. 잡스가 내놓은 IT 기기와 서비스는 단순히 편익을 위한 도구에 그치지 않고 사람과 사람, 사람과 콘텐츠를 유기적으로 소통시키는 매개체 역할을 했다.

이젠 학교도 창의와 혁신을 위한 지식의 융합방안을 고안하고 이를 생산적으로 학습할 수 있는 지원체제 변화를 모색해야 할 것이다.

넷째, 교과과정에 학생들의 리더십활동, 인문학과의 교류, 봉사활동 등이 포함되어야 한다.

경쟁은 점차 치열해지고 있다. 같은 교실에서 책상을 나란히 하고 같이 공부하는 친구를 이겨야 내신 등급이 더 올라가기 때문이다. 그래서 삶에 여유가 없고 피폐해졌다. 이젠 계층 상승을 위한 교육이 아니라 협력과 나눔을 통한 미래 창조형 인재 교육이 실천되어야 한다.

다섯째, 지식을 바라보는 시각과 함께 구성원들의 인식의 변화가 있어야 한다. 다시 말해서 지식을 담고 있는 교과 간의 융합만이 아니라 그 융합정신을 교사들이 공유하고 학교장은 이에 대한 이해와 리더십을 발휘해야 하며 학생들 역시 새로운 시도들을 적극적으로 수용하고 익히는 전체적인 협력 체제가 필요하다. 그중에서도 교과 간의 통섭과 융합은 가장 중요한 과제가 된다.

여섯째, 인간의 내적 그리고 외적 관계의 질은 그의 인격의 질과 밀접한 관련을 맺고 있다.

따라서 교육은 '인간의 내적, 외적 관계의 의미 구조를 파악하고 그 관계를 증진시키는 일에 관심을 가져야 한다. 하지만 우리의 교육 상황에서는 교사와 학생, 학생과 학생, 교사와 학부모의 인간관계뿐만 아니라 교과와 교과간의 유기적 소통과 대화가 부족하다. 또한 교육의 문제가 총체적인 사회문화적 관계 속에서 생긴 것임에도 불구하고 정치, 경제, 문화 등과의 소통을 통한 해결책 마련보다는 교육계 자체만의 노력으로 해결하려고 해서 번번이 실패하는 경우가 많다. 이제 학교는 유일한 정답을 찾아내는 교육 방식에 머물러서는 안 된다. 다양한 분야를 융합해서 다양한 사유과정을 통해 다양한 해결 방법을 제시할 수 있는 융합형 인재를 양성해야 한다.

창의인 아이로 기르기

창의성

1) 창의성이란

현대사회를 살아가기 위해서는 역동적 변화를 긍정적으로 받아들이는 개방적 마인드가 필요하다. 이 개방적 마인드는 새로움과 독특함을 인정하는 것이다. 또한 오늘날 지식과 정보의 홍수 속에서 새롭고 참신한 아이디어를 필요로 한다는 것이다. 이런 현실에서 개인의 적응 및 교육적·사회적인 측면에서 인간의 보편적인 특성으로 창의성이 일상생활 속에서 어떻게 발휘되고 성장될 수 있는 지에 대한 관심과 연구가 필요하다. 모든 인간이 어디서 어떤 활동을 하든 항상 창의적으로 생각하고 이를 실천에 옮겨 자신의 행복한 삶을 영위해야 한다는 점에서 창의성 교육이 중요한 화두로 떠오르고 있다. 인간의 보편적 능력인 창의성은 인간 내면에 이미 존재하는 것이지만 대부분의 사람들이 창의성을 가로막고 있는 장벽으로 인해 자신의 내면에 창의성이 있다는 점을 망각하고 있다.

창의성이란 새롭고 적절한 산물을 산출할 수 있는 능력이며 새로운 관계를 지각하거나 비범한 아이디어를 산출하거나 전통적 사고유형에서 벗어나 독창적이면서 유용한 일을 해내는 능력이라고 할 수 있다. 따라서 창의성은 종합적인 사고의 과정이며 환경적 특성에 따라 역동적으로 변화 가능한 잠재능력으로 정의되기도 한다. 과거에는 창의성을 소수의 특정한 사람만이 가지고 있는 선천적인 특성으로 인식하였지만 최근에는 창의성이란 모든 인간이 가지고 있는 보편적 특성으로 교육을 통해 창의성 발달이 가능하다는 연구들이 나오고 있다.

창의적인 것은 기발하고 그러면서도 유용한 것을 말한다. 기발하다는 것은 기존의 것과 다르며, 비범하며, 특유하다는 의미를 내포한다. 그러면서도 창의적인 것은 현실에서 유용하거나 가치 있는 것이어야지 단순히 괴상하기만 해서는 안 된다. 그러므로 창의성이란 '기발하고(새롭고) 유용한 해결책을 찾아내는 사고과정'이라고 정의할 수 있다.

2) 다품종 소량화 시대, 다름을 인정하는 창의성

지금 우리나라에서 진행되고 있는 교육 개혁의 많은 과제 중의 하나가 창의성 육성인데, 21세기에 살아남을 효율성이 좋은 인간을 기르려면 교육을 개성화해서 창의성을 육성해 주어야 한다. 해방 전 일제하에서부터 광복된 지 반세기가 지난 오늘까지도 우리 교육은 획일화의 틀에서 한 발자국도 벗어나지 못하고, 초등학교부터 좋은 대학 입학이라는 궁극적 목표를 향해 나아간다고 하겠다.

산업화 시대에 우리는 공장에서 한 가지 품목으로 대량생산을 했다. 공장에서 생산되는 엄청난 물량 덕분에 많은 사람들이 비슷한 물질문명의 혜택을 누리며 살게 되었다. 하지만 이제는 다품종 소량화 시대가 되었다. 소위 명품이라는 것이 비싸게 팔리고 더 비싼 값을 주고도 한정 수량의 물건을 사고자 하는 사람들이 늘어나고, 장인이 한 땀 한 땀 정성스럽게 수제 제작을 한 물건이 엄청난 가격에 팔리고 있다. 이것은 획일화되었던 것에서 다른 사람과는 차별화된 나만의 어떤 것을 갖고 싶어 하는 욕망의 발현이라고 볼 수 있다.

획일화란 모든 학생을 하나의 이념적 틀, 인간형의 틀, 혹은 '유능'이라는 개념 틀 속에 묶어 두고 교육하는 것을 말한다. 이러한 틀로 인해서 개성이 뚜렷하고, 다소 이질적이고, 속된 말로 '튀고 별난' 학생은 항상 교사와 학교로부터 지목당하고 일탈자로 다루어졌던 것이다. 별난 학생, 괴짜 학생, 개성이 뚜렷한 학생들이 숨을 죽이고 사는 교육 풍토에서는 결코 창의적인 학생이 생존할 수가 없고 성장해갈 수가 없다.

한국인의 집단 지향성 혹은 높은 동조 성향(conformity), 즉 남들이 하듯이 해야 하고 많은 사람들이 하면 따라 하지 않으면 못 견디는 성향 때문에 자연히 가정, 학교, 사회가 획일적인 틀에 묶이게 된다. 이 획일적인 틀에 들어가지 못하는 학생들이 좌절하고 소외당함으로써, 개인적으로 더욱 성장할 수 있는 잠재력을 가졌음에도 그 가능성을 박탈당하게 된다. 오늘날의 학교 폭력, 청소년 비행, 범죄도 이 획일화가 부른 부산물의 하나인 것이다. 이런 각도에서 교육 개혁은 획일화를 극복하고 개성화와 다양화로 방향을 잡고 있는 것이다.

3) 학력보다 창의성

지금까지의 교육이 학력(學歷) 중시 교육이어서 누구나 대학으로 진학하려고 하고, 누구나 일류 대학으로 진학하려고 하니, 치열한 경쟁 체제가 조성되고, 고액 과외비가 소요된다. 그 위에 대학원, 박사 인플레를 가져와서 고학력 실업 사태를 불러일으키는 부작용도 가져오고 있다. 교육제도, 대학 입시제도, 거기에 가족 이기주의가 상승해서 고학력 풍토를 부추겼다고 할 수 있다. 학력 편중의 폐해가 진학 경쟁의 최종 목적지인 대학에 들어가기 위한 치열한 경쟁을 부추기고, 이 경쟁에서 밀려난 젊은이들을 좌절의 구렁텅이에 빠뜨리게 되는 것이다.

미래 사회는 다분히 학력 파괴 사회가 될 것으로 본다. 거기에는 세 가지 이유가 있는데, ① 학력이 높다고 그만큼 창의적이라고 할 수 없고, ② 고학력에 투자한 비용만큼 효율성이 적고, ③ 정보화 시대는 정보 접촉이 완전히 개방되어 있기 때문이다. 몇몇 전문직(예컨대, 의사, 과학자, 교수 등)을 제외하면 학력보다 능력이나 업적을 중시하게 될 것이며 고학력에 대한 매력은 줄어들 것이기 때문이다.

4) 정서의 뇌, 좌우의 균형

인간의 뇌는 3층으로 구성되어 있다. 호흡, 체온 등 생명 유지를 담당하는 뇌간이 1층에, 희로애락의 감정과 욕구를 담당하는 변연계가 2층에 자리 잡고, 마지막으로 3층에는 생각하고 판단하며 충동을 조절하는 대뇌피질이 있다.

엄마의 몸속에서 1층을 지은 아이는 15~20년 동안 감정의 2층을 짓는다. 1층과 2층의 기초 공사가 된 뒤에 3층 지성의 영역을 짓게 된다. 기초 공사가 부실한 건물이 얼마나 오래 버틸 수 있을까. 하지만 부모는 그들을 제대로 돌보지 않고 정서의 뇌보다 먼저 지식을 쌓기에 여념이 없었다. 잘못된 것을 되돌리는 데는 그 두 배의 시간이 필요하다고 한다.

지난 1981년 로저 스페리(Roser Sperry) 교수는 대뇌 반구의 기능적 분화 연구를 통해 노벨상을 수상했다. 스페리 교수는 1960년

대 말, 인간의 뇌는 왼쪽과 오른쪽의 반구 두 개를 가지고 있으며, 두 개의 반구가 서로 전혀 다른 기능을 하고 있다는 사실을 밝혀 냈다.

왼쪽 뇌는 논리, 이성, 오성, 이해를 담당하고 있다. 언어와 논리, 분석 기능이 이 부분에 의해 좌우되며, 뭔가를 추상화하고 세부화하며, 계산하는 것 등도 이곳에서 담당한다. 한편 오른쪽 뇌는 우리의 감정을 담당한다. 창의성, 호기심, 직관 그리고 혁신적인 사고를 이곳에서 담당하며, 특히 구매를 하고자 하는 충동과 사물을 전체적으로 파악하는 능력도 이곳에 위치해 있다. 우리가 외부 세계로부터 뭔가를 받아들이게 되면, 왼쪽 뇌는 이와 관련된 내용이 이미 저장되어 있는지를 즉각 검토한다. 만약 이미 저장되어 있다면 왼쪽 뇌는 저장되어 있는 내용이 새로 받아들인 정보와 일치하는지를 따져 보는데, 일치하지 않는다면 새로운 정보는 엄격한 검열을 받게 된다. 전반적인 교육 및 직업 훈련 구조상 우리는 왼쪽 뇌가 훨씬 더 크게 발달될 수밖에 없다. 저장되어 있는 지식을 계속 불러오도록 요구하고 있는 학교에서 창의력은 뒷전으로 밀려난다. 학교에서 중요한 것은 '예' 또는 '아니오'인 것이다. 우리는 정답 또는 오답을 말하고, 그에 따라 상이나 벌을 받게 된다(즉 점수가 매겨진다). 현 제도에서는 호기심과 창의성, 직관이 자리할 곳이 없었다. 하지만 미래는 이와 다르게 전개될 가능성이 높다. 경쟁이 더욱 치열해지고, 압력이 더욱 강해지고 비교가 더욱 많이 이뤄지는 세상에서는 다른 사람들과 똑같은 것은 중요하게 여겨지지 않는다. 이런 세상에서 중요한 것은 다른 사람들과 다른 존재가 되고 새로운 것을 발명하고 창조적이 되는 것이다. 좌뇌와 우뇌의 균형 있는 발달이 가장 창의적인 인간을 만들어 낼 수 있다는 연구들이 많이 있다. 통합된 뇌를 선호하는 집단의 창의성 점수가 가장 높게 나왔다는 결론이다.

학교의 주입식 반복교육을 통해 자신을 다른 무엇인가에 적응시키고, 남들이 우리에게서 기대하는 바로 그것을 행하고, 버튼을 눌러 원하는 정보를 불러오도록 철저하게 훈련된 아이들이 언젠가는 분명히 남들을 지시할 수 있는 자리에 앉게 될 것이다. 문제가 되는 것은 그 때는 주어진 지식을 받아들이고 다시 버튼을 눌러 원하는 정보를 불러오는 것이 더 이상 중요하지 않게 되는 딜레마가 생기게 된다는 것이다. 오히려 이제는 창조적이 되고, 동기를 부여할 수 있으며, 새로운 과정과 맞닥뜨리는 것 등이 더 중요하게 될 것이기 때문이다.

이제는 좀 더 여유를 갖고, 보다 넓은 시각을 가져야 할 필요가 있다. 보다 높은 곳을, 보다 발전된 미래를 위해서는 창조적인 사고, 즉 우뇌의 발달에 주의를 기울여 보는 것이 필요하다. 그렇게 함으로써 뇌의 균형을 통해 이성적이면서도 창조적인 미래를 보다 적극적으로 설계해 나갈 수 있게 될 것이다.

<알아봅시다>

창의성

◆ 창의성을 구성하는 요소에는 어떤 것이 있을까?
창의성은 창의적 사고기능(인지적 기능)과 창의적 성향(정의적 특성)으로 구분된다.

1) 창의적 사고(인지적 기능)

창의적인 산물을 만들어 내는 기본적인 사고 과정으로 각 개인이 나름대로 아이디어 또는 작품을 독창적으로 생각해 내고 기존의 규칙에 얽매이지 않고 때때로 엉뚱한 생각을 하면서 관습적인 사고과정에서 벗어나서 유용한 아이디어를 만드는 것을 의미한다.

창의적 사고 기능의 구성 요인들은 문제에 대한 **민감성**, **유창성**, **융통성**, **독창성**, **정교성**을 들 수 있다. 문제에 대한 **민감성**이란 다른 사람이 잘 깨닫지 못하는 일에 대해 문제를 생각해 내는 능력이다. 그냥 넘기기 쉬운 일상적인 상황을 유심히 관찰하거나 문제 제기를 하는 것, 약간의 변화에도 관심을 가지고 반응하는 것 등이다.

유창성이란 제한된 시간 내에 문제 상황에서 얼마나 많은 양의 아이디어나 해결책을 만들어 내느냐와 관련이 있다. 질적으로 우수한 아이디어가 아니라 양적인 풍부함을 의미한다. 예를 들어 코끼리를 냉장고에 넣는 방법에는 무엇이 있는가라는 문제에 할 수 있는 한 많은 아이디어를 내는 것을 말한다.

융통성이란 어떤 문제나 아이디어를 가지고 문제를 해결할 때 한 가지 방법에 집착하지 않는 것을 말한다. 많은 대안적 사고를 할 수 있는 능력으로, 여러 관점으로 상황을 볼 수 있고, 한 가지 방법으로 해결할 수 없을 때 계속적으로 다른 아이디어를 접목시켜 보는 것이다.

독창성이란 기존의 사고, 구태의연한 사고에서 벗어나 참신하고 독특한 아이디어나 해결책을 만들어 내는 것이다. 기존의 것보다 가치 있고 유용한 산물을 만들어 내는 것으로, 양보다는 질적인 면이 중요하다.

정교성이란 은연중에 나온 아이디어를 발전시켜 좋은 아이디어가 될 수 있도록 정교화시키는 능력이다. 기존의 지식이나 생각에 무엇인가를 추가하고 확장시키는 능력이다.

2) 창의적 성향(정의적 특성)

창의적 사고력이 창의적 성취를 위해 작용되는 과정에서 개인에게 요구되는 태도로 개방성, 과제에 대한 집중력, 호기심, 자발성, 자기신뢰감, 민감성, 모험심 등이 그 예라고 할 수 있다(한국교육개발원, 2005, 창의성교육프로그램 개발연구 보고서, 서울: 경희정보).

창의적 성향의 구성 요인은 **민감성, 자발성, 독자성, 근면성, 호기심, 변화에 대한 개방성** 등이다. **민감성**이란 주변의 환경에 민감하고 이를 통해 새로운 탐색을 할 수 있는 것이다. **자발성**은 문제 상황에서 자발적으로 아이디어를 산출하려는 성향이나 태도이다. **독자성**은 자신이 생각해 낸 아이디어의 가치를 인정하고 다른 사람들의 평가에 구애받지 않으려는 성향이나 태도이다. **근면성**은 문제를 해결할 때까지 끈기와 인내를 가지고 지속적으로 탐색하려는 성향을 말한다. **호기심**은 주변의 여러 문제나 사물에 의문을 갖고 끊임없이 의문을 제기하는 성향이다. **변화에 대한 개방성**은 이 세상의 변화를 인정하고 이 변화에 적응하려는 자발적인 태도를 의미한다.

왜 창의성인가?

미국 뉴멕시코 대학의 페트리샤 보버리(Patricia Boverie) 교수는 현대사회는 창의성의 시대로 들어섰으며 이 시기에 가장 중요한 것은 개인의 창의적인 능력이고 따라서 앞으로는 창의적인 인재를 찾기 위한 '인재대란'이 올 것이라면서 후세대들에게 교육을 통해 융합/통섭의 개념을 심어주어야 한다는 점을 강조하였다.

개인이 꿈을 지닌다면 조직은 비전을 지니게 된다. 꿈을 품은 사람이 인재라면 조직의 비전을 제시하는 사람이 리더인 것이다. 스스로 새로운 생각을 할 수 있음은 결국 창의력을 뜻한다. 기술 창조형 인재를 위한 교육의 핵심은 창의력을 개발하는 교육이다.

1) 창의력은 일을 주도할 수 있는 실력이다

글로벌 인재는 새로운 일을 개척하거나 같은 일이라도 새로운 방법으로 풀어나갈 줄 아는 사람이다. 결국 창의성이란 남의 뒤를 따라가는 기술자가 아닌 '앞서가는 전문가'가 되기 위해 필요한 것이다.

창의력의 핵심 요소는 튼튼한 기초 지식, 애매한 상황을 헤쳐 나갈 수 있는 퍼지 사고력, 문제해결 대신 문제를 제기할 수 있는 호기심, 백 번 틀리고도 기죽지 않고 백한 번째 다시 일어설 수 있는 긍정적 자세, 안락함에 만족하지 않고 낮은 성공률에 도전할 수 있는 모험심이다.

창의력이란 무에서 유가 나타나는 우연의 일치를 뜻하지 않는다.

자기 마음대로 생각하는 공상이나 상상력이 아니라 모두가 공감할 수 있는 기본 위에 세워진 새로운 발상이어야 하기에 탄탄한 기초 지식이 뒷받침되어야 한다.

2) 여유는 시공간적 개념만이 아니라 정신적 개념이다

여유는 생각을 의식으로부터 자유롭게 해주어 생각이 의식의 한계를 벗어날 수 있도록 해주는 기회이다. 여유란 새로운 정보와 지식과 남의 생각을 수용하고 포용하여 이미 자신의 머릿속에 들어 있는 정보와 지식과 생각이 함께 어울리고 융합되면서 더 크고 다양하고 멋진 생각으로 발전되어 나가는 것이다.

옛말에 자식을 사랑하면 여행을 시키라고 했다.

여행을 통해 많은 삶의 지혜를 배울 수 있다. 청소년기에는 다양한 체험을 통해 자신의 정신세계를 형성해 나간다. 취학이전의 어린 아이들은 일이나 공부가 없다. 단지 놀 뿐이다. 바로 놀이를 통해서 사회적 규칙과 규범을 깨닫기도 하고 세상의 복잡한 문제를 해결하는 기초적 지혜를 깨닫게도 된다.

청소년은 판에 짜인 생활의 틀을 벗어나 다양한 탐험활동과 실험정신을 발휘할 기회를 찾고 있다. 캠핑, 각종 봉사활동, 실험적 직업활동 등 청소년에게 매력을 지닌 활동은 사회발전과 더불어 점점 더 발전되고 있다. 이러한 놀이와 여가시간의 활동은 청소년의 정신세계에 새로운 활력을 불어넣고 자아의 세계를 힘차게 구성하는 원동력이 되기도 한다.

부모에게, 교사에게 숙제처럼 부여된 우리 청소년들을 얼마나 행복하게 그들이 가진 잠재력을 일깨워 살게 할 수 있을까.

3) 흑백논리가 아니라 퍼지 논리

퍼지 사고력이란 애매모호한 문제에서도 해결책을 찾을 수 있는 능력이며 수렴적 사고력과 발산적 사고력을 두루 포함하고 있다. 수렴적 사고력이 흑백 논리에 치중하며 정답이 있는 문제를 풀 때에 유익한 질서 정연한 논리인 반면, 발산적 사고력은 여러 가능성을 추구하는 열린 사고력이라고 할 수 있다.

브레인스토밍(뇌 폭풍)이란 말처럼 발산적 사고력은 뒤죽박죽, 엉망진창일 수 있지만 하나의 생각이 꼬리를 물고 다른 생각과 어울리면서 시너지를 발생하고 다양한 생각으로 확산되어 나가는 과정이다. 양면성과 모호함이 존재하는 다차원적이고 입체적인 사고력이라고 할 수 있다.

창의성의 시대

노르웨이출신 남성 팝 듀오 '일비스(Ylvis)'가 내놓은 일렉트로닉 댄스곡 "더 폭스"에서 여우는 ① 링딩딩딩딩디디디디딩, ② 와파파파파파파파우, ③ 하티하티하티호, ④ 아히아히히히 등 아무렇게나 울어댄다고 했다. 웃음이 필요한 요즘 시대에 싸이의 뒤를 이어 SNS를 뜨겁게 달굴 것이라고 예측을 하고 있다. 이것을 최재천 교수는 "현대사회는 누가 더 전염성이 강한 문화 바이러스를 만들어 퍼뜨리는가에 달려 있다"고 말하며 농업혁명, 산업혁명, 정보혁명에 이른 새로운 혁명을 예견하고 있다. 농업경제시대에는 생활교육을, 산업경제시대에는 지식교육을, 지식경제시대에는 지식 역량 교육을 해 왔다면, 이제 새로운 21세기의 창조 경제시대에는 창의·융합·문화예술 교육을 해야 한다.

1) 5분 동안 나를 즐겁게 만들어 주세요.
2) 당신의 몸이 연필 크기로 줄어들어 믹서 속에 갇히게 됐다면 어떻게 빠져나오겠습니까?(골드만삭스)
3) 서류철 외에 스테이플러의 용도를 다섯 가지만 말해 보세요(리서치 회사 이벨류서브).
4) 맨해튼 시내에 신호등이 몇 개나 될까요?
5) 간디가 소프트웨어 엔지니어를 길러낼 수 있을까?(컨설팅 업체 딜로이트)
6) 이 방 안에 농구공을 몇 개나 넣을 수 있겠나?(인터넷 기업 구글)
7) 삼촌으로부터 피자가게를 상속받았다면?(자동차 기업 폭스바겐)
8) 나무와 알코올의 공통점은?
9) 세계 기아 퇴치 방법은?(전자상거래 아마존)
10) 독일인이 세계에서 가장 크다면 그 증거는?

위의 질문들은 여러 회사들의 신입사원 면접에서 나온 것들이다
(SBS 뉴스, 2012.1.2.)

이 질문을 통해 CEO는 면접자가 얼마나 창의적이고 혁신적인 인
재인가를 탐색하게 된다. 이런 황당한 질문처럼 쉽게 답하기 어려운
복잡한 문제를 하나의 수학적 사고만이 아닌 사회학적이고 인문학
적 접근을 통해 면접자가 어떻게 분석하고 해결을 모색하는가에 대
한 융합적이고 창의적 사유과정을 살펴보고자 했을 것이다. 전혀 예
상치 못한 위기 상황을 자신만의 논리로 돌파하고, 남들이 생각 못
한 기발한 해결책을 제시하는 미래형 인재를 족집게처럼 골라내고
싶었기 때문일 것이라고 한다.
이것은 확산적 사고를 통해 창의성을 발휘할 수 있도록 해야 하
며, 학문 간의 융합교육을 통해서 가능하다.

뉴욕타임스(2010.12.26.)는 20세기를 풍미한 경영학석사(MBA)가
저물고 전문이학계열 석사(Professional Science Master: PSM)의 시대
를 예상했다. PSM은 과학, 수학, 경영, 법학 등 실용 학문을 함께 가
르치는 석사과정으로, 이공계 출신들에게는 인문·사회학적 소양을,
인문·사회계열 출신들에게는 과학지식을 가르쳐 기업에 필요한 융
합형 인재를 양성하는 프로그램이다. 미국 대학이 선도하고 있으며,
영국과 호주의 대학들도 이런 시스템을 받아들이고 있다. 이에 발맞
추어 서울대는 융합기술원을 카이스트는 기술경영전문대학원을, 연
세대는 미래융합기술연구소를, 포항공과대학교는 창의 IT융합공학
과를, 건국대학교는 신기술융합학과를 설치 운영하고 있다. 건양대

는 최근 의공학부와 의료IT 공학과, 의료건축디자인공학과, 제약 생명공학과 등 4개 학과를 한데 묶어 단과대학인 '의료공과대학'을, 삼성기업의 지원을 바탕으로 고려대·연세대·성균관대는 'IT융합학과'를 충북대 또한 디지털 융합학과를 설치하였다.

이는 NT(Nano Technology), BT(Biology Technology), IT(Information Technology)와 인문·문화·예술 등 폭넓은 융합을 통해 사회적 현안 문제를 해결하고 더 창의적이고 혁신적인 미래를 성취할 수 있기 때문이다.

오늘날 교육의 가장 큰 문제는 지식과 삶을 분리하여 가르치고 있다는 데 있다. 즉 학생은 자신이 배운 지식이 삶과 자연과 어떤 관계이며 그 관계에 내포된 의미는 무엇이고 그것이 자신에게 어떤 가치를 가지는가를 알지 못한다는 것이다.

지식 간의 연결 고리를 잘 알지 못하고 누군가가 찾은 연결고리를 그냥 소비할 뿐이다. 이제 이런 나노 지식들을 연결할 능력이 필요하다. 큰 그림을 그릴 줄 알아야 한다. 퍼즐의 한 조각으로 맞지 않는 그림에 끼우려는 것이 아닌 큰 그림을 보고 맞는 퍼즐 조각을 찾을 줄 아는 능력이 필요하다. 다시 말해 융합형 인간이 필요한 시대인 것이다.

교육은 인간의 성장을 위한 활동이며 모든 문화 체제 속에서 이루어져야 한다. 그러므로 교육 속에 전개되는 모든 지식의 체제는 융합을 필요로 한다.

언제 어느 자리에서든 자신의 전문성이 변신 가능하도록 융통성과 응용력을 기르는 것이 최선의 방법일 것이다. 이것은 한 우물만 깊게 파기보다는 넓고 깊게 파는 것이 도움이 될 것이다. 오늘날에는 PSM 석사 같은 인문학과 자연과학의 소양을 고루 갖춘 융합형 인재를 원한다. 융합형 인재는 지속 가능한 공동체의 건강한 삶을 영위할 수 있는 사람이다. 이런 인간 양성은 소통을 통해 단절과 경계를 허물고 새로운 분야를 창출하고, 창의성을 바탕으로 한 새로운 융합적 지식과 방법을 도입하고 적용할 때만이 가능할 것이다. 융합형 인재는 이런 교육을 통해 길러질 것이다. 융합형 인재는 새롭고 스마트한 발명품을 만들어 낼 수 있는 능력을 갖춘 자이다. 융합 학문 철학을 가진 인재는 새로운 학문 발전에 기여할 뿐만 아니라 정치, 경제, 문화, 과학기술 등의 진보를 위한 창조적 아이디어를 발산하게 된다.

개방과 소통과 협업이 융합 연구의 성공 열쇠이다. 융합형 인재는 학문의 융합을 가능하게 하는 '소통'이 가능한 자이다. 초등학교부터 대학교까지 학생 간의 경쟁분위기가 고조되면서 토론과 협업 문화가 발달하지 못하고 있으며, 입시경쟁, 취업경쟁으로 개인주의 성향이 팽배해지면서 융합시대의 관건인 상호협력, 소통의 추세와는 다른 분위기가 형성되고 있다. 지금은 나의 지식을 다른 이의 지식과 소통하고 공유할 줄 아는 민주적이고 협동적인 소양을 갖춘 융합형 사람됨이 필요한 시대이다.

창의적인 아이로 키우기

학교 공부를 열심히 하는 아이라면 잠을 제대로 자게 해주어야 한다. 수면이 충분하지 않으면 학습 능력이 떨어진다. 공부를 잘하게 하고 싶으면 잠을 실컷 재워야 한다. 미국 우주항공국 NASA에서 발표한 것을 보면 우주 비행사들에게 훈련을 시킨 후 26분 동안 낮잠을 자게 했더니 업무 능력이 34%나 향상되었다고 한다. 수면은 학습 능력을 향상시키고 정서적 긴장도 해결해 준다. 우리가 격렬한 꿈을 꾸는 것은 낮에 경험한 부정적 정서를 내보내기 위해서이다. 무언가를 계속 집어넣는 것이 아니라, 잠시 자신의 내면에 주의를 기울이는 시간이 뇌를 더 튼튼하게 해준다. 어려서부터 호기심으로 일관해서 학교 교육에서 부적합 판정을 받았던 에디슨의 일화를 생각해 보더라도 아이들의 호기심이 인류 발전의 원동력이 될 것이다. 엉뚱한 질문을 해대던 꼬마가 학교에 들어가 교육을 받으면서 자신이 궁금해하는 많은 것들이 어른들을 귀찮게 하는 것이고, 간혹은 야단을 맞기도 하면서 점점 정해진 답을 찾아가는 모범생이 되어 출제자의 의도까지도 정확하게 읽어내면서 수능 만점의 기록을 세우기도 한다.

세상에 이미 존재하는 것들을 유기적으로 연결하고 새로운 관점을 부여함으로써 새로운 것을 창조하는 것이다. 스티브잡스는 creative, 즉 '창조'를 일컬어 "이미 존재하는 것들을 연결하는 힘이다"라고 표현했다. 엉뚱한 것의 조합에서 전혀 새로운 것을 발견하게 될 것이다.

1) 창의성은 문제에 가장 적절하고 유용한 답을 찾는 것

창의성이란 답을 찾는 것이기는 하되, 유일무이한 불변의 진리와 같은 하나의 답을 찾는 것이 아니라 그 상황에 가장 적절하게 적용될 수 있는 답을 찾아가는 과정이다.

그러나 누구나 알 수 있는 보편적인 답이 아니라 문제 해결에 가장 적절한 특별한 답이라는 점이다. 창의성이란 늘 새롭고 특별한 것이라고 생각할 수 있으나 진정한 의미의 창의성은 새롭고 특별한 것인 한편 기존의 아이디어 속에서 주어진 문제를 해결하는 데 가장 유용하게 사용될 아이디를 새롭게 재구성해 내는 능력도 포함된다.

2) 창의성은 이성과 감성의 적절한 조화에서 발생

창의성에 대한 또 다른 편견과 오해 중의 하나가 창의성은 인지와 관련된 이성의 능력에 해당한다는 것이다. 창의성이란 다양한 사고 과정을 요구하는 것이며 이미 알고 있는 것도 다른 눈으로 보고자 할 때 발생하는 것이라는 점은 논리와 합리성을 강조하는 이성을 초월해야 가능하므로 창의성을 감성적 특성이 배제된 이성에 국한시키는 것은 창의성에 대한 올바른 이해라고 할 수 없을 것이다.

초창기의 연구와 달리 최근에 창의성이란 기억력, 사고력 등의 인지능력뿐만 아니라 호기심, 모험심, 긍정심, 상상력 등의 감성능력과 밀접한 관계를 가지고 있다고 밝혀졌다.

창의성은 이성과 감성이 조화를 이룰 때 극대화된다고 한다. 긍정적인 마음과 유머 등의 정의적 영역이 창의성과 밀접한 관련을 가지고 있다.

3) 익숙한 것을 낯설게 보는 창의성으로 소통하기

창의성은 이성과 감성의 조화를 필요로 한다. 특히 창의성은 타인의 의견을 경청하고 남의 입장에서 생각하고 행동할 수 있는 소통과 공감의 공간에서 발생할 수 있다. 그러므로 창의성은 타인과의 의사소통을 위한 중요한 열쇠가 된다는 점을 시사한다.

창의성은 새로움과 특별함이지만 이것은 전에 경험하지 못했던 것이 아니라 이미 알고 있는 것들 속에서 미처 발견하지 못하고 간과해 왔던 것들에 대해 새로운 의미를 부여하면서 탄생되는 것이라고 할 수 있다. 즉 익숙한 것에 다시 주의를 기울이고 민감하게 반응하는 과정을 통해 창의성이 모습을 드러내는 것이다.

4) 사물에 대한 지속적인 관찰과 민감성에서 발현

창의성이란 어느 순간 갑자기 발생하는 것이 아니라 어떠한 문제에 대해 민감하게 반응하면서 지속적으로 사고하는 과정에서 나타나는 것이다.

따라서 창의성을 발달시키기 위해서는 무엇보다 사물과 사건들을 민감하게 관찰하고 탐구하려는 자세가 필요하다.

5) 기존의 것에서 탈피하려는 모험심

창의성이 가지고 있는 특성 중의 하나가 '다름'이며, '보편'보다 '특수'를 '차별'보다는 '차이'를 '일의성'보다는 '다양성'을 지향하는 포스트 모던적 관점이 창의성의 모태가 될 수 있다는 점에서 기존의 사고방식과 사회 문화적 통념을 일탈하고자 하는 모험심에 대한 긍정적 태도를 갖는 것이 필요하다.

일상생활에서 부딪치는 문제들을 이미 자신이 가지고 있는 지식이나 축적된 경험과 같은 기존 요소를 바탕으로 새롭고 다양하고 특유의 방법으로 해결해 가는 과정이라고 할 수 있다. 창의성을 오래 연구한 Torrance(1959)는 창의성은 소수의 천재에게만 나타나는 것이 아니고 모든 유아가 지니고 있는 개인적인 특성이며 교육을 통해 개발될 수 있다고 말한다. 창의성은 모든 인간 사고력의 일부이고 개인마다 차이가 있을 수 있으며 교육을 통해 발달될 수 있다. 창의성 계발에 있어서 중요한 시기는 유아기이다. 유아의 창의적 상상력은 4~5세 사이에 가장 활발하게 발달한다고 한다.

6) 의견을 존중해 주고 자신의 생각을 자유롭게 표현하도록 격려

아이들이 하는 엉뚱한 말이나 행동이라고 무시하지 않고 진지하게 경청해주고 말이나, 글, 그림, 음악 등으로 아이들의 생각을 표현할 수 있게 도와주어야 한다. '예, 아니오'로 끝나는 질문이 아니라 다양하게 사고할 수 있는 확산적 질문을 많이 한다. 예를 들어 '나비에 대해서 알고 있는 것은 어떤 것이니?', '다른 방법은 없을까?', '이것에 대해 어떻게 생각하니?', '좀 더 자세히 말해 줄 수 있니?'와 같은 질문들이다.

7) 놀 수 있는 충분한 시간을 제공하고 놀이를 통해 다양한 경험
   을 습득하도록 조력

상상력을 발휘할 수 있는 놀이거리를 많이 제공하고 스스로 생각
해 보고 꿈꾸어 볼 수 있는 충분한 시간을 준다. 아이가 생각해 내는
다양한 사고와 창의적인 사고, 느낌 등에 대해서 평가해서는 안 되
며, 이것은 아이들의 사고를 방해하게 된다.

8) 선택의 기회를 주고 결과에 대한 예측과 책임을 가르친다

선택의 기회를 넓혀 주어야 한다. 교사의 입장이나 학부모의 입장
에서는 아이들이 모든 과목에서 좋은 점수를 받기 원하겠지만, 실제
로 모든 과목에서 100점을 받은 학생은 매우 드물고, 또 그런 학생
이 성공한다는 보장은 대학 입시의 내신 반영 시 이외의 경우를 제
외하면, 별로 없다고 할 수 있다. 사회에서는 고득점자를 필요로 하
는 것이 아니고 고창의자를 필요로 한다. 왜냐하면, 고득점자는 그
개인의 출세를 보장해 줄지는 모르지만, 그 기관으로서는 그리 중요
하지 않기 때문이다. 도리어 점수는 낮지만 고창의적인 사람은 그
기관의 발전에 도움을 주고, 나아가서 이 사회의 발전에도 크게 이
바지할 수가 있다.

예를 들면, A라는 고교생이 학교 성적은 중위권이어서 전문대학
에 진학을 하고, 제빵과를 졸업해서 제빵회사에 취직을 하게 되었는
데 창의성이 높은 청년이어서 빵 제조 과정에서 연료를 절감하고,
신속하게 굽고, 더 맛있고 향기로운 빵을 구워 내는 기술을 개발했

다고 하자. 그래서 다른 회사보다 훨씬 생산성을 늘릴 수 있게 만들어서 원가 절감과 동시에 높은 수익성을 올리게 되었다. 그래서 국제 기능 대회에서 금메달을 땄다고 하자. 반면에 B라는 학생은 좋은 점수 받아 일류 대학을 마치고 회사에 좋은 성적으로 들어갔는데, 취직한 지 5년이 되어도 같은 자리에서 같은 일만 습관적으로 되풀이하고 있었다고 하자. 그러다가 연수가 지나서 대리가 되긴 했어도 직무상 별 발전이 없었다고 하자. 이 사람은 단순히 월급 축내는 고득점자에 불과한 셈이다. 보통의 월급쟁이는 그 자리에 다른 사람으로 바꿔치기 할 수가 있지만 창의적인 사람의 자리는 다른 사람으로 바꿔치기가 안 되는 그런 자리인 것이다. 바로 이 점이다. 창의적인 사람은 독창적인 아이디어를 만드는 사람이기 때문에 다른 사람과 바꿔치기를 할 수가 없는 것이다. 그래서 교과목의 선호도와 학생의 능력, 적성에 따라 선택할 수 있는 기회를 넓혀 주면 좋고, 같은 과목이라도 진도와 능력 수준에 따라 선택할 수 있게 하고, 과외 활동이나 특별 활동에서도 선택의 폭을 넓혀 주는 것이 좋다.

9) 정서적 교감을 많이 나눈다

아이가 자신이 맡은 일을 열심히 하거나 일을 잘 끝냈을 때 용기를 주고 칭찬을 해준다. 또한 아이와 다정하고 친밀한 시간을 많이 갖는다. 그러면서 아이가 그때그때 느끼고 받아들이는 감정에 집중하고 그것을 표현하게 해주는 것이 좋다.

10) 다양성을 받아들이고 호기심을 자극하는 환경

창의성이 개발될 수 있도록 하기 위해서는 우선 다양성을 중시하는 분위기가 중요하다. 고정화되어 있는 것이 아닌 새로운 것을 아이가 선택할 때 지지하고 인정해 주는 분위기, 아이 스스로 생각할 수 있는 기회를 많이 주는 분위기, 스스로 선택하게 하는 환경, 옳은 것, 정답만을 강조하지 않는 환경에서 아이들의 창의성이 발휘될 수 있다. 또한 사물에 대한 호기심을 드러낼 때 지지해주고 격려해주는 태도와 유머가 있는 가정환경, 다양한 자극이 있는 가정환경도 필요하다.

아이를 기르는 가정환경을 언제나 열린 구조의 분위기로 만들어, 아이가 마음껏 자신의 생각을 자유롭게 이야기하고, 행동할 수 있도록 하는 것이다. 공부를 시킨다는 것보다, 아이에게 좀 더 **좋은 교육적 자극**을 주는 환경을 제공해주는 것이 필요하다.

11) 경쟁에서 벗어난 진정한 교육

진정한 교육의 목표는 한 개인이 가지고 있는 잠재력 능력을 개발해서 최대한 자기실현을 하도록 도와주는 데 있다. 하지만 현실에서는 오히려 출세주의와 경쟁에서 이기는 사람을 길러 내는 점수 지상주의에 그 뿌리를 두어 왔다. 한 개인이 가지고 있는 잠재능력·적성이란 쉽게 이해될 수 있는 것이 아니고, 실제로 그들이 자기를 실험해 볼 수 있는 기회가 주어지지 않는 한 학생 자신도 정확하게 알지 못하는 것이 보통이다. 그러나 학교는 바로 학생이 장차 사회에 진출해서 사회인으로, 시민으로 일하고 살아가는 데 있어서, 자기가 가장 잘할 수 있고, 가장 하고 싶고, 보람을 느낄 수 있는 일을 함으로써 자아를 실현할 수 있도록 도와주는 것이 최대의 임무임에도 이 점을 소홀히 해 온 것이 사실이다. 이런 자아실현에 있어서 가장 중요한 요소가 창의적인 사고, 창의적인 문제 해결력과 창의적인 아이디어를 생각해 내는 일이다. 그래야 자기가 일에서 보람과 기쁨을 느끼고, 사회의 발전에도 이바지할 수가 있다. 이런 관점에서도 창의성 교육은 그 기초가 된다.

우리 자녀들을 일렬로 줄을 세우는 것이 아니라, 둥글게 줄을 세워 서로를 바라볼 수 있도록 하는 교육, 자녀에 대한 지나친 관심과 간섭이 아니라 자녀들에 대한 진정한 이해를 바탕으로 그들이 스스로 선택하고 자신의 삶을 설계할 수 있는 길을 열어주고 기다려주는 것이라고 생각한다.

12) 우뇌를 활성화시키자

'주입식 학습 지도와 기억 재생 능력의 측정식 평가' 모델에 의존하기 때문에 학생들은 머리를 골고루 사용하지 않고 기억 의존적으로 한쪽 기능만 작동시킨다. 그러니까 새로운 과제, 해결 현장, 모험 상황, 창의력을 발휘해야 하는 상황에서는 전혀 머리가 작동하지 않게 되는 것이다. 전자를 두뇌의 '이해하는 기능'이라고 한다면, 후자를 두뇌의 '창조하는 기능'이라고 할 수 있다. 이러한 두뇌의 대표적 기능 중에서 우리의 교육이 주로 지능의 이해하는 기능만 존중하는 측면에서만 이루어져 왔으며, 지능의 창조하는 기능은 전혀 무시해 왔다고 할 수가 있다. 두뇌의 기능 분화의 입장에서 말한다면, 지금까지의 교육이 주로 '좌뇌 교육'이었다고 하면 앞으로의 교육은 우뇌 기능에도 관심을 갖는 교육이 되어야 한다는 것을 주장하려는 것이다.

좌뇌 교육에서는 주로 논리·언어 교육이 위주가 된다고 하면, 우뇌 교육은 감수성, 감각, 창의성 교육이 위주가 되는 교육을 말한다. 우뇌의 패턴 인식 기능, 직관적 기능은 다분히 종합적이고 전체적이어서 창조적 활동의 밑바탕이 되기 때문에 중요한 의미를 지닌다. 그 동안 우리 교육은 주로 좌뇌의 기능을 확대시켜 주는 데 그쳐 왔다고 할 수가 있다. 창조성과 관련이 깊은 우뇌의 활동을 확대시켜 주는 것이 앞으로의 교육의 과제가 되어야 할 것이다.

13) 부모의 올바른 가치관 정립과 일관성 있는 교육

문화란 거시적으로 사회 문화적 관점에서 볼 때 어느 사회의 구성원들이 모두 공유하고 있는 가치관과 신념, 이념과 관습, 규범과 전통 그리고 지식과 기술 등을 포함한 종합적인 개념으로서 사회 전체 구성원들의 행동에 영향을 주는 기본 요소라고 할 수 있다.

양육 기술의 문제가 아니다. 부모가 가진 가치관이 문제이다. 사회의 전반적인 가치관이 혼란스러운 현실에서 우리 자녀에게 전해지는 가치관은 알게 모르게 그들 속에 깊이 뿌리내리게 되어 다음 세대의 가치관을 형성하게 될 것이다.

자녀는 부모의 앞모습이 아닌 뒷모습을 보고 자란다고 한다. 바람직한 부모는 부모 자신이 스스로 모범을 보임으로써 자녀에게 가장 바람직한 모델을 제시하는 부모이다. 자녀는 자연스럽게 부모의 행동을 모방하거나 따르게 되며 모범적인 행동을 보이는 부모에 대해서는 존경심을 갖게 된다. 바람직한 부모의 가장 중요한 특성 중의 하나는 부모가 자녀를 양육할 때 상황과 장소 그리고 시간과 상관없이 자녀교육의 원칙을 세운 대로 지켜 나가는 일관성을 유지하는 것이다.

14) 문제를 던져주고 갈등 상황을 만들어주자

기발한 문제 해결 능력, 다양한 접근 방법을 찾도록 해야 한다. 하나의 정답과 단선적인 교육의 목적을 가진 사회 분위기는 창의성을 제한하고 독창적인 능력을 기르는 데 걸림돌이 된다. 아이들에게는 그 수준과 개성에 맞는 교육을 실시해 각자 타고난 소질과 능력을 최대한 계발할 수 있도록 해야 한다. 아이들이 각자의 지식수준, 사고방식, 관심에 걸맞은 교육을 받는다면 누구나 잠재력을 최대로 발휘할 수 있다는 걸 믿어야 한다.

창의적인 아이디어를 만들어 내는 능력은 아이들이 학습의 주제, 내용, 방법을 선택할 수 있는 열린 교육 과정 속에서 활동과 사고 과정 및 탐구 과정을 중시할 때 길러질 수 있다. 질문을 참고 있기보다는 어떤 질문도 거리낌 없이 할 수 있을 때, 책과 연필만을 가지고 공부하기보다는 구체적인 사물을 대상을 탐구해 볼 수 있을 때, 학생 개개인의 개성과 능력 수준을 고려한 교육이 가능할 아이들의 창의성은 계발될 수 있는 것이다.

15) 다재다능하기를 기대하지 말고 무언가에 빠지는 것을 두려워
     하지 말자

우리 부모들은 아이들이 걸음마를 배우고 말을 하기 시작하면서
부터 무엇을 가르칠 것인가를 고민하기 시작한다. 아이들이 거쳐 가
는 종목을 쭉 나열해 보면, 태권도학원, 수영강습, 스케이트, 축구교
실, 검도학원, 테니스 레슨, 골프 레슨, 스노보드 강습, 볼링 강습 등
으로 이어지는 운동 종목과 피아노 학원은 기본이고 플룻, 바이올린,
클라리넷 등의 악기 가르치기와 미술학원, 영어 학원 등을 두루 거
쳐 간다. 내가 아는 어떤 아이는 판소리와 창까지 배우기도 하고 에
어로빅, 요가, 헬스 등에도 아이들이 넘쳐난다. 그 많은 것들을 아이
가 다 기억하고 있기나 한 것인지 궁금해진다. 정말 우리 아이에게
세상에 있는 모든 것을 다 가르쳐 보려는 듯이 여기저기 데리고 다
닌다. 물론 그 아이의 재능이 무엇인지 몰라서 찾아주려고 했다고
하겠지만, 부모들의 그 과도한 교육열에 아이들은 잠시도 쉴 틈이
없다.

요즘 뉴스에서 대학입시철이 되면 컴퓨터에 푹 빠져 지내다가 프
로게이머가 되었다든지, 어려서부터 곤충에 빠져서 곤충에 관해서는
어느 대학 교수 못지않은 해박한 지식을 가지고 있어 입학 사정관제
로 들어가는 대학입시에 순조롭게 합격을 했다는 등의 기사를 볼 수
있다. 그런 기사를 볼 때는 그들을 부러워하면서 자신의 아이가 한
곳에 빠지면 우선 걱정부터 먼저 하는 것이 부모의 마음이다. 우리
아이가 어린 시절 종이접기에 한참 빠져서 온갖 종이접기 책을 다
사 보면서 종이접기에 심취하여 자신은 미래에 종이접기 박사가 되

겠노라고 했다. 하지만 지금 그 아이는 자신이 그런 말을 했다는 기억도 가지고 있지 않다. 아이들이 한때 무엇에 몰두하고 빠지는 것을 두려워하지 말고 지켜보며 그것을 어떻게 아이와 잘 연결시켜 줄 것인지에 대해 고민하는 것이 더 중요하다고 생각한다.

행복하면 공부를 잘할까?

우리 아이들은 얼마나 행복할까? 중학교 학생들을 대상으로 질문을 해 보면 그래도 학급의60~70% 정도가 행복하다고 한다. 하지만 질문을 세분하여 학교에서 행복한 사람을 물어보면 5% 미만이거나 한 명도 없다. 왜 아이들은 학교에서 행복하지 않을까? 학교에서 행복하다고 하는 아이들에게 그 이유를 물어보면 그나마 학교에서 친구를 만나기 때문이라고 한다. 그럼 어떻게 해야 학생들이 학교에서 조금이라도 행복할 수 있을까. 이것이 학교 교육이 가진 가장 큰 숙제라고 생각한다. 그럼 책가방을 들고 학교에 입학하기 이전에는 행복했을까? 아이에게 어린 시절의 행복감을 돌려주어 행복감을 느끼도록 해준다면 공부도 열심히 하고 부모가 원하는 대학에 들어가 줄 것인가? 성급하게 답을 하자면 행복감을 느끼며 안정적으로 자란 아이는 자연스럽게 성취 욕구, 자아실현 욕구를 느끼게 되어 스스로 길을 찾고 자신의 삶을 성공적으로 이끌어 갈 것이라는 것이다.

매슬로가 욕구단계설에서 낮은 단계의 욕구, 즉 생명과 안전과 사랑의 욕구가 충족되면 자연스럽게 자아실현의 욕구를 느끼고 자신의 성취를 위한 마음이 생긴다고 했다. 강요에 의한 것이 아니고 스스로의 선택에 의해서 이루어지므로 즐거움과 호기심, 창의력까지 동반하게 된다. 우리는 자녀를 믿어야 한다.

정말 행복하기 위해서는 쉬는 것과 노는 것을 구별할 수 있어야 한다. 사람은 자신이 유지해야 하는 적정 각성 수준이 있다고 한다. 적절한 각성 수준이란 가장 상쾌하고 즐거운 기분이 유지되는 심리적 상태를 뜻한다. 만약 외부의 자극이 내가 즐거움을 느끼는 각성 수준보다 높으면 스트레스를 받거나 불안해진다. 이때는 쉬어야 한다. 만약 외부의 자극이 너무 낮으면 지루하거나 심심해진다. 이때는 놀아야 한다. 사회심리학자 김정운은 노는 것에 대해 이렇게 말했다. "같은 자극도 친숙해지면 각성 수준이 낮아져 불쾌하게 느끼거나 지루하게 느끼게 된다. 이럴 경우 다른 자극을 찾아 나서게 된다. 이런 상태를 '논다'라고 할 수 있다. 놀이란 결국 '자극 추구활동'이라는 것이다." 학부모들이 가장 두려워하는 것이 아이들이 놀고 있는 모습이라고 하는데 이제는 생각을 바꿔야 하지 않을까 싶다. 쉰다는 것은 내면의 나와 대화하는 것을 의미한다. 내안에 존재하는 다양한 '나' 중에 어떤 한 가지 '나'가 일방적으로 대화를 주도하거나 통제해서는 안 된다. 서로 다른 '나'가 느끼는 대로 이야기하도록 놔둬야 한다. 쉰다는 것은 이렇게 내 안에 숨겨진 '또 다른 나'를 찾아내는 것이다. 논다는 것은 내가 좋아하는 일에 몰입하는 것이다. 내가 정말 좋아하는 것에 푹 빠져 나 스스로를 망각하는 수준에까지 이르러야 정말 놀았다고 할 수 있다. 이렇게 내가 좋아하는 대상에 푹 빠져 시간을 보내고 나면 정말 영혼이 맑아지는 느낌이 든다. 잘 논다는 것은 이렇게 나를 망각하고 말 그대로 정신없이 대상에 몰입하는 것이다. 쉬는 것과 노는 것은 이렇게 정반대의 과정이다. 쉬는 것과 노는 것의 적절한 조절을 통해 내면의 항상성이 제대로 유지될 수 있다.

많이 걷고 뛰어 놀게 하면 뇌에서 뇌성장 요인이며 노화를 방지한다고 알려진 BDNF(Brain Derived Neurotrophic Factor)라는 물질이 발생한다고 한다. 햇빛을 받으며 30분 이상 걷는 것만으로도 지금 학교에서 벌어지는 문제의 70%는 해결할 수 있다. 어떤 학교에서는 점심시간 끝 무렵에 학생들을 운동장에 내보내서 운동장 주변을 걷게 하는 것으로 학교 폭력과 정서적 문제를 해결했다고 한다. 이것은 스트레스 호르몬에 맞서는 기능을 한다.

매슬로의 욕구단계설

이 학설에 의하면 인간의 욕구는 타고난 것이고, 욕구의 강도와 중
요성에 따라 생리적 욕구, 안전욕구, 애정(사회적)욕구, 존경욕구,
자아실현욕구 등 5단계로 분류할 수 있다.

◆ 매슬로의 욕구의 5단계이론

1) 1단계: 생리적 욕구(Physiological Needs)

의식주에 대한 욕구, 인간의 생명을 유지해가기 위한 기본적인 욕
구이다. 배고픔, 목마름, 잠, 호흡, 휴식, 성욕 등으로 이런 욕구가
충족되면 사람은 보다 상위의 욕구에 목마르게 되고, 그 욕구가 충
족되면 보다 더 차원 높은 욕구를 갈망하게 된다.

2) 2단계: 안전욕구(Safety Needs)

이 욕구는 기본적으로 신체적인 위험에 대한 공포로부터 벗어나려
는 욕구이고 또 기본적인 생리적 욕구를 충족시키지 못하게 되는
위험으로부터 해방되려는 욕구이다. 이것은 자기보존에 대한 욕구
이다. 안정에 대한 욕구가 심리적인 면이 더 많기 때문에 같은 상
황에서도 안전에 대하여 느끼는 것은 다르다. 실직한 사람은 경제
적으로뿐만 아니라 심리적으로 안정을 상실한 사람이어서, 꽤 많은
돈을 가지고 있어도 불안하고 우울증에 빠지기 쉽다.

3) 3단계: 애정(사회적)욕구(Belongingness and Love Needs)

인간은 사회적 존재이기 때문에 인간에게는 여러 가지 집단에 소
속하고 싶은 욕구와 여러 집단에 의해 받아들여지고 싶은 욕구가 있
으며, 그것은 친분, 우정, 소속감 등에 대한 관심으로 나타난다. 다

른 사람들과의 의미 있는 관계 형성, 소속집단에 의한 수용은 대
부분의 사람들에게 아주 중요한 관심사가 되는 것이다. 그래서 소
위 왕따라고 불리는 따돌림은 사람을 불행하게 만들고, 우울하게
만들며, 생활을 메마르게 만드는 것이다.

4) 4단계: 자기존중의 욕구(Esteem Needs)

소속단체의 구성원으로 명예나 권력을 누리려는 욕구이다. 이 욕
구는 자존, 자율, 성취 등과 같은 내부적인 존경의 요인, 지위, 신
분, 인정, 관심의 대상이 되는 것 등과 같은 외부적인 존경의 요
인들이 포함된다. 존경에 대한 욕구는 다른 말로 인정에 대한 욕
구 혹은 명예에 대한 욕구라고 하며 사람은 누구나 다른 사람보
다 뛰어난 면을 성취해서 그것으로 사람들에게 인정을 받고자 한
다. 아들러라는 심리학자는 인간의 가장 강력한 욕구 에너지는
'우월성에 대한 추구'라고 했는데, 우월성을 추구하는 심리 깊은
곳에는 바로 존경에 대한 욕구가 꿈틀거리고 있는 것이다.

5) 5단계: 자아실현의 욕구(Self-actualization Needs)

자신의 재능과 잠재력을 충분히 발휘해서 자기가 이룰 수 있는
모든 것을 성취하려는 가장 높은 수준의 욕구이다. 이 욕구는 자
기가 가진 잠재가능성을 능력껏 발휘하고 싶은 욕구로서 여기에
는 성장욕구, 자기완성 욕구 등이 포함된다. 한 인간이 될 수 있
는 최대한의 인간이 되고자 하는 욕구라고 할 수 있는 것이다. 이
것은 곧 자아완성의 욕구를 의미하는 것이다. 자아실현한 사람의
성격은 대체로 사물을 있는 그대로 편견 없이 바라보고, 사고나
행동이 물 흐르듯 자연스러우며, 초연한 생활을 즐긴다. 그들은
특히 절정경험과 신비경험을 하기도 하고 즐기기도 한다.

선택의 기회를 주자

아리스토텔레스(B.C. 4세기)는 우리가 지금 '청소년기'라고 부르는 연령기의 가장 중요한 측면을 선택 능력의 발달이라고 주장하였다. 아리스토텔레스는 자기 선택에 의한 자기 결정(self-determination)이야말로 성숙의 지표라고 하였다. 청소년기를 이성의 발달시기 또는 자기 선택에 의한 자기 결정과 자기 통제 능력의 발달적 시기로 규정하고 있다.

유럽에 살 때 아이들이 계절에 맞지 않은 옷을 입고 다니는 것을 보았다. 하지만 그들도 한 두 번의 시행착오를 거쳐 이런 날씨에는 어떤 옷을 입어야 더위와 추위를 피할 수 있는지 알게 된다. 그렇게 위험하고 절대적인 시행착오가 아니라면 스스로 선택하고 실패하고 개선하는 과정을 직접 경험하게 하는 것이 필요할 듯하다. 부모들이 모든 것을 해주는 한국의 아이들, 결국 우리 아이들은 자기 옷을 스스로 골라 입는 법조차 배우지 못한다. 부모가 지나치게 시행착오에 대한 두려움이 커서 아이들을 과잉보호하는 것일 수도 있다. 스스로 선택하는 법을 배우지 못한 아이들이 나중에 진짜 중요한 선택에서 실패한다면 그때는 죽을 수도 있다. 실패해도 될 때 그냥 실패하면서 선택하는 법을 배우게 할 필요가 있지 않을까.

고등학교 졸업할 때까지 자신이 스스로 선택하는 것이 거의 없이 지낸다. 가장 이른 나이에 부딪히는 것이 중학교를 졸업하면서 특목고를 갈 것인지, 인문계를 갈 것인지 아니면 특성화고를 갈 것인지에 대한 선택이다. 이것도 대부분은 부모의 의사가 먼저 앞서고 그 뒤에 아이들이 뜻을 맞추어가는 경우가 많다. 아이들이 주도적으로 특성화고에 진학하겠다고 나서면 부모들의 반대가 시작된다.

우리 아이들은 부모들이 잘해 준다는 명분으로 모든 것을 다 대신해 주면서 스스로 선택할 수 있는 기회를 빼앗고 있다. 획일적인 교육과정과 옆집 아이가 어떤 학원에 다니면 엄마는 자신의 자녀도 그 학원에 보내야 한다는 강박에 시달리고, 남과 다른 것을 불안해하기에 선택하려고 하지 않는다. 그래서 한국에서는 유독 유행의 물결이 거세게 밀려다닌다. 다른 사람과 다르다는 것을 견디지 못한다. 자신만의 개성을 두려워한다. 음식점에 가서도 남이 무엇을 먹는지 눈치를 살핀다. "뭐 먹을까?" 했을 때 "아무거나", 혹은 "짜장면 통일이요" 이런 반응들을 보이는 것이다. 하지만 서양요리는 우리 것보다 아주 단순한 듯 보이지만, 같은 스테이크에도 버섯을 올리느냐 브로콜리를 올리느냐, 많이 익히냐 적게 익히냐, 아주 선택해야 할 것들이 많아 어지럽기까지 하다. 식당에서 웨이터는 한 사람 앞에서 아주 오랫동안 질문을 반복하고 꼼꼼히 종이에 적어가며 주문을 받는다. 모든 사람이 다 자신만의 입맛에 맞도록 음식을 주문하는 것이다. 서양 요리의 그 다양성은 어려서부터 길러진 교육이고 문화라는 생각을 해 보았다. 한국 엄마들은 아이들이 어떤 옷을 입어야 하는지 어떤 학원에 가서 무엇을 배워야 하는지 친구는 어떤 친구를 만나야 하는지 하루 일과는 어떻게 보내야 하는지에 대해 일일이 간섭하고 참견하고 감시를 하기까지 한다. 그 모든 것이 너희를 위해서, 너를 사랑하니까로 이어진다. 아이들이 선택의 기회를 갖지 못하고 수동적으로 자라다가 나중에는 스스로 선택해야 하고 아무도 도와줄 사람이 없을 때 낯선 세계에서 길을 잃은 것처럼 어찌할 바를 모른다. 우스개 중에 마마보이가 결혼을 하고 신혼여행을 가서 집에 전화해서 엄마에게 "엄마 나 샤워해도 돼?"라고 물었다는 내용에서 모두를 박장대소를 하지만 속으로는 무언가 찜찜한 구석이 남는다.

아이들을 믿고 그들이 선택할 수 있게 기회를 주고 그 선택을 지지해주자. 그리고 그 결과에 대해 스스로 책임지게 하자. 그러면 아이들은 약간의 시행착오를 경험하겠지만, 그 과정에서 많은 것을 느끼고 배우게 된다. 아이들은 자신에게 주어진 결정권을 좋아하고 최고의 결정을 하기 위해 고민하고 노력한다. 자율성을 가진 아이는 우리가 생각하는 것보다 훨씬 현명한 결정을 하게 된다. 그 과정에서 어려움이 있으면 부모님에게 조언을 구하게 될 것이고 그 때에 넌지시 부모가 원하는 어떤 것을 곁들여 조언을 해주면 멋진 부모도 되고 소기의 목적도 달성할 수 있게 된다.

자신이 선택해서 하는 일은 아무리 힘들어도 재미있다고 여기고 또 잘하려고 노력을 하게 된다. 내 경우에 나이 들어서 공부를 하느라 무척 힘이 들었다. 저녁 먹은 뒤 가족들이 모두 잠든 뒤에 혼자 깨어서 다음 주에 있을 발표 준비를 하거나 과제를 위해 원서 번역을 하느라 시간 가는 줄 몰랐다. 주위 사람들은 '그렇게 힘든 것을 왜 하느냐, 왜 사서 고생을 하느냐'라고 안쓰럽게 바라보지만 나는 내가 하고 싶어서 하는 공부라서 좋았다. 스트레스도 있고, 몸도 힘들었지만 정신은 무언가로 늘 충만해 있었다고 생각한다. 그것이 바로 내가 선택해서 하는 고생이기 때문일 것이다. 아이들 역시 자신이 필요하다고 생각해서 선택하고 그 일을 하게 해 보자. 그러면 부모들은 그럴 때까지 언제까지 기다려야 할까? 부모들은 아이들이 스스로 하도록 기다리다가 시간만 낭비하게 된다며 걱정과 조바심을 보인다. 하지만 아이들을 믿어야 한다. 환경이 조성되고 주변에서 동기유발을 잘 시켜 주면 아이들은 스스로 무엇을 하려고 시도하게 될 것이다. 환경 조성을 해주고 동기유발을 시키는 것은 부모님들이 해야 할 일이다. 그리고 조금 늦더라도 기다려주고 그러면 늦게 출발해도 아이들이 가진 에너지로 충분히 그 시간을 극복할 수 있다고 생각한다.

시간이 사람을 많이 달라지게 한다. 아무것도 하지 않은 듯해도 사람이라면 시간이 흐르면서 의식이 점차 성장하게 된다. 학교에서 아이들을 지켜보면 학년 말 2학년 교실에 앉아 있을 때와 불과 며칠 지나지 않았지만, 3학년으로 반편성이 되어 3학년 교실에 앉아 있는 아이들이 많이 달라진 것을 알게 된다. 불과 한 달도 채 안 된 시간에 무엇이 그리 그 아이들을 어른스럽게 만들었는지, 단지 교실만 옮겼을 뿐인데도 아이들은 스스로 3학년으로서의 정체성을 가지고 한 학년 승급한 티를 팍팍 내고 있다. 그래서 시간이 우리 아이들을 자라게 하는 그 위대함을 믿어야 한다.

부모는 어른이니깐 어른답게 아이는 아이니깐 어리게 취급하는 것도 생각해 보아야 할 문제이다. 부모들이 자신이 가진 어려움이나 가족 전체가 가지고 있는 고민이 있을 때 자녀들도 가족 구성원의 하나로 그 문제를 함께 의논하고 의견을 나누게 가족회의의 자리에 참석시켜 보자. 혹은 부모가 어떤 어려움이 있을 때 자녀에게 그 문제를 털어놓고 함께 고민해 보자. 그러면 우리 자녀들이 우리가 생각하는 것 이상으로 훨씬 성숙하고 생각이 있다는 것을 알게 된다. 자신도 가족의 일원으로 부모님의 고민을 함께 나누는 존재라는 인식이 아이들을 훨씬 성숙하게 만들어 준다. 자신에게 부모가 믿음을 줄 때 자신은 부모를 위해 든든한 지지자가 되어야 한다고 무의식적으로 생각하게 되어 어른스럽게 생각하고 행동하게 된다.

통제를 많이 받고 자란 아이들은 규칙이나 규율에 더 심한 반발을 느끼게 되고 통제받아야 하는 상황을 더 견디지 못하게 된다. 부모의 학업에 대한 압력이 높을수록 자녀의 학습된 무기력은 증가한다. 선택권을 많이 주는 가정환경일수록 학습된 무기력이 낮은 것으로 나타났다. 반대로 규율을 엄격히 하거나 강제적인 지시를 내리는 훈육방식은 학습된 무기력과 정적인 관계를 보였다.

한국 청소년들이 과중한 학업부담 등의 일상적 스트레스에 의하여 학습된 무기력을 형성하게 되지만, 가족 간의 정서적 유대와 심리적 지원이 강화될 경우 학습된 무기력으로 인한 부적응적 문제를 최소화할 수 있다.

책임(responsibility)이라는 말은 '반응(response)'을 선택할 수 있는 '능력(ability)'이라는 속뜻을 가지고 있다. 일어나는 모든 일에 대해 어떻게 반응할 것인지는 얼마든지 우리의 마음대로 선택할 수 있다. 자신의 삶을 끝까지 책임지고 싶다면 자신의 행동과 생각을 스스로 선택해야 한다. 인간은 누구나 자신이 자기 삶의 주인이 되어 자신의 삶을 통제할 수 있을 때 스스로 할 수 있다. 이민규는 '행복도 선택이다.'에서 자신이 선택한 것에 대해 책임질 수 있는 사람이 진정 행복한 사람이라고 했다.

Johari의 창

이것은 이 개념을 최초로 설명했던 Josepb Luft와 Harry Ingham이라는 두 사람의 이름을 따서 지은 것이다.

우리가 자아노출을 하며 상대방과 신뢰를 쌓고 서로가 서로를 이해하면서 관계를 형성, 유지시켜 주는 과정을 명료하게 설명해 준다.

	자신이 알고 있는 부분	자신이 모르는 부분
남들이 알고 있는 부분	공개 영역	눈먼 영역
남들이 모르는 부분	은폐(숨겨진) 영역	미지의 영역

1) 공개 영역

나 자신도 알고 있고 남도 알고 있는 영역이다. 이 영역에서는 자신에 대한 정보가 공개되어 있어 서로가 서로에 대해서 알고 있는 부분이다. 공개 영역이 넓을수록 소통이 잘 이루어져서 인간관계가 좋아질 수 있고 상대방을 더 이해할 수 있게 되어 갈등이 줄어들고 갈등이 생겨도 서로 공유하는 부분이 많아 효과적으로 갈등을 해결할 수 있다.

2) 눈먼 영역

자신은 모르는데 남은 알고 있는 영역. 이 눈먼 영역은 인간관계를 하는 데 많은 어려움이 있다. 항상 남이 나를 어떻게 인식하고 있는가를 관찰해야 한다. 즉 자기 감시를 통해 자신을 관리하는 것이 필요하다. 대인관계의 갈등은 자신이 생각하는 자기 이미지와 타인이 나를 평가하는 이미지 사이의 간격에 의해서 발생하게 된다. 이 눈먼 영역에 대해 상처받지 않고 잘 알려주어 깨닫게 하는 것이 중요하다.

3) 은폐 영역

나 자신은 알고 있는데 상대방은 모르고 있는 나만의 비밀 또는 비공개영역이다. 이것은 아주 단순한 영역으로 남이 알게 될 경우 자신의 치부가 드러나게 될 행동의 제약과 사회적인 책임을 져야 하는 사항 등이 해당된다. 관계가 친밀해지면 숨겨진 영역이 줄어들게 되고 공개 영역이 넓어진다. 은폐 영역이 넓을수록 자아노출을 하지 않는 것이므로 상대방과 친밀하고 신뢰로운 관계를 형성하기 어렵다.

4) 미지의 영역

남도 모르고 나도 모르는 영역이다. 미지의 영역은 주로 나의 동기, 잠재적 욕구, 불안, 잠재능력 등을 포함한다. 이 영역은 다른 영역을 확대시킴으로써 크기가 줄어들 수 있지만 완전히 제거할 수는 없는 영역이다.

인간이 완성에 이르는 것은 공개 영역을 확대하고 은폐 영역을 줄여나가게 되는 것이다. 우리는 학생들이 자신에 대해 심층적으로 탐구하고 발견하게 도와줌으로써 미지의 영역을 크게 줄이게 해야 한다. 교육의 목적이 현실에 잘 기능하고 자신의 행복을 위해 자신이 가진 것을 최대한 사용할 수 있도록 하는 데 있다면 현실과의 괴리를 줄이고 타인의 시각으로 자신을 볼 수 있어야 하며 자신에 대해 가능한 많이 알고 이해하고 받아들일 수 있도록 이끌어야 한다.

좌뇌와 우뇌의 균형 – 감성훈련

융의 이론에 의하면 인간은 자신이 타고난 잠재적 가능성 전부를
실현하고자 하는 본능이 있다고 한다. 그러기 위해서는 자기 내면에
있는 어떤 요소든 함부로 억압하지 않고 적절하게 조화를 이루도록
해야 한다. 자신이 타고난 잠재적 가능성인 자기(self)를 온전히 실현
하게 되면 완성에 이른다고 한다. 인간이 살아가는 것은 자기에 이
르는 과정이라고 말했다. 그리고 또한 융은 꿈을 "자기가 자아에게
보내는 편지"라고 하여 자신의 삶이 올바른 길로 가도록 끊임없이
이끌어 주는 것도 자기의 역할이라고 했다.

하지만 우리 교육은 지나치게 의식적인 부분인 자아(ego)만을 강
화시키는 쪽으로 치우쳐 있다. 그래서 자신이 가진 잠재적 가능성인
무의식을 간과하기 쉽다. 무의식의 부분이 많이 의식화되어 표면으
로 올라와 있을수록 건강한 사람이라 할 수 있다. 무의식 속에 갇혀
있는 아니마, 아니무스, 그림자 등을 의식화시켜야 한다는 것이다.

1) 설렘

우리가 새로운 일을 하거나 마음에 드는 사람과 처음 데이트를 시
작할 때 모든 것이 궁금하고 재미있고 즐겁다. 그래서 여러 가지 창
의적인 생각들로 머리가 가득하게 된다. 어떤 옷을 입고 나갈까, 무
엇을 먹고 어디로 갈까, 이런 고민을 하는 것이 결코 싫지 않다. 좋
아하는 사람을 위해 선물을 고를 때 그 설렘과 즐거움을 떠올려 보
자. 우리를 움직이게 하는 그 힘, 설렘. 우리는 일주일에 몇 번이나

설레는 마음이 일어나는가. 어떤 일을 할 때 설레는가. 자신이 어떤 일을 하고자 할 때 가슴 뛰고, 자꾸 생각나고, 내가 그 일을 다 하고 났을 때의 장면을 상상하고 즐거워한다. 그런 일을 하기 위해서는 어떤 어려움도 극복할 수 있다.

행복과 재미의 구체적 내용도 설렘이다. 설레는 일이 있어야 삶이 행복하고 재미있다는 이야기다. 우리 인간은 모두 행복하기 위해서 살아가고 그래서 재미를 추구한다.

청소년들을 움직이게 하는 힘도 재미이다. 어떤 행사를 마치고 느낌을 물어보면 답은 두 가지이다. 재미있었어요, 혹은 재미없었어요. 그들을 설레게 하는 것, 기대를 충족시켜 주는 것 그것이 사람을 움직이게 한다. 청소년을 춤추게 한다.

2) 잘난 척

요즘 아이들 중에는 자신이 무척 예쁘다고 말하고 다니는 경우가 종종 있다. 실제로 예쁜 아이들은 그렇게 말하지 않는데 오히려 다소 외모가 떨어지는 아이들이 자기는 너무 예쁘고 귀엽다고 말한다. 그런 아이 앞에서 차마 넌 뚱뚱하고 못생겼다라고 직설적으로 말하지는 못하고 그냥 웃기만 한다. 자신이 무언가를 조금 잘하면 무척 으스대고 자신이 잘났다고 아이들 앞에서 뻐긴다. 겸손한 것은 그들에게 촌스러운 것이라 생각하는 모양이다. 우리 사회에서는 공주병, 왕자병이라는 말로 그들을 표현하기도 한다. 심리학적으로 말하면 나르시시즘, 자기애적 인격장애라고 한다. 자기애를 가진 사람들은 내면에 있는 인정의 욕구가 충족되지 않아서 드러내 놓고 자신을 인정해 달라고 보채는 것이라고 볼 수 있다. 그들의 이면에는 오히려 낮은 자존감과 인정에 대한 강렬한 욕구가 자리 잡고 있을 수 있다. 하지만 나의 개인적인 생각으로는 열등감에 빠져 그냥 그대로 자신을 인정하고 패배감에 젖어 사는 것보다, 어느 정도 선에서 자기애를 가지고 다른 사람으로부터 인정을 받으려고 노력하는 것이 더 낫지 않을까 한다. 열등감에 빠진 사람은 남과 비교하고 괴로워하고 또다시 비교하고 또다시 괴로워하는 자기 부정의 악순환에 빠지기 때문이다.

3) 이벤트의 삶

아이들의 일상은 매일이 같은 내용으로 반복된다. 모든 인간이 그렇겠지만 젊음의 피가 끓는 아이들에게는 반복되는 일상이 너무 지루하고 재미없다. 대나무는 아주 가는 줄기를 가지고 있지만 아무리 태풍이 불어도 부러지지 않는다. 마디가 있기 때문이라고 한다. 우리 삶도 밋밋하게 쭉 위로만 뻗는다면 약한 바람에도 쉽게 부러지고 말 것이다. 우리의 삶에 마디를 만들기 위해 여행도 가고 음악회도 가고 친구들과 어울려 놀기도 하는 것이다. 학교생활은 참 일률적이다. 매일 같은 시각에 시작종이 울리고 선생님께서 들어오셔서 수업을 하시고, 점심시간에 학교 식당에 줄을 서서 식판에 밥을 받아먹고 매점에 들러 아이스크림이라도 하나 물고 잠시 이리저리 배회한다. 한 달치 메뉴를 책상 위에 붙여 놓고 아침마다 메뉴를 확인하면서 오늘은 좀 다른 무엇이 있나 기대를 한다. 매일 같은 시각에 학교가 끝나고 집으로 혹은 학원으로 가서 또 공부하고 숙제하고 부모님 눈치를 보면서 드라마를 보다가 비슷한 시각에 잠자리에 든다. 작은 변화라도 있었으면 하는 기대로 하루하루를 살아간다. 이런 아이들에게 체육대회, 수련회, 축제, 합창대회, 동아리 활동, 체험학습 등은 아주 신나는 날이다. 매일 반복되던 어떤 것이 조금 달라졌다는 것으로도 즐겁다. 학년 말에 교실에서 담임선생님께서 해주시는 작은 이벤트에 목말라 한다. 학교 운동장 구석에서 학급별로 삼겹살을 구워 먹기도 하고, 재료를 준비해 와서 비빔밥을 만들거나 김밥을 말아 먹거나, 샌드위치를 만들어 먹으면서 행복해한다. 학교를 졸업한 뒤 졸업생들은 내 수업 시간에 무엇을 배웠는지에 대한 기억보다는 다른 무언가에 대해 더 자세히 기억하고 있다. 그렇다고 그들에게 공부가 의미 없고 가르치지 말아야 한다는 것은 아니다. 그들의 삶이 재충전되는 신나는 이벤트도 함께해야 한다는 것이다. 학교 교육에서는 공부 잘하는 아이만 있는 것이 아니고 다양한 특기와 적성을 가진 아이들이 함께 어우러지고 행복을 찾을 수 있어야 할 것이다.

4) 그리움

우리가 살아 있다는 것은 그리움과 기다림이 있다는 것이다. 그리워할 것도 없고 기다릴 것도 없다면 숨을 쉬고 있지만 삶이라고 할 수는 없을 것이다. 살면서 그리움이 없다는 것은 아무 생각 없이 산다는 이야기가 된다.

나이가 어릴수록 기다리는 것이 많다. 당장 지금 이 시간 수업이 끝나기를 기다리고 그래서 친구들과 크게 웃으며 매점으로 식당으로 달려가고 싶다. 또 주말이 오기를 기다리고 자신이 좋아하는 연예인이 나오는 프로가 방송되는 날짜와 시간을 기다린다. 방학을 기다리고 용돈 받을 날을 기다리고 남자 친구가 생길 날을 기다리고 자신이 멋지게 꿈을 이루는 날을 기다린다. 또한 그리운 것도 많다. 보고 싶은 것, 하고 싶은 것을 모두 그리운 것이라고 말할 수 있을 테니까. 나이 들수록 내 삶이 허전하고 심심한 이유는 기다리는 것과 그리워할 것이 줄어들기 때문이다. 용돈이 부족하여 사고 싶은 것을 제대로 사지 못해서 갖고 싶은 것이 많을 때 가슴속에 얼마나 커다란 열망이 자리 잡고 있었는지 과거의 기억을 떠올려 보면 알 수 있을 것이다. 도무지 그리운 게 없으니 삶에 어떤 기쁨이 있고 무슨 고마움이 있을까.

5) 감정연습

요즘 애들과 상담하면 "짜증 난다", "몰라요"라는 말을 제일 많이 듣는다. 부정적인 감정은 모두 "짜증 나"로 표현하고 더 깊은 감정을 묻거나 건들면 "몰라요"이다. 감정카드를 주고 감정을 나열해 보라고 하면 10개를 넘기지 못한다. 감정 분화가 덜 되고 자신의 내면 탐색이 안 되니 지금 자신의 감정에 대해 잘 알지 못한다. 감정 분화가 잘 되어 있을수록 자신의 감정을 잘 들여다보고 이름 붙이고, 그 감정을 잘 조절할 수 있을 것이다. 여기저기서 시도 때도 없이 분출되는 청소년들의 감정을 좀 더 객관적으로 바라볼 수 있게 될 것이다. 어떠한 재능이 여러 상황을 겪으면서 반복 연습을 통해 발달할 수 있듯이, 마음이나 감정에 대한 것도 반복적인 연습에 의해 달라질 수 있다. 지금 자신들이 느끼고 있는 것이 무엇인지 끊임없이 들여다보고, 질문하면서 마음의 성장을 시도해야 한다. 감정들에 집중하지 않아 굳은살이 낀 것처럼 무뎌진 것을 천천히 녹이고 부드럽게 만들어 자신들이 느끼는 다양한 감정에 집중할 수 있도록 해주어야 하겠다. 두꺼운 껍질 속에 있는 부드러운 진짜 감정을 알고 느끼면서 살게 해주어야 한다.

<알아봅시다>

감정 언어 모음(김영애 가족치료 연구소 제공)

* 이 형용사는 우리가 흔히 쓰는 것을 모은 것이다. 여기에 자기
  만이 갖고 있는 형용사가 있다면 더하는 것도 좋다.

1) 행복함, 즐거움, 사랑을 표현하는 감정 형용사

기쁜 / 벅찬 / 포근한 / 흐뭇한 / 상쾌한 / 짜릿한 / 시원한 / 반가운
후련한 / 아늑한 / 평온한 / 활발한 / 온화한 / 안전한 / 느긋한 /
괜찮은 / 쌈박한 / 정다운 / 그리운 / 화사한 / 흡족한 / 황홀한 /
상냥한 / 편안한 / 야릇한 / 끝내주는 / 감미로운 / 멋진 / 살가운
/ 상큼한 / 가득한 / 고마운 / 들뜬 / 정겨운 / 순한 / 행복한 / 즐
거운 / 충족한 / 친근한 / 쾌활한 / 푸근한 / 유쾌한 / 훌륭한 / 활
기찬 / 따뜻한 / 통쾌한 / 기대하는 / 벅찬 / 흡족한 / 명랑한 / 감
탄스러운 / 신뢰하는 / 안정된 / 좋아하는 / 자유로운 / 영광스러
운 / 더없이 행복한 / 기뻐하는 / 사랑스러운 / 환희에 찬 / 따사로
운 / 평화로운 / 살맛나는 / 흥분되는 / 열중하는 / 흥미 있는 /
희망에 찬 / 감동하는 / 만족스러운 / 신바람 나는 / 감사하는 /
생기 있는 / 근심 없는 / 감격스러운 / 영감을 느끼는 / 득의양양
한 / 낙관적인 / 마음이 열리는 / 마음이 놓이는 / 기뻐 날뛰는 /
기쁨에 넘치는 / 날아갈 듯한 / 낙천적인 / 희열을 느끼는

2) 슬픔, 회한, 좌절을 표현하는 형용사

뭉클한 / 눈물겨운 / 서운한 / 처량한 / 울적한 / 위축되는 / 허탈
한 / 애끓는 / 애처로운 / 외로운 / 후회되는 / 쓸쓸한 / 주눅 드
는 / 공허한 / 허전한 / 뭔가 잃은 듯한 / 적적한 / 낙심되는 / 우울
한 / 참담한 / 맥 빠지는 / 마음이 무거운 / 애석한 / 비참한 / 풀이
죽은 / 암담한 / 무기력한 / 죽고 싶은 / 막막한 / 서글픈 / 안타까

운 / 절망적인 / 자포자기의 / 거북한 / 애틋한 / 침울한 / 짓눌리
는 듯한 / 울고 싶은 / 쓰라린 / 애잔한 / 처절한 / 절절한 / 아린
/ 북받치는 / 고독한 / 괴로운 / 기죽는 / 낙담하는 / 녹초가 된 듯
한 / 상처받은 / 실망되는 / 슬픈 / 불행한 / 음울한 / 의기소침한 /
좌절하는 / 지친 / 허무한 / 가라앉는 듯한 / 한스러운

3) 분노, 미움, 싫음을 표현하는 형용사

얄미운 / 열 받는 / 지겨운 / 못마땅한 / 권태로운 / 불만스러운 /
불쾌한 / 불편한 / 질투하는 / 피하고 싶은 / 찜찜한 / 떨떠름한 /
넌더리나는 / 언짢은 / 지루한 / 씁쓸한 / 괘씸한 / 성질나는 / 약
오르는 / 쌀쌀한 / 역겨운 / 메스꺼운 / 속상한 / 원망스러운 / 하
찮은 / 더러운 / 진저리나는 / 귀찮은 / 부담스러운 / 짜증스러운 /
신경질 나는 / 핏대서는 / 끔찍한 / 기분 나쁜 / 따분한 / 세상이
싫은 / 분한 / 심술 나는 / 후덥지근한 / 혐오스러운 / 보기 싫은
/ 지긋지긋한/ 치가 떨리는 / 화나는 / 샘나는 / 언짢은 / 섭섭한 /
성가신 / 불편한 / 경멸하는 / 시시한 / 신경 쓰이는 / 질리는 / 정
떨어지는 / 격노하는 / 격분되는 / 격앙되는 / 골치 아픈 / 냉담한
/ 냉정한 / 마음 상하는 / 분개하는 / 이 갈리는 / 미칠 듯한 / 끓
어오르는 듯한

4) 고통, 두려움, 불안, 놀라움을 표현하는 형용사

초조한 / 무서운 / 긴장되는 / 어이없는 / 억울한 / 당황스러운 /
조급한 / 참담한 / 두려운 / 불쌍한 / 어리둥절한 / 가혹한 / 난처
한 / 섬뜩한 / 위태위태한 / 조마조마한 / 답답한 / 참을 수 없는
/ 겁나는 / 걱정스러운 / 떨리는 / 충격적인 / 놀라운 / 살벌한 /
조바심 나는 / 전전긍긍하는 / 정신이 번쩍 드는 / 멍한 / 기가 막
힌 / 죽을 것 같은 / 큰일 날 것 같은 / 무시무시한 / 캄캄한 / 초
조한 / 안절부절못하는 / 놀라는 / 공포에 떠는 / 깜짝 놀라는 /
고통스러운 / 뒤숭숭한 / 불안한 / 마음이 안 놓이는 / 겁에 질리는 /

고민스러운 / 안달 나는 / 어쩔 줄 모르는 / 심란한 / 우려되는 /
주저되는 / 오싹한 / 숨이 멎는 듯한 / 가슴이 조여 오는 듯한 /
찢어지는 듯한 / 안쓰러운 / 혐오스러운

5) 신체 부위로 표현하는 형용사

목 메이는 / 가슴 아픈 / 가슴이 아린 / 가슴이 시린 / 가슴이 저미는
가슴이 미어지는 / 몸서리쳐지는 / 피가 끓는 / 쓰러질 것 같은 /
두근두근하는 / 구역질나는 / 진땀나는 / 속이 빈 듯한 / 넋 잃은 /
손에 땀을 쥐는 / 배가 아픈 / 골 때리는/ 스멀스멀한 / 찌릿찌릿한
/ 애간장 타는 / 소름 끼치는 / 쑤시는 / 터질 것 같은 / 쓰라린 /
숨 막히는 / 전율을 느끼는 / 몸 둘 바를 모르는 / 얼굴이 화끈거
리는 / 머리칼이 곤두서는 / 다리가 후들거리는 / 간담이 서늘한
속이 부글부글 끓는 / 간이 콩알만 해지는 / 오줌이 마려운 것
같은 / 코끝이 찡한 / 뼈를 깎는 듯한 / 숨이 멎을 듯한 / 가슴이
조여 오는 / 오금이 저린 / 숨 가쁜 / 골수에 사무친 / 오장육부
가 뒤틀리는 / 짓눌리는 / 벌레가 기어 다니는 듯한 / 졸린 것 같
은 / 눈앞이 캄캄한

6) 힘과 관련된 느낌을 표현하는 형용사

활기찬 / 힘찬 / 생생한 / 의기양양한 / 든든한 / 격렬한 / 열렬한 /
당당한 / 팔팔한 / 엄청난 / 자신만만한 / 싱싱한 / 튼튼한 / 듬직한
/강렬한 / 충만한 / 무기력한 / 기죽은 / 넋 나간 / 패기만만한 /
왜소한 / 미약한 / 미세한 / 야생마 같은 / 맥 빠지는 / 저돌적인
/ 열광하는 / 열정적인 / 용기가 나는 / 자신에 찬 / 풀이 죽은 /
힘겨운 / 기운 없는 / 기운 잃은 / 맥 풀리는 / 고무되는 / 약동하는

7) 부끄러움, 죄책감, 의심을 표현하는 형용사

부끄러운 / 쑥스러운 / 수줍은 / 멋쩍은 / 민망한 / 가라앉는 듯한 /
겸연쩍은 / 어색한 미안한 / 애매한 / 야릇한 / 뻔뻔스러운 / 어중

간한 / 미심쩍은 / 서툰 / 뭔가 아닌 듯한 / 놀림 받는 / 자책하는 / 이상한 / 창피한 / 죄스러운 / 안심이 안 되는 / 벌거벗은 / 수치스러운 / 영문 모를 / 캄캄한 / 무거운 / 쪽팔리는 / 아리송한 / 묘한 / 머쓱한 / 몸 둘 바를 모르는 / 요상한 / 의심나는 / 회의적인 / 경계하는 / 걱정스러운 / 쥐구멍이라도 들어가고 싶은

8) 소외감이나 기타 느낌을 표현하는 형용사

그저 그런 / 피곤한 / 뭔가 저지르고 싶은 / 마음을 닫고 싶은 / 밥맛 떨어지는 / 무감각한 / 뒷전에 물러난 듯한 / 중간에 끼인 듯한 / 개 같은 / 버려진 / 궁지에 빠진 / 따돌림 당한 듯한 / 마음이 급한 / 녹초가 된 / 덫에 걸린 / 뭐가 뭔지 알 수 없는 / 들뜬 / 무관심한 / 주체할 수 없는 / 양다리 걸친 것 같은 / 뒤틀린 것 같은 / 쉬고 싶은 / 벼랑에 선 듯한 / 정리가 안 된 듯한 / 퇴짜 맞은 / 기대고 싶은 / 나태한 / 걷어차인 / 혼란스러운 / 잊혀진 / 얽매인 / 맞닥뜨린 듯한 / 내동댕이쳐진 / 애매한 / 물먹은 솜처럼 / 긴장이 풀리는 / 정신이 바짝 드는 / 호기심 나는 / 민감한 / 궁금한 / 무딘 / 미지근한 / 열망하는 / 초연한 / 탐나는 / 피로한 / 갑갑한 / 곤란한 / 마음이 내키지 않는 / 무관심한 / 차분한 / 침착한

이 단어들 중에서 우리가 사용하는 것이 얼마나 되는지 점검해보자. 다양한 형용사를 사용하면 대화도 풍성해지고 자신의 감정도 세분화되어 자신의 현재를 알고 감정을 조절하는 것까지도 가능해진다. 자신의 내면을 들여다보는 연습을 하고, 감정에 민감하게 반응하고 그것을 인정해 주는 것이 중요하다.

융합형 교육

교육부는 2017학년부터 수능에 문·이과를 구분하지 않는 방안을 세 가지로 검토하고 있다. 3안이 채택될 경우 문·이과 구분은 없어지고 국영수를 공통학업능력으로 측정하는 쪽으로 범위를 단일화하게 된다. 민족사관고나 한가람고 등에서는 오래전부터 무계열·무학년제를 실시하고 있다.

우리나라에 잡스와 같은 인재를 길러낼 수 없는 이유가 문·이과 분리 교육 때문이라고도 한다. 문·이과 분리의 기원은 일본 개화기 때 전공 습득에 무게를 두고 대학을 세운 것에 있다고 한다. 그것이 그대로 우리나라에 수입되어 이제는 문·이과에 대한 개념은 국민 모두의 기본 상식이 되었다. 하지만 고등학교 때 1학년 2학기가 되면 2학년부터 나뉘는 문·이과를 선택하기 위해 무척 고심했던 기억들이 많이 있을 것이다. 나 역시 중·고등학교 시절에 수학을 무척 좋아하고 수학 문제를 풀 때 시간 가는 줄 모르고 집중했기에 이 이유로 난 이과에 가야 하는 것인가라고 자문했다. 하지만 난 대학 전공과목 중 이과의 전공은 어느 것도 나의 관심을 끌지 못했기에 고민을 하다가 그래도 난 문과라는 결론을 내릴 수 있었다. 지금 생각해 보면 단지 수학이나 과학을 잘하는 것이 이과적 적성은 아닌데, 그땐 그게 전부인 줄 알았다. 학문의 뿌리는 수학과 철학이다. 수학을 못하니깐 문과를 간다는 생각은 적절하지 못한 것이다. 아직 자신의 적성이나 꿈이 정확하지 않은 상태에서 무 자르듯 문과, 이과를 구분하기 어려운 아이들이 더 많다. 어떤 경우에는 이과에서 2학년을 다 마치고 3학년 입시를 앞두고 문과 학급으로 교실을 옮겨 수업을 받았던 아이도 있었다. 창의성은 문과와 이과를 넘나드는 사고에서 가능하다. 새로운 정보와 새로운 기술이 매일 넘쳐나고 있다. 이런 시대에 한 분야에만 정통한 사람이 창의적인 사고를 할 수 있을까? 그래서 융합교육이 우리 아이들을 창의적으로 만들어 줄 것이라 생각한다. 과거에 가정에서 부모로부터 교육을 받던 시절의 교육은 융합교육이었다. 지금까지는 문제를 푸는 방식을 가르치고 어려운 문제를 누가 더 빨리 정확하게 푸느냐 하는 것이 관건이었다면, 이제는 스스로 문제를 찾고 새로운 영역을 개척해 나갈 수 있는 역량을 기르는 교육이어야 한다고 목소리들을 높이고 있다. 창의적이고 융합적인 사고를 가진 새로운 시대의 인재상을 애타게 기다고 있다.

요즘 사회에는 '통섭', '융합' 이런 단어들이 심심치 않게 오고 간다.

통섭의 일인자로 이화여대 교수인 최재천 교수를 말하기도 한다. 그는 어린 시절에 시를 쓰고 소설가의 꿈을 가지고 있었고 나중에는 미술반에서 활동하며 화가의 꿈을 키웠다. 지금은 동물행동학자로 명성을 날리고 있지만 그가 쓴 글들은 정말 잘 읽히고 좋은 문장이라는 생각을 하게 한다. 또 다른 사람인 안철수는 의사로서 컴퓨터 바이러스를 치료하는 백신을 개발하여 보급하였다. 이제 우리 자녀들의 세대에 더 많은 잡스와 최재천, 안철수를 길러내야 하지 않겠는가.

<알아봅시다>

융합, 통섭과 융합교육(STEAM)

Consilience란 용어는 하버드 대학교수인 에드워드 윌슨의 책 제목에서 나온 것이다. 이를 이화여대 최재천 교수가 번역하면서 '통섭'이라는 단어로 표현하였다.

통섭은 다양한 학문 분야들을 가로지르며 사실과 그 사실에 기초한 이론들을 한데 묶어 공통된 하나의 설명 체계를 이끌어 내는 것을 의미한다.

통(統)은 '큰 줄기' 또는 '실마리'의 뜻이고 섭(攝)은 '잡다' 또는 '쥐다'의 뜻이다. 그래서 '큰 줄기를 잡다'는 의미가 된다. 통섭은 학문의 경계는 물론 동서양의 경계도 쉽게 넘나들 수 있는 개념이다.

융합이란 본래 전혀 다른 둘이 만나 새로운 것을 창조한다는 의미를 담고 있다.

통합은 모두 합쳐서 하나로 모음 또는 둘 이상의 것을 모아 다스림을 의미한다.

즉 통합, 융합, 통섭은 모두 개별 분화학문의 분화를 통한 전문화가 남긴 폐해와 역기능을 해소하고 그것의 한계와 문제점을 극복하기 위한 노력으로 이해되고 있으며 이를 대표하는 개념으로 융합이라는 말이 보편화되었다.

융합교육(STEAM)이라는 용어는 미국의 STEM(Science, Technology, Engineering, Mathermatics)교육과정에서 Arts(예술)가 통합된 형태의 교육과정으로, ART는 '과거, 현재, 미래의 사회가 어떻게 발달되고 영향을 주는지에 대한 이해'를 위한 것으로 체육, 순수미술, 응용미술, 언어 및 인문학을 모두 포함하는 것이다.

융합교육의 근간이 되고 있는 학문 융합에 대한 생각들을 정리해 보자. 본래 지식은 철학이라는 이름으로 하나의 커다란 덩어리로 존재하였으나, 탐구의 관심 대상과 방법의 특징에 따라서 점차 분화되면서 수없이 많은 개별학문으로 다원화되었다. 전문화라는 이름으로 학문의 전 영역에서 큰 성과를 거두었으며 물질적인 이익을 가져오기도 했다. 학문들이 세부적으로 나눠지고 쪼개지면서 전문화를 지향했지만 그것은 결국 지식의 파편화를 초래하여 그 앎의 대상과 현상을 전체적으로 파악하기 어렵게 만들었으며 인접 학문 간에도 소통이 불가능한 수준에 이르게 되었다.

지금의 혼란스런 세계는 세계 자체의 혼란스러움이 아닌 인간이 만들어 낸 파편적 지식들이 세계에 대한 이해를 혼란스럽게 만들었다는 것이다. 그래서 지금까지의 파편적인 지식에는 현재의 문제를 풀고, 미래를 이끌어 갈 힘이 없기 때문에 새로운 돌파구를 찾아야 하며 바로 그 돌파구가 지식의 통섭(융합)이며, 융합된 지식의 힘에 의해서 미래에 다가설 수 있다는 것이다.

현대 사회는 다차원적이고 복잡해서 어느 하나의 분파학문으로 해명할 수 없고 그의 문제 또한 어느 한 분과 지식으로만 해결될 수 없다. 지금과 같은 학문 간의 소통의 부재는 현대인의 실존적 삶의 문제를 전체적으로 조망하고 분석하는 데 걸림돌이 될 뿐만 아니라 올바른 해결 방안을 내놓지 못하고 있다.

찰스 스노는 학문이 지나치게 전문화된 나머지 인문학과 자연과학 사이에 넘을 수 없는 장벽이 생겨 버렸으며 그 갈라진 두 문화 사이에 화해가 필요하며 그들이 만나는 지점이야말로 창조의 기회가 될 것이라고 했다.

융합은 "Good fences make good neighbors(좋은 담이 좋은 이웃을 만든다)"라는 시 한 구절처럼 구획이 있지만 건너갈 필요가 있을 때 쉽게 넘나들 수 있는 가능성을 말한다. 이는 담을 아예 헐어 버리자는 것이 아니라 담을 서로 건널 수 있을 만큼 충분히 낮추고 구멍도 뚫어 서로 소통하고 교환하는 것을 의미한다.

즉 융합은 독립된 학문 체계를 모두 허물자는 것이 아니고, 각 학문의 독립된 지식들이 서로 만나 뭔가 가능한 것을 찾고 만들어 가는 과정이다. 따라서 융합에서 원하는 인재는 이것저것 모두 잘하는 팔방미인이라기보다는 전문분야에 대한 충분한 소양을 갖추고 다른 분야의 학문과도 소통할 수 있는 사람이다.

오늘날 융합이 강력이 요청되는 배경은 무엇인가? 콘텐츠를 전달하는 통로인 네트워크의 발달과 더불어 그 통로가 다양하게 변화했다는 점에서 찾아볼 수 있다. 다시 말해 융합은 학문이 형성되는 토대가 되는 사회, 정치, 경제, 문화가 연계되어 있는 장과 관련이 있다. 다시 말하면 심각한 환경파괴와 생태위기 문제, 최근의 사회문제들은 단순히 어느 하나의 분과 학문만으로는 해결 불가능하고, 자연과학 현상에 대한 이해, 국가 간의 협력, 인간의 자연에 대한 관점의 전환, 법의 문제 등 학문과 학문의 소통에서부터 학문을 융합하는 다원적인 접근을 요한다.

참고문헌

김영애(2013). 『통합적 사티어 변형체계치료 이론과 실제』, 김영애가족치료연구소.

김정운(2009), 『나는 아내와의 결혼을 후회한다』, 쌤앤파커스.

김정운(2011), 『노는 만큼 성공한다』, 서울: 21세기북스.

김정운(2012), 『남자의 물건』, 서울: 21세기북스.

남명자(2010), 『부모의 양육태도와 아동의 성격 장애』, 서울: 학지사.

위지안(2012). 『오늘 내가 살아갈 이유』, 이현아 역, 예담 출판사.

이민규(2012). 『행복도 선택이다』, 더난출판사.

이안 시모어(2003). 『멘토: 성공으로 이끄는 자』, 강헌구 역, 씨앗을 뿌리는 사람.

이정현(2012), 『심리학, 열일곱 살을 부탁해』, 서울: 걷는나무

이현수(2013), 『하루 3시간 엄마냄새』, 김영사

장영희(2009). 『살아온 기적, 살아갈 기적』, 샘터.

최병건(2011), 『당신은 마음에 속고 있다』, 푸른숲.

한병철(2012), 『피로사회』, 김태환 옮김, 서울: 문학과 지성사.

황상민(2011), 『한국인의 심리코드』, 추수밭.

허태균(2012), 『우리는 늘 착각 속에 산다』, 서울: 쌤앤파커스.

Irvin Yalom(2007), 『치료의 선물』, 최웅용·천성문·김창대·최한나 옮김, 서울: 시그마프레스.

우리아이들
좀 놀게
합시다

초판인쇄   2014년 5월 9일
초판발행   2014년 5월 9일

지은이   김경옥
펴낸이   채종준
펴낸곳   한국학술정보㈜
주소   경기도 파주시 회동길 230(문발동)
전화   031) 908-3181(대표)
팩스   031) 908-3189
홈페이지   http://ebook.kstudy.com
전자우편   출판사업부   publish@kstudy.com
등록   제일산-115호(2000. 6. 19)

ISBN   978-89-268-6183-7 13370

이담 는 한국학술정보(주)의 지식실용서 브랜드입니다.